KB039598

환자안전을 위한
의료판례 분석

01 응급의료

김소윤 · 이미진 · 유제성 · 이재호 · 김인숙
이　원 · 정지연 · 오혜미 · 정창록 · 석희태 · 손명세

박영사

본 서는 2014학년도 연세대학교 미래선도연구사업
(문제해결형 융합연구) 지원에 의하여 작성된 것임
(2014-22-0129)

머 리 말

'사람은 누구나 잘못 할 수 있다'. 사람은 누구나 잘못 할 수 있고 의료인도 사람이므로, 의료인도 잘못 할 수 있다. 그러나 의료인의 잘못은 환자에게 위해로 발생할 수 있기 때문에 받아들이기 힘든 것이 사실이다.

하지만 환자안전과 관련된 사건이 발생할 때마다 사건 발생과 관련된 의료인의 잘못을 찾고 시정하는 것만으로 환자안전의 향상을 기대할 수 있을까? 2010년 빈크리스틴 투약오류로 백혈병 치료를 받던 아이가 사망한, 일명 종현이 사건이 뉴스에도 보고되고 사회적으로 큰 파장을 일으켰지만 2012년에도 같은 유형의 투약오류 사건이 발생하여 환자가 사망하였다. 이 사건뿐만 아니라 의료분쟁 사례들을 살펴보다 보면 유사한 사건들이 반복되는 것을 알 수 있다. 그렇기 때문에 환자안전의 향상을 위해서는 의료인의 잘못에 집중하는 것이 아니라 다른 차원의 접근이 필요하다.

이러한 유사한 사건들이 재발하지 않도록 하려면 어떤 노력을 해야 할까 라는 고민 속에서 '의료소송 판결문 분석을 통한 원인분석 및 재발방지 대책 제시' 연구가 시작되었다. 연구 시작 당시 활용 가능하였던 의료소송 판결문의 수집 및 분석을 통해 해당 사례의 원인을 분석하고, 원인별 재발방지대책을 주체별로 제시하는 연구를 2014년부터 시작하였다. 2014년에는 내과, 외과, 산부인과, 정형외과, 신경외과 의료소송 판결문을 활용하여 환자안전의 향상을 위한 연구('의료소송 판결문 분석을 통한 재발방지 대책 수립 연구')를 수행하였고, 현재는 의료행위별로 분류하여 원인분석 및 재발방지 대책 제시 연구가 진행되고 있다.

연세대학교 의료법윤리학연구원에서는 그동안 의료의 질 향상 및 환자안전을 위해 다양한 노력을 기울여왔다. 1999년 '산부인과 관련 판례 분석 연구'를 시작으로 '의료분쟁조정제도 실행방안 연구', '의료사고 피해구제 및 의료분쟁 조정 등에 관한 법률 실행방안 연구', '의료사고 예방체계 구축방안 연구' 등을 수행하였고, 이를 통해 의료사고 및 의료소송과 관련된 문제들을 다각도로 바라보았다. 이와 같이 의료분쟁의 해결에서 머무는 것이 아니라 이러한 사례들을 통해 의료체계의 개선이 이루어질 수 있도록 정책적 제안에도 힘써왔다. 연구뿐만 아니라 연세대학교 대학원 및 보건대학원에서 의료소송 판례 분석과 관련된 강의들을 개설하여 교육을 통해 학생들의 관심을 촉구하였다. 또한 환자안전 및 환자안전법 관련 연구를 수행하면서 환자안전법 제정 및 환자안전 체계 구축을 위해 노력하였다.

2015년 1월 제정된 환자안전법이 시행되고, 환자안전 보고학습시스템 구축 및 운영 초기 단계이다. 의료기관 내에서 발생한 환자안전사건을 외부에 공개하고 보고하기 어려운 사회적 분위기 등을 고려하였을 때 의미있는 분석 및 연구가 가능하기에는 시간이 걸릴 것으로 예상된다. 이에 이미 수집되어 있는 의료분쟁 및 의료소송 자료를 활용하여 분석한 해당 연구들이 환자안전법 및 보고학습시스템의 원활한 시행에 도움이 될 것으로 생각된다.

의료사고 또는 의료분쟁과 관련하여 여러 사례들을 소개하는 서적이 출판되었으나, 환자안전의 향상을 위해 의료소송 사례를 활용해 원인분석 및 환자·의료인·의료기관·법제도 측면에서의 재발방지 대책을 제시하는 서적은 없었다. 또한 이 책에서 제시된 다양한 사례들을 통해 각 분야별 의료인 및 보건의료계열 학생들은 임상에서 발생 가능한 의료사고들을 간접적으로 체험할 수 있고, 예방을 위해 지켜야 할 사항들을 숙지할 수 있을 것이다.

응급의료는 응급성과 긴급성이 높은 의료행위이며, 응급의료가 가진 여러 가지 특성들을 고려하였을 때 환자안전의 향상을 위하여 제도 측면에서의 개선이 시급한 것으로 판단된다. 따라서 연세대학교 의료법윤리학연구원 의료판례 분석 저서 시리즈의 첫 번째 저서로 응급의료 판례 분석을 선정하였다. 추후 순차적으로 내과, 외과, 산부인과, 정형외과, 성형외과, 마취 관련 행위 등의 서적들이 시리즈로 출판된 예정이다. 이 책들이 우리나라 환자안전 향상에 조금이나마 기여할 수 있기를 간절히 바라며, 제도의 개선을 통해 환자와 의료인 모두가 안전한 의료환경이 조성되기를 진심으로 기원한다.

2016년 10월

저자 일동

차 례

제1장

서 론

제1장 서 론

　　1980년대 중반부터 본격적으로 제기되기 시작한 의료분쟁은 꾸준히 증가하고 있으며, 이로 인한 다양한 부작용은 사회적으로 중요한 문제가 되고 있다(민혜영, 1997). 의료사고의 예방을 위해서는 의료사고 및 의료분쟁 해결 기전의 변화만으로는 의미 있는 진전을 기대하기 어렵다(Institute of Medicine, 2000). 현재 우리나라 상황을 고려하였을 때 의료사고 예방 대책을 위한 연구의 일환으로 의료분쟁에 관한 연구를 시행할 수 있다. 의료분쟁은 유사한 의료분쟁이 반복되는 경향이 있으며(신은하, 2007), 의료사고의 경우에는 의료소송 판결문의 분석을 통해 사고 원인의 유형별 분류 및 의료사고로 가장 많이 연결되는 의료행위의 파악이 가능하다(민혜영, 1997).

　　본 저서에서는 의료분쟁 과정 중 가장 마지막 과정으로 활용되는 의료소송의 판결문을 활용하여 의료사고의 원인과 발생단계를 파악하고 재발방지 대책을 제안하였다. 이를 위해 연구 자료로 의료 민사소송 판결문을 활용하였다.[1] 우리나라에서는 진료비 지불 제도로 행위별 수가제를 채택하고 있고, 의료사고 비용조사를 통한 행위별 위험도 비용을 산정하여 수가에 반영하고 있다. 그러나 이러한 현실에 비해 이에 관한 연구는 미진한 상황을 확인하였다. 따라서 그동안의 진료과목별 중심의 의료소송 판결문 분석 연구에서 한 차원 더 나아가 행위 중심으로 분류한 의료소송 판결문 분석 연구를 진행하였다.

---

[1] 의료 민사소송 판결문은 환자가 의료기관에 내원하면서부터 퇴원하기까지의 전 과정을 기술하고 있으며, 환자가 입은 손해에 대한 배상의 정도를 판단하고 있기 때문이다.

응급의료는 다른 의료행위와 비교하였을 때 응급성과 긴급성이 높아 초기 대응 단계에서 주의의무 위반에 따른 악결과를 야기하였을 경우, 해당 사건이 소송으로 이어지게 될 가능성이 월등하게 높다(백경희, 2013). 이에 이번 저서에서는 응급의료와 관련된 의료소송 판결문을 활용하여 분석을 진행하였다.

'대법원 판결서 방문열람 제도'를 활용하여 2010년부터 2014년까지 선고된 손해배상(의) 판결문을 검색하였다. 그 결과, 총 3,851건을 확인하였고, 여기에 검색어 "응급"을 포함하여 재검색하여 총 1,382건의 판결문을 확인하였다. 확인된 사건번호 및 법원명을 '판결서사본 제공신청 제도'를 활용하여 판결문을 신청하여 1,326건의 판결문을 수집하였다. 수집된 판결문의 내용을 두 차례 검토하여 "응급의료 관련 사건" 중 환자 승 또는 환자일부 승 사건을 재분류하였다. 그 결과 총 30건의 응급의료 관련 판결문이 추출되었다. 이렇게 확인된 판결문 30건을 검토하여 사고 후 손상 및 장애, 법원에서 인정한 귀책사유 의료행위 유형, 주요 사고 원인이 된 의료행위 등의 분석변수를 사용하여 기술통계 분석을 실시하였다. 기술통계 분석 내용 및 전문가(응급의학 전문의, 법학자, 변호사, 의료정책 전문가 등) 자문 내용을 토대로 질적 분석 대상 20건을 선정하였다. 선정된 20건을 대상으로 판결문에 제시된 내용을 토대로 사건의 발생 원인 및 재발을 방지하기 위한 대책을 제안하는 질적 분석을 시행하였다.

이 책에서는 진단 지연 또는 진단 미비, 부절적한 처치 또는 처치 지연, 경과관찰, 전원, 기타로 분류하여 사건의 개요, 법원의 판단, 손해배상범위, 사건 원인 분석과 재발 방지 대책을 소개하겠다.

▌ 참고문헌 ▌

민혜영. (1997). 의료분쟁소송결과에 영향을 미치는 요인에 관한 연구. 연세대학교 학위논문.

Institute of Medicine Committee on Quality of Health Care in America; Kohn, L. T., Corrigan, J. M., Donaldson, M. S. editors (2000). *To err is human: building a safer health system*. Washington, DC: National Academies Press, 이상일 역(2010), 사람은 누구나 잘못 할 수 있다: 보다 안전한 의료 시스템의 구축, 이퍼블릭.

신은하. (2007). 의료분쟁 발생 현황 및 진료과목별 분쟁 특성 분석. 연세대학교 학위논문.

백경희. (2013). 응급의료에 관한 판례의 분석과 고찰. 한국의료법학회지, 21(2), 57-86.

진단 지연 또는 진단 미비
관련 판례

제2장 진단 지연 또는 진단 미비 관련 판례

판례 1. 급성 심근경색증 진단 및 치료 지연으로 인한 사망 사건_서울 고등법원 2013. 12. 5. 선고 2012나42170 판결

1. 사건의 개요

신경병증을 동반한 인슐린 비의존성 당뇨병, 당뇨병성 족부궤양, 비증식성 당뇨병성 망막병증으로 치료를 받아오던 환자가 저혈압 증상으로 응급실에 내원하였다. 환자는 췌장염 의증으로 진단받아 첫 번째 혈액검사와 심전도 검사를 시행하였다. 심전도 검사 결과 의료진은 급성 심근경색으로 판독하여 환자에게 혈액검사의 필요성을 설명하고 권유하였으나 환자가 의료진의 권유를 거부하였다. 이후 의료진은 환자에게 복부초음파 검사와 혈액검사를 시행하였으나 특이소견을 발견하지 못했다. 그후 의료진은 환자에게 심초음파 검사와 혈액검사를 권유하였으나 환자는 계속 거부하였다. 환자에게 약 12시간 후 시행한 혈액검사 상 ST분절 상승 심근경색으로 진단되어 약물 치료를 하였고, 심장계중환자실로 운반차를 이용해 이동하던 도중에 환자가 청색증 및 강직간대발작 양상을 보여 의료진이 응급처치를 하였으나 환자는 사망하였다[서울고등법원 2013. 12. 5. 선고 2012나42170 판결, 수원지방법원 2012. 5. 3. 선고 2011가합4790 판결]. 자세한 사건의 경과는 다음과 같다.

날짜	시간	사건 개요
1999. 11. 경부터		• 피고 병원에서 신경병증을 동반한 인슐린 비의존성 당뇨병, 당뇨병성 족부궤양, 비증식성 당뇨병성 망막병증에 대한 치료를 받아옴(환자 여자, 사고 당시 66세)
2010. 7. 15.	22 : 41	• 피고 병원에 저혈압 증상 치료를 받기 위해 내원함 • 내원하기 3일 전 구토를 하여 좌상엽 복부 통증이 있었으나 내원 당시에는 전반적으로 비교적 아픈 모습인 것 외에 특별한 증상을 호소하지는 않음 • 의식 명료함 • 응급의학과 의사 J는 '췌장염 의증'으로 진단함 • 응급실에서 저혈압 증상의 치료를 위해 침상안정 및 다리상승 자세를 취하도록 함 • 의사 J의 처방으로 생리식염수 1L를 주입하며 지속해서 심전도, 혈압, 산소포화도 모니터링을 유지함
2010. 7. 15.	23 : 47	• 첫 번째 채혈을 하여 혈액검사를 실시함 = WBC($10^3/\mu\ell$): 18.69., RBC($10^3/\mu\ell$): 3.52 Hb(g/dl) 10.9, Hb(g/dl); 11.1, Hct(%) 31.5
2010. 7. 16.	00 : 12	• 12유도 심전도검사 시행 = 검사결과 심전도 그래프 상 Ⅱ, Ⅲ, aVF의 ST분절 상승, T파 역위, V4-V6의 ST분절 상승, T파 역위 관측됨 • 심장 하벽에 경색이 와서 심근의 손상이 발생한 양상의 급성 심근경색(inferior infarct injury pattern, Acute MI)으로 자동 판독함 • PT(sec) 13.8, PT(%) 62.2, PT(INR) 1.26, aPTT(sec) 34.7
	00 : 42	• Na(mmol/) 126, K(mmol/) 5.0, Cl(mmol) 99
	02 : 00	• 의료진은 급성 심근경색증의 임상 증상인 흉부 통증을 호소하지 않자 급성 심근경색증 진단을 위하여 혈액 검사의 필요성을 설명하고 혈액 검사를 권유하였으나 환자가 거부함
	08 : 30	• 초음파실에서 복부초음파 검사 시행
	09 : 10	• 초음파실에서 입원실로 옴 • 복부초음파 결과는 모두 '특이적 소견 없음(N/S)'임
	12 : 00	• 고해상 컴퓨터 단층 촬영(HRCT)을 하려고 하였으나 환자가 거부함
	12 : 10	• 고해상 컴퓨터 단층 촬영의 필요성을 설명하고 촬영을 다시 한 번 권유하였으나 재차 거부함

날짜	시간	사건 개요
2010. 7. 16.	13 : 52	• 두 번째 채혈을 하여 혈액검사 시행 • 혈액검사 결과 ＝WBC($10^3/\mu\ell$): 20.76, RBC($10^3/\mu\ell$): 3.45 Hb(g/dl): 10.9, Hct(%); 30.7
	14 : 30	• 혈액 검사를 하려고 하였으나 거부함
	14 : 43	• 일반 화학 검사 결과 ＝Na(mmol): 128, K(mmol): 4.1, Cl(mmol): 99
	15 : 05	• 다시 한 번 혈액 검사를 하려고 하였으나 재차 거부함
	18 : 30	• 급성 심근경색 진단을 위한 심초음파 검사의 필요성에 대하여 설명하고 검사를 하려고 하였으나 거부함 • 심장효소 수치 확인을 위한 혈액검사의 필요성을 설명하였으나 이를 거부하였다가 검사를 받기로 함 • 혈액 검사 시행
	20 : 20	• 혈액검사 결과 심장 효소 수치가 과도하게 높은 것을 확인함 • 심장 효소 수치 검사 결과 ＝Tnl－cTN: 11.86 ng/mL, CK－MB: 14.34ng/mL, Myoglobin: 291.7ng/mL, ProBNP: 7408pg/ml로 심근의 손상이 있음을 나타냄 • 의사 J는 환자의 심장 효소 수치 검사 결과를 확인한 후 상태가 ST분절 상승 심근경색이라고 진단함
	20 : 25	• 도부타민 500mg과 토브렉스 2앰플을 혼합하여 100cc/hr로 주입함
	20 : 35	• 헤파린 2만U와 포도당 500cc를20cc/hr 속도로 주입함
	20 : 45	• 도부타민 800mg과 트로핀 800mg을 혼합하여 10cc/hr로 주입하기 시작함
	20 : 55	• 입원치료 하기로 함
	21 : 10	• 응급실에서 심장계중환자실로 이동하기 위하여 환자운반차에 앉아 있었고, 병동관리인은 환자가 환자운반차에 앉아 있는 상태에서 운반차의 발치를 밀어 심장계중환자실로 이동함 • 이동하는 도중 청색증 및 강직간대발작 양상을 보임
	21 : 17	• 호흡이 없고 혼수 상태에 빠진 환자에게 기관삽관술 시행, 강심제 주입, 인공호흡기 부착
	21 : 38	• 심박수가 감소하자 심장마사지를 시작하고 아트로핀, 에피네프린을 주입하였으며 심폐소생술을 시행함
	22 : 40	• 선행사인 급성 심근경색, 직접사인 심인성 쇼크로 사망함

2. 법원의 판단

가. 급성 심근경색증 진단 및 치료 지연에 과실이 있는지 여부: 법원 불인정 (제1심) → 법원 인정(항소심)

(1) 환자 측 주장

병원 의료진은 환자의 심전도검사 결과에서 급성 심근경색증의 징후가 나타났음에도 확인하지 않았거나 확인하고도 즉시 급성 심근경색증 확진을 위한 심장효소검사나 심장초음파검사 등의 추가 검사를 실시하지 않았고 혈전용해요법이나 관상동맥중재술 등 재관류를 위한 치료를 하지 않아 환자의 급성 심근경색이 악화되었다.

(2) 의료인 측 의료진 주장

병원 의료진이 환자에 대한 심전도검사 결과 확인 후 즉시 이를 급성 심근경색증으로 진단하고 이에 대한 치료를 하지 못한 것은, 환자가 7. 16. 02시 00경부터 15시 05경까지 급성 심근경색증 진단을 위한 심장효소검사를 포함한 혈액검사를 계속 거부하고, 또한 7. 16. 12시 00경 고해상 컴퓨터 단층 촬영을 거부하여 급성 심근경색증에 대한 확진을 할 수 없었고 확진을 하지 못한 상태에서는 이에 대한 치료행위를 할 수 없었기 때문이므로, 병원 의료진의 급성 심근경색 진단 및 치료 지연이 병원 의료진의 과실이라고 할 수 없다.

(3) 법원 판단

병원 의료진은 환자의 심전도 검사 결과를 확인한 이후 환자에게 급성 심근경색증으로 확진하기 위한 혈액 검사, 고해상 컴퓨터 단층 촬영, 심초음파 검사 등의 필요성을 수차례 설명하고 환자에게 검사들을 받도록 하였으나 이를 모두 거부한 점, 급성 심근경색증의 전형적인 증상이라고 할 수 있는 흉통을 호소하지 않았으며, 병원 의료진이 환자에게 급성 심근경색증으로 확진을 하지 못한 상태에서 치료방법인 혈전용해제 등을 투입하면 고령에 당뇨병을 앓고 있는 환자에게 나쁜 영향을 미칠 수 있는 점 등을 고려하면, 병원 의료진에게 급성 심근경색증의 진단 및 치료 지연에 관한 과실이 있다고 보기 어렵다(제1심).

① 환자의 혈액검사 거부와 관계없이 병원 의료진으로서는 적어도 7. 16. 13시

52경 두 번째 채혈을 통하여 심장효소검사를 할 수 있었음에도 심장효소검사를 하지 않았고 복부초음파 검사를 할 때 심장초음파 등도 시행하지 않은 점, ② 급성 심근경 색증의 치료의 초점은 가능한 한 빠른 심근의 재관류인 점과 발병 후 12시간 내에 적절한 치료를 통해 막힌 관상동맥을 뚫어주는 치료를 할 경우 심근경색의 범위를 줄일 수 있는 점 등에 비추어 볼 때, 7. 16. 02시 00경 환자가 혈액검사를 거부하였 다고 하더라도 환자에게 급성 심근경색증의 위험에 대하여 고지하고 신속하게 심장 효소 수치 확인을 위한 혈액검사를 받도록 설득하였어야 할 것이며, 고해상 컴퓨터 단층 촬영은 폐부종 상태 확인을 위한 것으로 보이는 점 등을 고려하면 환자가 내원 3일 전부터 상복부 불편감을 보였으므로, 병원 의료진으로서는 급성 심근경색증을 확진하기 위한 심장효소검사, 심장초음파검사 등을 하였어야 할 것임에도 불구하고, 병원 의료진은 00시 12경 심전도검사 결과가 관측된 이후 08시 30경 복부초음파검 사를 하고, 13시 52경 두 번째 채혈을 통하여 전날 23시 47경 첫 번째 채혈을 통하 여 실시한 것과 같은 3가지 유형의 혈액검사를 하였을 뿐이며, 18시 30경 급성 심근 경색증을 진단하기 위한 심장효소검사나 심장초음파검사 등의 후속 검사를 전혀 하 지 않은 잘못이 있다.

급성 심근경색증의 치료의 초점은 가능한 한 빠른 심근의 재관류이며, 이를 위해 즉각적인 혈전용해요법이나 관상동맥중재술을 시행할 수 있는 점, 발병 후 12시간까 지를 급성 심근경색증의 황금시간이라 말하고 이 시간 내에 적절한 치료를 통해 막힌 관상동맥을 뚫어주는 치료를 할 경우 심근경색의 범위를 줄일 수 있는 점 등을 종합 하여 보면, 병원 의료진이 2010. 7. 16. 00시 12경 심전도검사 결과 관측 후 신속하 게 심장효소검사 등 추가 검사를 실시하여 급성 심근경색증을 확진하고 즉각적인 혈 전용해요법이나 관상동맥중재술을 신속하게 시행하였다면 환자가 사망에 이르지 않게 할 수 있었으므로 병원 의료진의 과실과 환자의 사망은 인과 관계가 있다(항소심).

나. 환자 안전 관리를 소홀히 한 과실이 있는지 여부: 법원 불인정(제1심, 항소심)

(1) 환자 측 주장

환자의 심근경색증 악화에 따라 심부전에 의한 폐부종이 발생하여 환자는 누우

면 숨이 더 가빠지는 기좌호흡이 있는 상태였으므로, 환자를 이동시킬 때 앉은 자세
가 안정되게 유지되도록 환자운반차 머리 부분을 올려 주고, 조심스럽게 이동시켜야
할 주의의무가 있음에도 병원 의료진은 병동관리인에게 위와 같은 주의사항을 교육
하지 않았다.

병동관리인은 환자를 환자운반차에 앉히고 이동하는 도중 이동으로 인한 충격
이 가해지지 않도록 최대한 조심스럽게 환자운반차를 끌어야 할 주의 의무가 있음에
도 갑자기 환자운반차의 방향을 바꾸어서 환자로 하여금 뒤로 넘어지게 하여 환자에
게 심인성 쇼크가 발생하게 되었다.

(2) 의료인 측 주장

병동관리인은 환자운반차를 갑자기 잡아당긴 적이 없고, 환자가 뒤로 넘어진 것
은 심인성쇼크가 발생하였기 때문이기에 병원 의료진 및 병동관리인에게 과실이 있
다고 할 수 없다.

(3) 법원 판단

병동관리인이 환자운반차에 환자가 앉아 있는 상태에서 환자운반차의 발을 잡
고 밀어 응급실에서 심장계중환자실을 향하여 이동한 사실이 있으나, 병원 의료진
이 병동관리인에게 환자 이동시 주의사항에 대하여 교육을 하지 않고, 병동관리인
이 환자운반차를 갑자기 잡아당겨 환자가 뒤로 넘어졌다는 것을 인정할 증거가 없다
(제1심).

만약 병동관리인이 환자운반차의 방향을 바꾸는 과정에서 환자가 뒤로 넘어졌
다고 하더라도 급성 심근경색증 환자가 환자운반차 위에서 이동하는 중 신체적 충격
을 받는 경우 심인성 쇼크까지 발생할 수 있는 가능성이 있는지 알기 어렵고, 환자가
환자운반차 위에서 앉은 상태로 있다가 이동 과정에서 뒤로 누운 상태가 되도록 넘
어졌다는 것만으로 심인성 쇼크가 발생하였다고 보기 어렵다(항소심).

다. 응급처치와 관련한 과실이 있는지 여부: 법원 불인정(제1심, 항소심)

(1) 환자 측 주장

병원 의료진은 환자에게 심인성 쇼크가 발생한 이후 제세동기 치료 등 신속하고
적절한 응급처치를 시행하지 않은 과실이 있다.

(2) 의료인 측 주장

병원 의료진은 환자에게 심인성 쇼크가 발생한 이후 적절한 응급처치를 하였지만 환자는 불가항력적으로 사망에 이르렀으므로, 응급처치 상 과실 없다.

(3) 법원 판단

병원 의료진은 환자에게 심인성 쇼크가 발생한 직후 환자를 심장계중환자실로 옮겨 응급처치를 시행한 점, 심인성 쇼크가 발생한 경우 아트로핀과 같이 심장을 빨리 뛰게 하는 약물을 사용하고, 심장마사지 등을 하여야 하는데, 병원 의료진은 환자에 대하여 이를 모두 시행한 점, 심실빈맥, 심실세동이 발생한 경우에는 제세동기를 사용할 수 있으나 환자의 경우 심방세동 상태였으므로 제세동기를 사용할 필요가 없었던 점 등으로 병원 의료진이 환자에 대한 응급처치를 시행함에 있어 과실이 있었다고 보기 어렵다.

3. 손해배상범위 및 책임 제한

가. 의료인 측의 손해배상책임 범위: 기각(제1심) → 40% 제한(항소심)

나. 제한 이유

(1) 환자가 급성 심근경색증의 전형적인 증상이라고 할 수 있는 흉통을 호소하지 않은 점

(2) 병원 의료진이 환자의 응급실 내원 당시에는 '췌장염 의증'으로 진단할 만한 여지도 있었던 점

(3) 병원 의료진이 환자에게 급성 심근경색증으로 확진을 하지 못한 상태에서 치료방법인 혈전용해제 등을 투입하면 고령에 당뇨병을 앓고 있는 환자에게 나쁜 영향을 미칠 수 있는 점

(4) 환자의 경우처럼 급작스런 심인성 쇼크의 경우 발생을 예측하기 어려운 점

다. 손해배상책임의 범위

(1) 제1심

① 청구금액: 193,083,086원

(2) 항소심

① 청구금액: 193,083,086원

② 인용금액: 35,200,000원

　　－ 재산상 손해: 1,200,000원(장례비×40%)

　　－ 장례비: 3,000,000원

　　－ 위자료: 34,000,000원

4. 사건 원인 분석

　이 사건에서는 신경병증을 동반한 인슐린 비의존성 당뇨병, 당뇨병성 족부궤양, 비증식성 당뇨병성 망막병증에 대한 치료를 받아오던 66세의 환자가 저혈압 증상으로 내원하였다. 내원 당시 환자는 의식 명료하였고 '췌장염 의증'으로 진단받았다. 내원한지 약 1시간 30분 정도 경과 후 심전도 검사를 시행한 결과 심장 하벽에 경색이 와서 심근의 손상이 발생한 양상의 급성 심근경색으로 판독하였다. 그러나 병원 의료진은 환자가 흉부 통증을 호소하지 않자 급성 심근경색 진단을 위한 혈액검사의 필요성을 설명하고 권유하였으나 환자는 거부하였다. 그 후 복부초음파 검사와 혈액검사를 시행하였으나 특이적 소견은 없었고 고해상 컴퓨터 단층촬영과 혈액검사, 심초음파검사에 대해 권유하였으나 환자가 계속하여 거부하였다. 약 12시간 후에 혈액검사를 시행한 결과 심장 효소 수치가 과도하게 높음을 확인하고 ST분절 상승 심근경색이라고 진단하였으며 약물치료를 시행하였고, 입원을 결정하여 심장계중환자실로 운반차로 이동 도중 청색증 및 강직간대발작 양상 보여 기관삽관술을 시행하고 인공호흡기를 부착하는 등 심폐소생술 시행하였으나 결국 사망한 사건이다. 이 사건과 관련된 문제점 및 원인을 분석해본 결과는 다음과 같다.

　첫째, 정확한 진단을 위한 검사 시행을 환자가 계속 거부하였다. 병원 의료진은 환자의 심전도 검사 결과 급성 심근경색으로 판독되어 환자에게 계속하여 혈액검사와 심초음파 검사의 필요성에 대해 설명하고 검사를 시행하려고 하였으나 환자가 거부하여 이에 대한 진단이 지연되었다.

둘째, 병원 의료진은 환자에게 심근경색에 대한 검사를 미리 시행할 수 있었음에도 시행하지 않았다. 환자에게 급성 심근경색이 의심되는 심전도 검사 결과가 나왔으므로 이를 판별하기 위한 추가적인 검사를 시행하여야 함에도 병원 의료진은 환자에게 복부초음파검사와 일반적인 혈액검사를 시행하였다. 자문위원은 이 사항에 대하여 환자가 전형적인 흉통호소없이 복부통증과 구토 등을 호소하여 심근경색을 의심하지 않았던 것으로 보이며, 복부 쪽에 초점을 맞춰서 검사를 시행한 것으로 추정된다고 하였다.

마지막으로, 병동관리인 및 의료진의 환자에 대한 안전 관리가 소홀하였다. 제1심에서는 병원 의료진이 병동관리인에게 환자 이동시의 주의사항에 대해 교육을 하지 않았다는 점과 환자운반차로 이동하는 과정에서 병동관리인이 환자운반차를 갑자기 잡아당겨 환자가 뒤로 넘어졌다는 것을 인정할 증거가 없다고 하였다. 항소심에서는 환자가 이동 과정에서 뒤로 넘어졌다고 하여도 그로 인한 충격으로 심인성 쇼크까지 발생할 수 있는 가능성이 있는지 알기 어렵고 그로 인해 심인성 쇼크가 발생하였다고 보기 어렵다고 판단하였다. 그러나 본 사건 환자의 경우 중환자실 이송시 의료진의 동승이 필요하였을 것으로 생각되나 이러한 부분이 미흡하였던 것으로 추정된다. 또한 환자운반차를 갑자기 잡아당기는 등 주의를 기울이지 않고 환자를 이동시켰다고 생각된다(〈표 1〉 참조).

〈표 1〉 원인분석

분석의 수준	질문	조사결과
왜 일어났는가? (사건이 일어났을 때의 과정 또는 활동)	전체 과정에서 그 단계는 무엇인가?	- 검사 및 진단 단계 - 환자관리 단계
가장 근접한 요인은 무엇이었는가? (인적 요인, 시스템 요인)	어떤 인적 요인이 결과에 관련 있는가?	• 환자 측 - 검사 거부(급성 심근경색 진단을 위한 검사 권유에도 거부함) • 의료인 측 - 필요한 검사 시행 지연(급성 심근경색 진단 을 위한 검사 시행 지연)
	시스템은 어떻게 결과에 영향을 끼쳤는가?	• 의료기관 내 - 설명에 대한 의료인 교육, 지원 미흡 - 환자안전관리 소홀(중증환자의 병원 내 이송 에 대한 정책·교육 등의 부족) • 법·제도 - 의료인 외 병원 근무자, 관리자 등을 대상으 로 한 교육 미흡

5. 재발 방지 대책

〈그림 1〉 판례 1 원인별 재발방지 사항

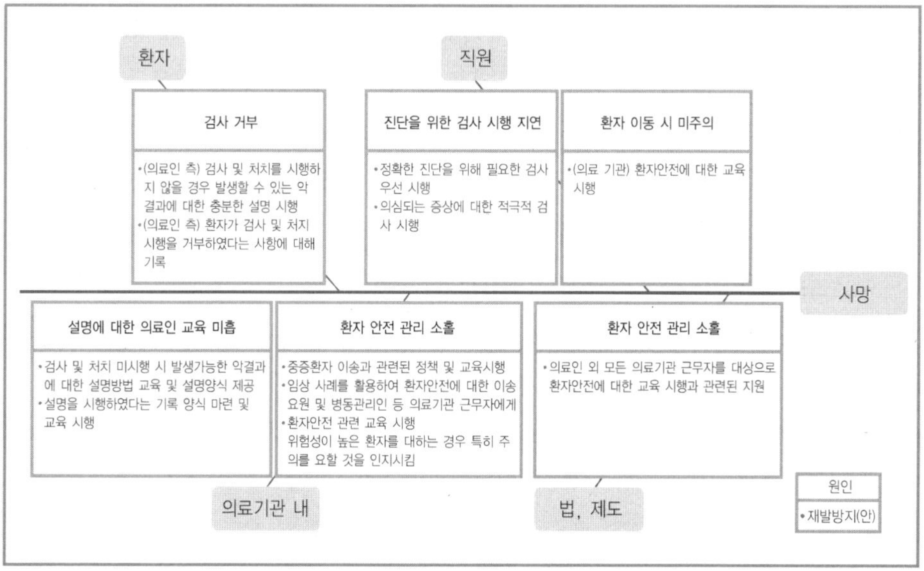

원인별 재발방지 대책은 〈그림 1〉과 같으며, 각 주체별 재발방지 대책은 아래와 같다.

(1) 의료인의 행위에 대한 검토사항

시행하여야 할 검사 및 처치에 대해 환자가 거부할 경우 필요한 처치를 시행하지 않을 경우 발생할 수 있는 악결과에 대해 충분히 설명을 하여 환자에게 적절한 지도가 이루어질 수 있도록 하여야 한다. 충분한 설명을 한 후에도 환자 측에서 검사 및 처치의 시행을 거부할 경우 이에 대한 기록을 남기도록 한다. 또한 환자에게 의심이 되는 증상이 발생하였거나 검사 결과 추가 검사가 필요한 경우 원인 규명을 위해 필요한 검사를 우선적으로 시행하여 환자에 대한 진단이 신속하게 이루어질 수 있도록 한다. 의료인 외 의료기관의 근무자를 대상으로 환자안전을 위한 지도를 하여야 하며, 특히 이동 시 각별한 주의가 필요한 환자를 이동할 경우 더욱 조심스럽게 이동하여야 함을 인지시켜야 한다.

(2) 의료기관의 운영체제에 관한 검토사항

환자에게 발생 가능한 악결과에 대해 충분하게 설명이 이루어질 수 있도록 설명 방법에 대해 교육하고 설명을 도울 수 있는 설명서의 양식을 마련하여야 한다. 또한 설명을 한 후에는 설명을 시행하였다는 기록을 남길 수 있도록 지원하여야 한다. 의료인뿐만 아니라 의료기관의 모든 근무자를 대상으로 환자안전에 대한 교육을 시행하여야 하며, 교육 시에는 임상 사례를 활용하여 의료기관의 근무자들이 더욱 경각심을 가질 수 있도록 하여야 한다. 그리고 중증환자의 기관 내 이송과 관련하여 규정을 마련하고, 이에 대한 교육을 시행하여야 한다.

(3) 국가·지방자치체 차원의 검토사항

의료기관의 모든 근무자를 대상으로 환자안전에 대한 교육프로그램과 각 의료기관에서 안전을 위한 시설과 장비를 구축할 수 있도록 지원하여야 한다.

▌참고자료 ▌   사건과 관련된 의학적 소견[1]

1. 급성 심근경색증

급성 심근경색은 어떠한 원인으로든 심근의 허혈에 의해 심근이 괴사되는 질환으로 관상동맥의 동맥경화반이 파열되거나 균열이 생기면서 형성되는 혈전에 의해 관상동맥의 혈류가 차단되어 발생하는 경우가 가장 많다. 급성 심근경색증의 임상 증상은 일반적으로 협심증과 유사하나 더욱 심하고 지속적인 흉통이 나타난다. 노인이나 당뇨병 환자에서는 흉통이 없는 무증상 심근경색이 적지 않으며, 급성 좌심실기능부전에 따른 호흡곤란 및 폐부종 증상이나 의식상실 또는 혼돈, 심한 무력감, 말초색전증 및 뇌졸중 증상 등이 나타나기도 한다. 그 외에 흔히 쇠약함, 발한, 구역질 및 구토, 불안감, 죽을 것 같은 기분 등이 동반된다. 급성 심근경색증이 의심되는 모든 환자에게 처음으로 12유도 심전도검사를 시행하여야 한다. 심근경색증의 시간 경과에 따른 심전도의 특징은, 처음에 T파의 폭과 크기가 증가하고 좌우가 대칭되는 소견을 보이며, 이어서 심근경색부위의 ST분절이 상승하는데 이 때 반대편의 ST분절은 하강하는 재귀변화를 보일 수 있다. 이어서 T파의 역위가 관찰되며, 이후에 병적인 Q파가 나타나고 ST분절과 T파의 변화가 정상화되는 것이 일반적이다. 심근경색으로 심근세포의 괴사가 일어나면 세포 내의 여러 효소와 단백질이 혈액 내로 흘러나오게 되는데, 이러한 세포 내 물질의 혈액 농도를 측정함으로써 급성 심근경색증을 진단할 수 있다. 현재 임상적으로 심근 손상의 조기인지를 위해 사용되는 검사 항목으로 creatine kinase(CK) − MB, 트로포닌(troponin) − T, 마이오글로빈(myoglobin) 등이 있다. 심초음파는 흉통의 감별진단에 있어 매우 유용한 검사이며, 흉부 단순 촬영소견은 급성 심근경색증에서 매우 유용한 검사 방법이다. 합병증으로 심인성 쇼크, 심부전 및 유두근 파열에 의한 급성 승모판 폐쇄부전증, 심근 파열과 같은 기계적 합병증이 있다. 급성 심근경색 환자에게 일반적으로 흉통의 치료를 위해서 산소, 니트로글리세린, 몰핀 등을 사용하며, 심근의 산소요구량을 줄이기 위해 환자를 안정시키고 흉통을 감소시키는 것 외에 평균동맥압을 80mmHg 정도로 유지하고, 심부전을 초래하지 않는 범위에서 베타차단제를 정주하여 심박수를 70회/분 이하로 조절하도록 한다. 심근의 관류를 유지하기 위해 아스피린 같은 혈소판 응집억제제나 헤파린과 같은 항응고제를 사용한다.

---

1) 해당 내용은 판결문에 수록된 내용임.

2. 심인성 쇼크

심인성쇼크는 심장의 펌프기능부전으로 혈압이 저하되어 조직 내 적절한 혈류가 공급되지 못하는 상황으로 급성 심근경색 환자의 심인성 쇼크는 대부분 발병 직후보다는 입원 후에 발생한다. 심인성 쇼크의 원인은 심한 좌심실 심근경색이 80% 이상으로 대부분이며 그 외에 지속적인 부정맥, 우심실경색이나 승모판폐쇄부전, 심실중격결손, 심낭압전 등 기계적인 합병증이 있다. 심인성 쇼크에 대한 내과적 치료로서 도부타민이나 도파민과 같은 변력증강제를, 전신혈관저항이 높지 않은 경우 노르에피네프린과 같은 강력한 승압제를 사용할 수 있다.

판례 2. 심장질환 감별 검사 미실시 및 경과관찰 소홀로 인한 사망 사건_ 창원지방법원 밀양지원 2011. 9. 9. 선고 2010가합322 판결

1. 사건의 개요

환자가 오한, 구토 등의 증상을 호소하며 응급실에 내원하였다. 의료진은 환자에게 심전도 검사를 시행하였고 심장에는 이상이 없다고 판단하여 식중독으로 진단하였다. 이후 환자는 양쪽 어깨의 통증을 호소하였으나 의료진은 정형외과 치료 권유 및 정맥주사를 투여하였다. 정맥주사를 맞던 중 환자에게 청색증 및 심장발작이 발생하여 타 병원으로 전원되었고, 심폐소생술을 시행하였으나 환자가 사망에 이른 사건 [창원지방법원 밀양지원 2011. 9. 9. 선고 2010가합322 판결]이다. 자세한 사건의 경과는 다음과 같다.

날짜	시간	사건 개요
2010. 4. 9.	13 : 00	• 흉통, 오한, 구토 증상 있음(환자 여자, 사고당시 65세 6개월 25일)
	14 : 10	• 응급실에 걸어서 내원 • 의사 H에게 오전에 농약 살포 후 여러 번 구토하고 가슴이 불편하며, 답답하고 춥다고 말함 • 혈압 180/100mmHg
		• 심전도검사 실시 = 심전도검사결과 3개의 사지유도 Ⅱ, Ⅲ, aVF에서 ST분절 상승, 흉부유도 V1에서 T파 역위 관찰, 흉부유도 V2에서 ST분절의 하강 관찰되었으나 심전도검사 결과에 이상소견 없다고 판단 • 식중독으로 진단 = 하트만덱스, 에취투, 히스만 섞어 정맥주사, 시에프 100cc, 산소 3L 투여
	15 : 10경	• 응급환자회복실로 자리 옮김 • 계속하여 하트만덱스, 에취투 등 정맥주사
	17 : 00	• 간호사에게 양쪽 어깨의 통증 호소 • 의사 H는 농약을 쳐서 어깨가 아플 수 있으므로 정형외과 치료 권유 • 알타질(진통소염제) 정맥주사 • 혈압 150/90mmHg

날짜	시간	사건 개요
2010. 4. 9.	18 : 05	• 회복실에서 정맥주사 맞던 중 환자에게 청색증, 심장발작 발생 • 의사 H가 심폐소생술 시행
	18 : 40	• 간호사 2명이 동행하여 타 병원 의료진으로 전원

	19 : 19	• 타 병원 응급실 도착
		• 환자에 대한 처치 내역
		  = 현병력: 피고 병원에서 측정한 심전도 검사상 이상 소견이 있어 큰
		    병원 의료진 권유 받음
		  = 의식상태: 혼수(coma)
		  = 추적진단: 심장쇼크(cardiogenic shock)
		• 심폐소생술 시행함

	19 : 22	• 채혈 및 응급혈액검사 시행

CPK (정상치: 26~200)	CK-MB (정상치: 0~5.0)	Troponin-I (정상치: 0~0.1)
266	34.7	2.68

	19 : 26	• 인공호흡기 연결함
	19 : 50	• 내원 당시 기관 내 삽관된 상태 • 혈압 0/0, 심장박동수 0회, 호흡수 0회 • 심폐소생술 30분간 시행했으나 반응 없어 사망 선언함

2. 법원의 판단

가. 감별진단상의 과실 여부: 법원 인정

(1) 환자 측 주장

의사 H는 환자가 흉통, 어깨통증, 구토, 고혈압 등 심근경색증의 전형적인 증상을 호소하고, 심전도검사 결과 이상소견을 보였음에도 심근경색의 확진 내지 다른 질환과의 감별진단을 위한 일체의 검사를 실시하지 않은 과실이 있다.

(2) 의료인 측 주장

환자는 심근경색의 전형적 증상인 흉통이 두드러지지 않았고, 심전도 검사 결과도 심근경색을 시사하지 않아 심근경색증을 의심할 만한 사정에 있지 않았을 뿐만 아니라, 환자가 심근경색으로 사망한 것이라고 단정할 수도 없으므로 환자의 증상을 심근경색증으로 진단 내지 감별하지 아니한 과실이 있다고 할 수 없다. 환자가 급성 심근경색으로 사망하였다고 하더라도 시골의 소규모 병원에 불과한 응급실 운영 현실상 심근경색의 정확한 진단을 하는 데 한계가 있었다. 환자의 상태가 갑자기 악화되었는데, 이에 대하여 의사 H는 타 병원으로 전원 조치를 취하였으므로 어떠한 과실이 있다고 할 수 없다.

(3) 법원 판단

의사 H로서는 환자가 심근경색을 의심할 수 있는 흉통, 구토, 고혈압, 심전도검사결과상 ST분절의 상승이 관찰된 무렵이나 어깨통증을 호소하여 통증의 전이가 있었던 17시 00경에는 심근경색의 확진 내지 감별진단을 위한 재차의 심전도검사, 혈액검사, 심장초음파, X-ray 촬영 등의 검사를 실시하거나 재빨리 타 병원 의료진으로 전원 시키는 등 적절한 처치를 하지 않은 채 별다른 검사 없이 만연히 환자의 증상을 식중독 내지는 농약 중독으로 진단한 과실이 있다.

나. 경과관찰 주의의무 위반: 법원 인정

(1) 환자 측 주장

의사 H는 환자가 심근경색의 병증이 있을 수 있다는 가능성에 대하여 충분히 인지하였음에도 환자에게 정맥주사를 투여하는 동안 회복실에 혼자 방치해 둔 채 감시관찰도 이행하지 않았다. 심장박동모니터나 산소포화도 감시기 등을 적용하여 심박동의 양상과 산소포화도를 감시하지 아니하는 등 경과관찰을 소홀히 한 과실이 있다.

(2) 법원 판단

의사 H는 환자의 증상이 심근경색으로 인한 것일 가능성을 충분히 의심하였거나 의심할 수 있었음에도 심장박동모니터나 산소포화도 감시기 등을 적용하여 환자를 근접 관찰하여 감시할 주의의무를 다하지 아니한 과실이 있다.

다. 약물사용수칙 준수 주의의무 위반: 법원 불인정

(1) 환자 측 주장

의사 H는 심근경색의 전형적인 증상을 보이는 환자에 대하여, 심부전환자에게 신중히 투여하여야 하는 하트만덱스, 중증의 심질환 환자에게 절대 금기시되는 히스판을 만연히 투여함으로써 환자의 심정지를 촉발하게 하여 사망에 이르게 한 과실이 있다.

(2) 법원 판단

하트만덱스는 심부전환자에게는 신중히 투여하여야 하고, 히스판주사는 중증의 심질환 환자에게는 투여가 금지되는 약물이나, 광범위한 심근경색으로 인해 급성으로 울혈성심부전이 발생한 경우나 신장질환이 동반된 경우 또는 빈맥성부정맥이 합병된 경우가 아니라면 일반적으로 환자와 같이 500cc정도의 하트만덱스 정맥 주사나 히스판 1회 주사가 심장의 손상을 가중시켜 심정지의 요인으로 작용할 가능성은 매우 낮다. 따라서 환자에 대한 위 약물 투여가 환자의 심정지의 요인으로 작용하였음을 인정할 아무런 증거가 없다.

3. 손해배상범위 및 책임 제한

가. 의료인 측의 손해배상책임 범위: 40% 제한

나. 제한 이유

환자는 심근경색증 환자가 호소하는 극심한 통증을 호소하지는 않았고, 병원 의료진의 응급실에 내원한지 불과 4시간여 만에 갑자기 심정지가 발생하여 사망에 이른 것으로 의사 H의 적극적인 침습행위로 사망한 것은 아닌 점

다. 손해배상책임의 범위

(1) 청구금액: 396,466,571원

(2) 인용금액: 48,564,568원

① 재산상 손해: 7,564,517원{(일실수입＋치료비＋장례비)×40%}
   － 일실수입: 13,354,399원

- 치료비: 557,030원
- 장례비: 5,000,000원
② 위자료: 41,000,000원

4. 사건 원인 분석

본 사건에서 응급실로 내원한 환자는 오한, 구토 증상을 호소하였고, 심전도 검사 결과 3개의 사지유도 Ⅱ, Ⅲ, aVF에서 ST분절 상승이 관찰되었다. 의료진은 심전도 검사결과 이상이 없다고 판단하고 식중독으로 진단하여 회복실로 옮긴 후 정맥주사 처치만을 하였다. 이후 환자는 간호사에게 양쪽 어깨의 통증을 호소하였으나, 주치의는 정형외과 치료를 권유하며 알타질 정맥주사를 투여하였고, 정맥주사 중 청색증 및 심장발작이 발생하여 타 병원 응급실로 전원 하였다. 응급처치 후 혈액검사를 시행한 결과, CPK 266, CK-MB 34.7, Troponin-I 2.68로 모두 크게 정상 범위를 넘어선 상태였다. 이후 인공호흡기를 연결하고 심폐소생술을 시행하였으나 30분 만에 사망하였다. 본 사건과 관련된 문제점 및 원인을 분석해본 결과는 다음과 같다.

첫째, 의료인은 환자가 흉통, 어깨통증, 구토, 고혈압 등 심근경색증의 전형적 증상을 호소하고 심전도검사 결과 ST분절상승의 이상소견을 보였음에도 심근경색의 확진 내지 다른 질환과의 감별진단을 위한 검사를 실시하지 않은 문제가 있다. 이후 어깨가 저리는 등의 심근경색을 의심할 만한 방사통 등의 추가적 징후가 나타났음에도, 감별진단을 위한 심전도 검사, 혈액검사, 심장초음파, X-ray 촬영 등의 검사를 실시하거나 전원조치를 하지 않았고, 식중독으로 오진하여 정맥주사만을 투여하였다.

둘째, 환자가 어깨통증을 호소하였으나 여전히 식중독, 농약중독 및 단순 어깨통증으로 오진하여 이에 대한 처치만을 시행한 것이다. 판결문에 기재된 사항에 따르면 환자가 어깨통증을 호소하자 간호사가 심장에 문제가 있어서 아플 수 있으니 큰 병원에서 심장검사를 받아볼 것을 권유하였다. 간호사가 누구에게 권유하였는지에 대하여 명확하게 기재되어 있지 않아 정확한 판단은 어렵지만, 환자에게 권유하였을 경우 본인의 의견을 다른 의료인과 소통하지 않은 점이 문제가 되며, 의사에게 진료 과정에 대하여 권유하였을 경우 이후 처치가 이루어지지 않은 것으로 보아 의료인 간 의사소통 및 치료과정에 대한 의견 교환이 원활하지 않은 점이 문제가 될 것으로 생각된다.

　셋째, 병원의 열악한 응급실 운영 현실상 심근경색의 정확한 진단을 하는 데 한계가 있다고 병원 의료진이 주장하였으며, 이와 같은 상황으로 미루어보아 신속한 검진과 치료처치가 필요한 응급질환관련 체계 등이 부재하였을 가능성이 있다(〈표 2〉 참조).

〈표 2〉· 원인분석

분석의 수준	질문	조사결과
왜 일어났는가? (사건이 일어났을 때의 과정 또는 활동)	전체 과정에서 그 단계는 무엇인가?	− 진단 단계
가장 근접한 요인은 무엇이었는가? (인적 요인, 시스템 요인)	어떤 인적 요인이 결과에 관련 있는가?	• 의료인 측 − 급성 심근경색을 진단하지 못함(급성 심근경색증을 의심할 수 있는 전형적인 증상과 심전도 결과에도 적절한 검사 및 정확한 진단을 하지 못함) − 환자 상태에 대한 의료인 간의 소통 미흡 가능성
	시스템은 어떻게 결과에 영향을 끼쳤는가?	• 의료기관 내 − 급성 심근경색 등 주요 응급질환에 필요한 의료 장비 및 시설 설치 미비 가능성 • 법·제도 − 급성 심근경색 등 주요 응급질환관련 체계 미비 가능성

5. 재발 방지 대책

〈그림 2〉 판례 2 원인별 재발방지 대책

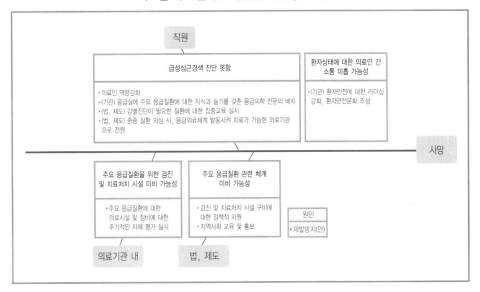

원인별 재발방지 대책은 〈그림 2〉와 같으며, 각 주체별 재발방지 대책은 아래와 같다.

(1) 의료인의 행위에 대한 검토사항

급성 심근경색을 진단하지 못한 것과 관련하여 의료인의 역량 강화가 필요하다.

(2) 의료기관의 운영체제에 관한 검토사항

주요 응급질환에 대한 지식과 슬기를 갖춘 응급의학 전문의를 응급실에 배치하여야 한다. 그리고 환자안전에 대한 리더십을 강화하여 환자안전문화를 조성하여야 한다. 기관 내 환자안전문화 조성을 통하여 의료인 간 소통의 부재를 해결할 수 있도록 하여야 한다. 또한 주요 응급질환에 대한 의료시설 및 장비에 대한 주기적인 자체평가를 실시하여 보완이 필요한 부분 등을 파악하고 보충하여야 한다.

(3) 국가·지방자치체 차원의 검토사항

의사, 간호사, 그 밖의 의료진 등을 대상으로 심근경색의 진단과 같이 감별진단이 필요한 질환에 대하여 보수교육 등을 활용하여 응급의료에 대한 교육의 기회를 보장하여야 한다. 교육 시 해당 사례와 같은 판결문을 활용하여 실제 발생한 사건을 소개하고, 감별진단의 중요성을 강조하여야 한다.

응급실을 보유한 의료기관에서 필수적으로 구비하여야 할 검진 및 치료처치 시설 등에 관하여 정책적 지원이 필요하다. 또한 급성심근경색, 급성뇌졸증 등의 질환을 전문적으로 처치할 수 있는 기관 지정과 해당 질환 환자 발생시 응급의료체계를 발동시켜 전문적인 치료가 가능한 의료기관으로 환자를 신속하게 전원시켜야 한다.

급성 심혈관질환에 대한 일반인의 이해를 돕기 위해 지역사회 교육 및 홍보가 필요하며, 이러한 환자가 발생했을 경우 신속히 119에 연락해 응급의료체계를 활용할 수 있도록 교육을 실시하여야 한다.

┃ 참고자료 ┃ 의학적 소견 기재2)

1. 심근경색증 관련 의학지식

(1) 정의

심장은 크게 3개의 심장혈관(관상동맥)이 있는데, 이 3개의 관상동맥 중 어느 하나라도 혈전증이나 혈관의 빠른 수축(연축) 등에 의해 막히는 경우, 심장의 전체 또는 일부분에 산소와 영양공급이 급격하게 줄어들어서 심장 근육의 조직이나 세포가 죽는 상황(괴사)을 심근경색증이라고 한다.

(2) 증상

심근경색의 임상증상으로는 흉통, 발한, 고혈압 또는 저혈압, 오심, 구토, 딸꾹질이 있다. 보통 심근경색이 발생하면 흉골후부위(retrosternal area)에 심한 통증을 호소하며, 통증이 목이나 턱, 어깨, 좌측 팔의 안쪽 또는 등으로 퍼지는 방사통을 동반하기도 하고, 통증의 성격은 지속적 둔통이 특징적인데, 그 표현은 조이거나 누르는 느낌, 매운맛, 답답함, 호흡곤란 등 매우 다양하며, 가장 아픈 곳을 손가락으로 정확히 집을 수 없는 둔통이고, 대부분 심한 통증을 느끼나, '경미한 답답함' 정도로 느껴서 위장 장애로 인한 불편감 또는 소화불량으로 인한 증상으로 오인되는 수도 있다.

(3) 진단 및 검사

급성 심근경색증이 의심되는 모든 환자에게 처음으로 시행하여야 할 검사는 심전도검사이며, 그 외에 심근경색으로 인하여 심근세포의 괴사가 일어나면 혈액 내로 흘러나오는 세포 내의 여러 심근효소와 단백질의 혈액농도를 측정하는 혈액검사와 흉부단순촬영검사 등이 있고, 최종적으로는 심초음파를 시행하거나 흉부컴퓨터단층촬영, 심장조영술을 시행하여 진단을 확정할 수 있으며, 응급으로 심전도검사와 혈액검사를 시행하여 혈액검사결과 심장 특이적인 트로포닌(troponin)과 크레아티닌 키나이제(CK-MB)를 확인하여 수치가 상승되어 있는 경우, 심전도상 특이적인 변화가 동반되는 경우에는 심근경색증을 더욱 강하게 의심할 수 있다. 심전도 소견, 심장표지자 상승, 환자의 증상 및 진찰소견 중 2가지 이상이 심근경색증에 해당하면 심근경색증으로 진단할 수 있다.

---

2) 해당 내용은 판결문에 수록된 내용임.

(4) 치료

심전도에서 ST절이 상승된 심근경색증의 경우는 곧바로 심혈관성형술, 스텐트삽입술, 혈전용해술이 요구되며, 혈전용해술이 ST분절 상승 심근경색의 증상이 생긴지 1시간 내에 시행되면 병원 의료진내 사망률을 50%까지 줄일 수 있다.

판례 3. 상복부 통증 호소 환자의 진단 미비로 인한 사망 사건_대구지방법원 2013. 11. 21. 선고 2013가합5620 판결

1. 사건의 개요

환자는 술을 마신 후 복통을 호소하며 새벽 1시 54분경 응급실에 내원하였다. 의료진은 환자를 술로 인한 복통으로 판단하여 약을 처방하고 귀가시켰다. 집에 도착한 후에도 환자의 복통은 지속되었고 정신을 잃고 쓰러져 타 병원으로 이송되었다. 이후 환자는 4시 40분 경 급성 심장사로 추정되는 사인으로 사망에 이르게 되었다[대구지방법원 2013. 11. 21. 선고 2013가합5620 판결]. 자세한 사건의 경과는 다음과 같다.

날짜	시간	사건 개요
2013. 2. 23.	01 : 54	• 저녁에 폭탄주 몇 잔을 먹은 후 구토를 하였고, 배가 쓰리고 따갑다고 호소하면서 병원 응급실에 내원함(환자 남자, 사고 당시 53세) • 병원 당직의사 김○○은 환자가 술을 많이 먹어서 복통을 호소하고 있다고 판단, 위산분비억제제[잔탁(ZANTAC)과 진경제(Tiram)]를 주사하고, 구토억제제와 위장약인 ENSID ER, Patigel, 티피엠정, Macperan을 처방함
	02 : 02	• 퇴원
		• 집에 도착한 이후에도 복통이 계속됨
	02 : 47	• 환자의 배우자가 병원에 전화를 하여 환자가 통증이 심하다고 호소하며, 김○○과의 통화를 원하였으나 부재중이어서 직접 통화를 하지 못하였음
	그 후	• 환자가 정신을 잃고 쓰러짐
	03 : 23	• 환자의 배우자가 119구급대에 연락하여 A대학병원으로 이송함 • 환자를 치료함
2013. 2. 23.	04 : 40	• 사망 • A대학병원 의료진은 정확한 사인을 규명하기 위해 부검이 필요하다고 설명하였으나, 가족들이 동의하지 않아 부검을 실시하지 못하였음 • 사인은 급성 심장사로 추정됨

2. 법원의 판단

가. 상세한 진찰과 진단에 필요한 검사를 시행하지 않은 과실 여부: 법원 인정

(1) 환자 측 주장

환자가 술을 먹고 병원 의료진 응급실에 내원하였다는 이유로 병원 의료진은 환자가 술을 많이 먹어 속이 쓰린 경우에 해당한다고 오진하여 이에 대한 처방을 하였을 뿐 환자가 호소한 복통에 대하여 상세히 진찰하지 않고, 필요한 활력징후도 측정하지 않는 등 진단에 필요한 검사를 하지 않은 과실이 있다.

(2) 법원 판단

① 환자가 사고 당시 53세로 평소 당뇨를 겪고 있음에도 환자가 병원에 머물러 있던 시간은 총 8분에 불과하고, 8분으로는 병원 의료진이 환자의 병력은 청취할 수 있으나 검사를 시행하고 결과를 확인하기에는 시간이 충분하지 않은 점, ② 병원 진료기록부에는 환자에 대한 혈압, 맥박, 호흡, 체온 등의 검사 기록이 존재하지 않는 점, ③ 급성복통은 정확한 진단을 내리기 어려운 경우가 흔하여 잘못된 진단을 내리게 되는 경우도 많아 주의를 기울여야 하며, 자세한 병력 청취와 충분한 진찰 및 정확한 생체징후 측정이 매우 중요한 점, ④ 구토 및 상복부 통증의 원인이 확실하지 않고 통증을 계속 호소하고 있다면 검사를 하고 처치 후 결과와 경과를 확인하는 것이 일반적인 점 등의 사정들로 보아 병원 의료진은 환자에게 필요한 충분한 검사를 시행하지 않은 과실이 있다.

3. 손해배상범위 및 책임 제한

가. 손해배상 책임 제한 이유

(1) 환자는 술을 마신 후 병원에 내원하였고, 술을 마셔서 배가 아프다고 호소하였으며, 이러한 상황에서 통증부위나 통증의 양상을 진찰의사인 병원 의료진에게 정확하게 지적하고 설명하지 못하였을 가능성이 있는 점

(2) 급성 복통은 다양한 원인이 존재하고, 정확한 진단을 내리기 어려운 경우

(진단적 정확도 50 – 65% 정도로 추정)가 많으며, 의료진에게 복통의 다양한 원인에 대비한 모든 검사를 하도록 요구되지는 않는 점

(3) 환자의 유족들이 환자에 대한 부검에 동의하지 않아 실시하지 않았기에 환자의 정확한 사인이 규명되지 않은 점

(4) 환자의 사인으로 추정되는 급성 심장사의 경우 생존율은 2 – 4%에 불과한 점

(5) 환자가 2013. 2. 23. 01시 54경 병원에 내원하였는데, 환자가 그 후 2013. 2. 23. 04시 40경 사망에 이른 점

(6) 급성 심장사의 경우 심장 정지를 발견한 즉시 응급처치가 필요하고, 심장 정지시로부터 4분이 경과하면 조직의 손상이 발생하고, 10분이 경과하면 조직 손상 및 다양한 대사성 문제가 발생하고 획기적인 치료법이 없는 점

(7) 환자가 병원을 방문한 것도 단순히 술을 먹어 복통이 생긴 것으로 오인하였기 때문이고, 병원의 규모를 고려하였을 때 환자에게 심장 정지가 발생하였을 경우 규모가 더 큰 병원으로의 전원이 필요했을 것으로 예상되는 점

나. 손해배상책임의 범위

(1) 청구금액: 292,387,831원

(2) 인용금액: 12,000,000원

　　① 재산적 손해: 6,000,000원

　　② 위자료: 6,000,000원

4. 사건 원인 분석

본 사건은 술을 마신 후 복통을 호소하며 1시 54경 응급실에 내원한 환자를 술로 인한 복통으로 판단하여 위산분비억제제와 구토억제제, 위장약을 처방한 후 귀가시켰으나, 이후 4시 40경 급성 심장사로 추정되는 사인으로 사망한 사건이다. 사건과 관련된 문제점 및 원인을 분석해본 결과는 다음과 같다.

환자 상태에 대한 충분한 진찰 및 검사 등이 시행되지 않았다. 환자가 응급실에 머물렀던 시간은 총 8분으로, 환자의 병력 청취, 진찰 및 검사를 시행하고 결과를 확

인하기에는 충분하지 않은 시간으로 생각된다. 그리고 진료기록부에 환자의 혈압, 맥박, 호흡, 체온 등의 검사 기록이 존재하지 않는 것으로 보아 기본적인 활력징후 등을 측정하지 않은 것으로 보인다. 또한 기관 내 응급진료 정책이 미비한 것으로 생각된다(〈표 3〉 참조).

〈표 3〉 원인분석

분석의 수준	질문	조사결과
왜 일어났는가? (사건이 일어났을 때의 과정 또는 활동)	전체 과정에서 그 단계는 무엇인가?	– 진단 단계
가장 근접한 요인은 무엇이었는가? (인적 요인, 시스템 요인)	어떤 인적 요인이 결과에 관련 있는가?	• 환자 측 – 술을 마신 상태(통증부위나 통증의 양상을 정확하게 지적하고 설명하지 못하였을 가능 성이 존재함) • 의료인 측 – 진단을 위한 자세한 병력 청취 및 충분한 진 찰을 시행하지 않음(응급실에 환자가 머무른 시간 총 8분) – 활력징후 미측정 – 급성복통의 원인을 밝히기 위한 검사 미실시
	시스템은 어떻게 결과에 영향을 끼쳤는가?	• 의료기관 내 – 응급진료 정책 미비

5. 재발 방지 대책

〈그림 3〉 판례 3 원인별 재발방지 대책

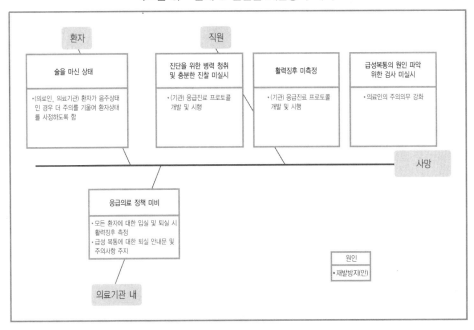

원인별 재발방지 대책은 〈그림 3〉과 같으며, 각 주체별 재발방지 대책은 아래와 같다.

(1) 환자 측 요인에 대한 검토사항

이 사건에서 환자는 술을 마신 상태로 응급실에 내원하였으며, 자신의 상태나 통증의 부위, 양상 등을 정확하게 표현하지 못하였을 가능성이 있다. 응급실의 특성상 음주상태인 환자를 사정하게 되는 경우가 존재하며, 이러한 경우에는 특히 더 주의를 기울여 환자상태를 사정하여야 한다. 특히 술에 취한 상태로 내원하여 상복부 통증을 호소하는 경우에는 활력징후 측정과 심전도 검사 등은 필수적으로 시행하고 기록에 남겨야 하며, 가능하다면 술이 깰 때까지 경과관찰을 시행해야 한다.

(2) 의료인의 행위에 대한 검토사항

급성복통의 경우 정확한 진단을 내리기 어려운 경우가 흔하고 잘못된 진단을 내리게 되는 경우도 많으므로, 복통의 원인이 확실하지 않고 환자가 통증을 계속 호소하는 경우에는 필요한 검사를 꼭 시행하고 처치를 취하여야 하며, 검사결과와 처치 후 환자의 경과를 확인하도록 해야 한다.[3]

(3) 의료기관의 운영체제에 관한 검토사항

환자 사정 시 정확한 병력 청취와 충분한 진찰하도록 응급진료 프로토콜 개발이 필요하다. 진찰 시 환자의 기왕력 파악, 상태 파악을 위한 활력징후 측정 등 응급진료 프로토콜을 개발하고 시행하도록 한다. 그리고 모든 환자에 대한 입실 및 퇴실 시 활력징후 측정, 급성 복통 환자의 경우 퇴실 안내문 제공 및 주의사항 교육 등 기관 내에서 응급진료 정책을 시행하는 것이 필요하다.

---

3) 〈참고자료〉 사건과 관련된 의학적 소견.

■ **참고자료** ■   사건과 관련된 의학적 소견[4]

1. 급성 심장사(sudden cardiac death)

1) 급성 심장사는 해부학적으로 증명되는 심장의 질병 유무와 관계없이 사망 시간이나 양상을 전혀 예상하지 못하는 상태에서 급성 증상이 발생하여 짧은 시간 내에 의식소실과 함께 심장의 이상으로 사망하는 것으로 정의된다. 심혈관계 질환으로 인한 사망의 경우 약 50% 정도가 급성 심장사의 형태로 나타나며, 환자의 절반 정도에서 심장질환의 첫 증상이 급성 심장사로 나타난다. 급성 심장사의 원인질환 중 80% 정도가 관상동맥질환이며, 심근비대, 심근질환(심근염, 심근증), 심전도계 장애, 심장판막질환, 선천성 심질환 등 거의 모든 심장질환이 원인이 될 수 있다.

2) 급성 심장사는 대한민국에서 연간 20,000 - 25,000건 정도 발생하는 것으로 추정되며 생존율은 2 - 4%에 그쳐 미국을 포함한 서구 국가(평균 8% 내외)에 비해 매우 낮은 상황이다.

3) 심정지 발생 직후의 경과 및 심폐소생술

심정지가 발생한 직후의 경과는 시간 경과에 따라 세 단계로 구분할 수 있다. ① 첫 단계는 전기시기로 심정지가 발생한 후부터 약 4분까지의 시기이며, 이 시기는 심정지가 발생하였지만 아직 조직의 손상이 없는 시기로서 심장동이 회복되면 신체의 조직 손상 없이 회복될 수 있는 시기를 말한다. 이 시기에는 심실세동에 대한 제세동술이 심폐소생술보다도 중요한 치료이다. ② 두 번째 단계는 순환 시기로서, 심정지가 발생한 후 4분부터 10분 정도까지의 시기로 이 시기에는 조직의 ATP가 급격히 고갈되고, 허혈에 의한 조직 손상이 시작되며 따라서 심폐소생술(특히 흉부 압박)을 시행하여 조직으로의 산소 공급을 유지하는 것이 가장 중요한 치료이다. ③ 세 번째 단계는 대사시기로서 심정지로부터의 경과시간이 10분 이후의 시기로 허혈에 의한 조직 손상, 심폐소생술에 의한 재관류 손상 등으로 다양한 대사성 요인이 발생했다. 치료로는 조직 관류압의 유지, 뇌 및 조직 손상을 줄이기 위한 다양한 약제의 투여 등이 시도되고 있으나, 아직 획기적인 치료 방법은 없다.

2. 급성 복통

1) 급성 복통은 정확한 진단을 내리기 어려운 경우가 흔하고, 잘못된 진단을 내리게 되는 경우도 많아 주의를 기울여야 한다. 복통이 경미한 환자도 치명적인 질환으로 진행될 수 있고,

---

4) 해당 내용은 판결문에 수록된 내용임.

매우 심한 환자에서도 실제로는 상대적으로 질환의 중증도가 떨어질 수 있다. 일반적으로 급성 복통의 흔한 원인으로 비특이적 복통이 30% 이상으로 가장 흔하다.

2) 임상양상

급성 복통의 원인은 복강내(intra-abdominal) 요인과 복강외(extra-abdominal)요인으로 분류할 수 있다. 응급실로 내원하는 환자들 중 가장 많은 수를 차지하는 복통은 비특이적 복통으로 그 자체의 범주가 뚜렷하지 않으며 기저의 복강내 또는 복강외의 문제가 향후 어떻게 진행될지 모르기 때문에 따로 분류된다. 따라서 응급의학과 의사는 환자의 질환 초기에 가능하면 빨리 병적인 통증인지 또는 병적인 상태로 이행할 가능성이 많은지 구별하는 것이 중요하다. 또한 신속하게 진단하기 위해 추가해야 할 검사가 필요한지에 대해 결정을 내려야 한다.

3) 검사

복통 환자 진료에 있어서 자세한 병력과 충분한 진찰은 필수적이다. 먼저 기본적인 복통의 특성으로 위치, 양상, 정도, 시작 시간, 지속시간, 악화 또는 완화 요인, 시간에 따른 변화 등을 파악한다. 환자의 얼굴 표정, 발한, 창백함, 초조감 등의 겉모습은 통증의 정도를 알려주는 정보이지만, 질환의 중증도와는 관계가 없다. 정확한 생체징후 측정은 매우 중요하며 필요한 경우 중심부 체온을 측정해야 하는 경우도 있고, 미세한 빈호흡이나 과호흡이 간과되지 않도록 하며 비록 저혈압이 없더라도 혈관내 용적의 감소가 의심되는 경우 맥박수와 혈압의 기립시 변화(orthostatic change)를 측정하도록 한다.

4) 진단

급성 복통 환자의 적절한 배치와 정확한 진단은 매우 중요하다. 단지 임상적인 소견과 기본 검사만을 가지고 적절한 진단을 내리는 것은 힘든 일이며, 진단적 정확도는 50-65% 정도 밖에 되지 않는다. 특히 복통을 호소하는 성인에서 연령이 많을수록 오진율이 증가하므로 주의를 요한다. 구토 및 상복부 통증이 원인이 확실하지 않고 통증을 계속 호소하고 있다면 검사를 하고 처치 후 결과와 경과를 확인하는 것이 일반적이다.

5) 복강 외적인 요인

압통의 유무와 상관없이 우상복부나 좌상복부에 국한된 통증의 경우 폐실질이나 흉막 병변의 가능성이 있으므로 흉부 검사가 반드시 필요하다. 청진기만으로는 정확하게 진단할 수 없으므로 흉부 방사선 사진이 필요하며, 측와위 또는 호기 사진은 임상적으로 삼출이나 기흉의 가능성이 있을 경우 필요하다. 심와부 통증이 있을 때에는 심장질환의 병력 청취와 심전도가 필요하다. 심와부로 방사되는 허혈성 심질환의 통증은 압통이 없으며, 피부 감각 이상의 형태로 나타나기도 한다.

6) 비특이적 복통

다양한 검사에도 불구하고 응급실에 내원한 환자의 많은 부분에서 정확한 진단이 내려지지 않는 상태일 때, 비특이적 복통으로 진단되는 경우가 있다. 비특이적 복통이 명확한 진단은 아니지만 이에 동반되는 임상적인 특징을 보면, 오심의 경우 약 50%에서 동반되며 복통 후에 발생하는 가장 흔한 증상이다. 복통의 위치는 중심와부 또는 하복부가 흔하며, 약 1/3에서 압통이 나타나지만 심하지는 않다. 백혈구 상승이 나타날 수 있지만, 대부분의 검사 결과는 정상 소견을 보인다. 비특이적 복통을 진단하는 데 가장 중요한 것은 24시간 이내에 신중한 재검진이 필요하다는 것이다.

판례 4. 어지럼증 원인 분별 검사 미시행 과실로 인한 사망 사건 1_ 춘천지방법원 2014. 5. 14. 선고 2012가합1641 판결

1. 사건의 개요

　　오랫동안 당뇨를 앓아온 환자가 어지럼증과 구토 증상으로 응급실에 내원하였다. 의료진은 양성 돌발성 체위성 현훈증 진단 및 당뇨로 인한 합병증에 무게를 두어 뇌경색을 진단할 수 있는 검사를 진행하지 않았다. 이후 환자는 갑작스런 의식 변화를 보였고, 뇌병변을 의심하여 검사 및 수술을 시행하였으나 사망에 이른 사건이다 [춘천지방법원 2014. 5. 14. 선고 2012가합1641 판결]. 자세한 사건의 경과는 다음과 같다.

날짜	시간	사건 개요
2011. 12. 30.	01 : 00	• 집에서 잠을 자던 중 갑자기 어지럼증과 구토 증상을 보임(환자 남자, 사고 당시 65세)
	07 : 32	• 병원 응급실 내원 • 양성 돌발성 체위성 현훈증 진단
	18 : 00	• 병원에 입원
	22 : 00	• 두통이 심하여 타이레놀 투약
2011. 12. 31.	새벽	• 갑자기 혈압이 상승함
	00 : 30	• 혈압 170/100
	01 : 30	• 혈압 180/100
	05 : 50	• 통증자극에 대해서만 인상을 쓰고 팔을 올리는 반응을 보이는 등 급작스런 의식변화를 보임 • 활력징후 측정, 동맥혈검사 시행, 산소 투여 등 응급조치 시행
	06 : 00~ 07 : 00	• 뇌병변 의심 • MRI 및 CT 검사 시행 = 양쪽 후하소뇌동맥의 경색, 뇌실질확장증 확인
	08 : 00	• 개두술, 소뇌엽제거술 및 체외뇌실배액술 시행
이 후		• 중환자실에서 입원가료 중 회복되지 못함
2012. 1. 26.		• 사망

2. 법원의 판단

가. 소뇌경색 여부 확인 및 치료 지연 여부: 법원 인정

(1) 환자 측 주장

환자가 처음 응급실에 내원했을 때 보인 현기증 증상은 소뇌경색으로 인한 것임에도 병원 의료진은 머리충동검사나 MRI 검사를 시행하지 않아 소뇌경색을 발견하지 못하였다. 또한 그 후 소뇌경색으로 인한 뇌부종의 진행으로 혈압이 상승하였음에도 진통제만 투여한 채 별다른 검사나 치료를 하지 않았으며 환자가 의식불명에 빠지자 그제야 소뇌경색 진단과 치료를 시도하였으나 결국 치료시기를 놓쳐 환자를 사망에 이르게 하였다.

(2) 의료인 측 주장

병원 의료진에게는 어지럼증을 호소하는 모든 환자에게 MRI 검사를 시행하여야 할 의무가 없고 환자의 경우 응급실 내원 당시 자세 변경으로 인한 현훈증상이 있었을 뿐 소뇌경색을 의심할만한 증상을 보이지 않았다. 또한 환자에게는 오랫동안 당뇨가 있음에도 스스로 약 복용을 하지 않은 상태로 혈당수치가 높게 측정되었기 때문에 그 합병증에 무게를 두어 적절한 검사와 치료를 하였던 것이고, 의식 변화 발생 직후에는 MRI 및 CT 검사를 시행하였으며 검사 결과 소뇌경색 및 뇌수종이 발견되었을 때는 이미 사망률이 높은 상태였으므로, 환자에 대하여 적절한 조치를 취한 병원 의료진에게는 그 사망에 대한 책임이 없다.

(3) 법원 판단

환자가 응급실을 내원했을 당시 특별히 다른 증상 없이 구토와 어지럼증만을 호소하였다고 하더라도 병원 의료진으로서는 구토와 어지럼증의 원인 중에 생명에 위험을 초래할 가능성이 있는 뇌의 이상이 있으므로 그 가능성 여부를 확인하여야 하며 이를 위해 환자에 대하여 소뇌경색의 가능성을 배제하지 않고 적어도 머리충동검사나 온도눈떨림검사를 하는 등 어지럼증의 원인을 분별하기 위한 적절한 조치를 위하여야 함에도 이를 게을리 하여 위와 같은 검사를 전혀 시행하지 않은 채 만연히 당뇨를 원인으로 한 현훈증에 불과하다고 예단했다.

3. 손해배상범위 및 책임 제한

가. 의료인 측의 손해배상책임 범위: 60% 제한

나. 제한 이유

환자가 처음 구토와 어지럼증이 발현된 때로부터 상당한 시간이 경과한 후 병원 의료진 응급실을 찾아온 점

다. 손해배상책임의 범위

(1) 청구금액: 152,162,705원

(2) 인용금액: 61,752,803원

    ① 재산상 손해: 21,752,803원(일실수입 + 기왕치료비 + 장례비) × 60%

       – 일실수입: 30,808,883원

       – 기왕치료비: 2,445,790원

       – 장례비: 3,000,000원

    ② 위자료: 40,000,000원

4. 사건 원인 분석

이 사건에서 환자는 잠을 자던 중 갑자기 어지럼증과 구토 증상을 보여 병원 응급실에 내원하였으며 응급실 의료진은 자세 변경으로 인한 현훈증상에 초점을 맞춰 양성 돌발성 체위성 현훈증으로 진단하였다. 또한 환자가 오랫동안 당뇨를 앓아왔으나 약 복용을 하지 않은 상태로 혈당이 높게 측정되자 당뇨로 인한 합병증에 무게를 두었을 뿐 중추성현훈발생의 중요원인 중 하나인 소뇌경색을 진단할 수 있는 MRI 및 CT 검사 그 밖에 중추성현훈진단을 위한 신경학적 검사를 시행하지 않았다. 환자가 병원에 입원한 후 약 12시간이 지나서 갑작스런 의식 변화(통증자극에 대해서만 인상을 쓰고 팔을 올리는 반응을 보임)를 보이자 뇌병변을 의심하였고 MRI 및 CT 검사를 시행하였다. 검사 결과 양쪽 후하소뇌동맥의 경색과 뇌실질 확장증이 확인되었고 즉시 개두술과 소뇌엽제거술 및 체외뇌실배액술을 시행하였으나 중환자실에서 입원치

료 중 회복되지 못하고 사망하였다. 이 사건과 관련된 문제점 및 원인을 분석해본 결과는 다음과 같다.

첫째, 환자가 어지럼증을 주호소로 응급실에 내원하였을 때 적정한 검사를 실시하지 않아 오진하였다. 노인 환자들이 가장 많이 호소하는 증상으로 어지럼증, 이명, 청력손실 등이 있으며 환자의 경우 사고당시 65세였으며 어지럼증을 호소하였다. 노인 등 위험도가 높은 환자에서 어지럼증의 원인이 확실하지 않을 경우에는 CT나 MRI 촬영을 하거나 필요하면 두 가지 검사방법을 함께 시행하는 것이 중요했다(김준식 외, 2004).

그러나 이 사건에서는 환자가 처음 응급실에 내원하였을 당시 중추성현훈발생 가능성을 고려한 어떠한 검사도 실시하지 않아 소뇌경색을 의심하지 못한 채 '양성 돌발성 체위성 현훈증'으로 오진을 하였다. 응급실을 내원했을 당시 특별한 다른 증상 없이 구토와 어지럼증만을 호소했다고 하더라도 병원 의료진은 구토와 어지럼증의 원인 중에 생명에 위험을 초래할 가능성이 있는 뇌의 이상이 있는지 확인하였어야 했다. 특히 소뇌경색의 경우에는 임상적 증상 및 소견으로 진단하기가 매우 어렵기 때문에 추가적으로 CT나 MRI를 시행하여 빠른 진단을 하는 것이 중요했다. 소뇌경색의 가능성을 배제하지 않고, 적어도 중추성현훈발생 가능성을 고려한 신경학적 진찰을 하는 등 어지럼증의 원인을 분별하기 위한 적절한 검사를 시행했어야 하나 만연히 당뇨로 인한 현훈증에 불과하다고 판단한 문제점이 있었다. 자문위원도 이 사건에서는 CT 촬영을 먼저 시행하고 CT 및 신경학적 진찰소견상 의심소견이 있을 시에는 MRI 촬영을 실시했어야 했다고 하였다.

둘째, 병원 의료진은 환자에 대해 오진한 뒤 이석고정술을 시행하였으며 중추의 문제 발생가능성을 시사하는 두통이 심해지자 반복적인 신경학적 진찰이나 CT 및 MRI 등 검사의 시행을 고려하지 않고 진통제를 투여하는 등의 소극적인 치료 조치만 취하였다. 진통제 투여 후 2시간 후 혈압이 170/100mmHg으로 갑자기 상승하였으며 그 후 1시간 후에도 180/ 100mmHg까지 상승하는 등 이상증상을 보였으나 환자가 급작스런 의식변화를 보이기 전까지 별다른 조치를 취하지 않은 과실이 있었다. 급작스런 의식 변화를 보이자 활력징후 측정 및 동맥혈검사를 시행하고 산소 투여를 하는 것과 응급조치를 시행하는 등의 뒤늦은 조치를 취하는 등 환자 경과 관찰 및 치료에서 소홀했던 병원 의료진의 문제점이 있었다(〈표 4〉 참조).

<표 4> 원인분석

분석의 수준	질문	조사결과
왜 일어났는가? (사건이 일어났을 때의 과정 또는 활동)	전체 과정에서 그 단계는 무엇인가?	− 진단 단계 − 환자 관찰, 치료 단계
가장 근접한 요인은 무엇이었는가? (인적 요인, 시스템 요인)	어떤 인적 요인이 결과에 관련 있는가?	• 의료인 측 − 환자 내원 시 진단을 위한 적절한 검사 미시 행, 오진 − 입원 후 두통 호소에도 진통제만 투여함으로 써 치료 소홀, 통증 호소에도 검사 지연
	시스템은 어떻게 결과에 영향을 끼쳤는가?	• 법, 제도 측 − 뇌경색을 진단할 수 있는 검사에 대한 접근 성 떨어짐(고비용 문제)

5. 재발 방지 대책

<그림 4> 판례 4 원인별 재발방지 사항

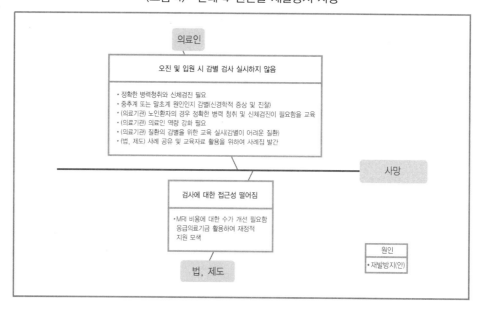

원인별 재발방지 대책은 〈그림 4〉와 같으며, 각 주체별 재발방지 대책은 아래와 같다.

(1) 의료인의 행위에 대한 검토사항

(가) 환자에 대한 정확한 문진과 신체검진

환자가 응급실에 내원할 시 의료인은 환자의 성별, 연령, 기저질환을 고려하여 호소하는 질병을 감별하기 위한 적절한 검사 조치를 취하여야 한다. 특히, 전정신경장애와 소뇌경색은 어지럼증을 주호소로 같이하기 때문에 어지럼증을 유발하는 기관을 파악하는 것이 가장 중요하다. 어지럼증을 호소하는 환자, 특히 노인환자에서는 심한 어지럼증을 호소하는 경우 정확한 병력청취와 신체검진을 하고 신경학적 진찰을 통하여 중추계 원인인지 말초계 원인인지를 감별해야 한다. 이러한 진찰 및 검사 등 의료행위에 대한 사항은 기록으로 잘 남겨두어야 한다.

(나) 적절한 검사 조치 시행

증상 호전을 위한 일반적인 처치를 하여도 증상이 호전되지 않는 심한 어지럼증을 호소하는 환자, 특히 노인환자에서는 정확한 신체검사, 신경학적 검사를 철저히 시행하여야 한다. 중추계 어지럼증이 의심되면 CT와 MRI를 시행하여 소뇌경색이나 출혈로 인한 질환을 조기 진단하여야 한다.

(다) 의료인 역량 강화

어지러움을 증상으로 호소하나 원인이 다른 환자를 진단하기 위하여 의료인의 역량 강화가 필요하다. 의료인은 어지러움을 주호소로 하는 질환의 감별을 위한 교육을 통하여 오진의 가능성을 감소시켜야 한다.

(2) 의료기관의 운영체제에 관한 검토사항

조기 진단을 위하여 주의를 더욱 기울여야 하는 노인환자의 경우 정확한 신체검진과 병력 청취가 필요시 됨을 교육하고, 적극적인 검사와 처치를 할 수 있도록 교육하여야 한다. 또한 학술대회나 연수강좌에 참여하는 것을 꾸준히 독려하여 오진의 가능성을 낮출 수 있는 역량을 쌓도록 하여야 하며, 감별이 어려운 질환의 경우 질환의 감별을 위한 교육을 실시하여야 한다.

(3) 국가 및 지방자치단체 차원의 검토사항

MRI는 비용이 많이 들기 때문에 검사에 대한 접근성이 떨어져 환자가 검사를 받지 못하는 일이 없도록 수가 개선이 필요하다. 응급의료기금을 활용하여 이에 대한 재정적 지원 방안을 모색할 필요가 있다. 또한 관련 사례집을 발간하여 사례를 공유하고 교육자료로 활용할 수 있도록 해야 한다.

∥ 참고자료 1 ∥ 현훈 환자에서 뇌촬영이 필요한 경우(최광동, 김지수, 2007)

1. 신경학적 증상을 동반하는 현훈
2. 심한 자세불안을 동반하는 현훈
3. 이전에 겪지 못했던 심한 두통을 동반하는 현훈
4. 중추성 안진을 동반하는 현훈
5. 48시간이 경과해도 현훈의 정도에 변화가 없는 경우

∥ 참고자료 2 ∥ 중추성 및 말초성 현훈의 감별(최광동, 김지수, 2007)

특성	말초성	중추성
현훈		
발생	간헐적	지속적
회전방향	일축성	다양
정도	현저, 안진의 정도와 비례	경미·현저, 안진의 정도와 무관
의식소실	없음	드묾
안진	말초성	중추성
자세불안	경미·중등도	심함
오심/구토	심함	다양
청각증상	흔함	드묾
신경학적 증상	드묾	흔함
보상	빠름(수일)	더딤, 지속

판례 5. 어지럼증 원인 분별 검사 미시행 과실로 인한 사망 사건 2_
서울중앙지방법원 2011. 1. 20. 선고 2010가단312390 판결

1. 사건의 개요

환자가 심한 두통, 구토, 어지러움 등을 호소하며 응급실에 내원하였다. 응급실 당직의는 몇몇 검사를 시행한 후 증상에 대한 병명 기재 없이 약 처방만을 하였다. 3주 뒤 극심한 두통으로 타 병원 응급실에 내원한 환자는 소뇌종양 및 폐색성 수두증을 진단받았다. 적절한 치료시기를 놓친 환자가 사망에 이른 사건[서울중앙지방법원 2011. 1. 20. 선고 2010가단312390 판결]이다. 자세한 사건의 경과는 다음과 같다.

날짜	시간	사건 개요
2010. 1. 20.		• 두통, 구토, 현훈(어지러움) 증상 발생함(환자 여자, 나이미상)
2010. 2. 6.	18 : 43	• 두통, 구토, 현훈(어지러움) 증상 참고 지내던 중 증상이 심해져 병원 응급실 내원함 • 병원 응급실 당직의는 진찰한 후 단순방사선검사, 뇌 전산화단층촬영 (CT) 검사를 받도록 함 ＝증상에 대한 병명의 기재 없이 타이레놀과 바륨 등을 3일치 처방
2010. 2. 25.		• 극심한 두통 느껴 G병원 의료진 응급실 내원 • 뇌CT, MRI 검사 시행 ＝소뇌종양 및 폐색성 수두증 소견 ＝자기공명영상 검사 결과 크기는 5.3×4.6×3.3cm으로 판독됨 • 바로 입원하여 뇌부종 완화를 위한 만니톨을 투여함
2010. 2. 28.		• 개두술을 통한 소뇌종양 제거술 시행
2010. 3. 1.		• 뇌압이 상승하여 후두부의 두개골 절제술 시행
2010. 4. 25.	00 : 33	• 뇌종양, 뇌부종, 뇌간기능부전으로 사망

2. 법원의 판단

가. 부적절한 진단상의 과실 여부: 법원 인정

(1) 환자 측 주장

병원 의료진은 환자에 대한 진료상의 주의의무를 위반하여 환자의 소뇌 종양을 진단하지 못하였다.

(2) 법원 판단

병원 의료진은 참을 수 없는 두통, 구토, 어지러움 등을 호소하며 내원한 환자에게 뇌CT 검사 등 응급환자인지 여부를 확인하기 위해 필요한 검사를 시행하고도 환자의 상태에 대한 평가조차 제대로 하지 않은 채 진통제와 진정제만을 처방하였다.

3. 손해배상범위 및 책임제한

가. 위자료: 법원 인정[5]

환자가 2010년 2월 6일 뇌종양 진단을 받은 경우 사망이라는 중한 결과를 피할 가능성이 있었다거나 적어도 사망 시기를 연장할 가능성이 있었다는 점을 인정할 증거가 없으므로, 환자가 더 건강한 상태에서 수술을 받아 건강을 회복할 가능성을 상실한 데 따른 위자료 청구는 이유 없다.

그러나 ① 피고 병원의 응급의료체계에 따르면 응급증상이나 이에 준하는 증상을 호소하는 환자에 대하여 응급환자인지 여부조차 확인할 수 없어 도저히 이를 최소한의 응급의료라고도 평가하기 어려운 점, ② 의료기관으로서는 응급의료에 대한 수가가 일반적인 수가보다 높기 때문에 응급의료로서 진료나 검사를 시행하는 것이 경제적으로 이익이 될 수 있지만, 환자로서는 응급의료기관에서 검사만 시행하고 신체상태에 대하여 제대로 평가를 받지 못하는 경우 비용의 부담은 가중되는 반면 응급의료의 기회를 상실할 수 있는 점, ③ 이 사건에서도 환자는 참을 수 없는 두통, 구토, 어지러움 등을 호소하며 병원 의료진 응급실에 내원하여 뇌CT 검사 등 필요한

---

5) 환자가 위자료만을 청구함.

검사를 받았음에도 불구하고 환자의 상태에 대한 평가조차 제대로 받지 못한 채 진통제와 진정제만을 처방받고 귀가하게 되었던 점, ④ 환자는 응급증상에 준하는 증상이 있었을 뿐 아니라 소뇌에 커다란 종양이 있어 언제라도 수두증이나 뇌탈출증 등 생명에 위해를 가할 중대한 합병증이 발생할 수 있었으므로 응급환자에 해당하였던 점(응급의료에 관한 법률 제2조 제1호, 위 법 시행규칙 제2조 제1호, 별표 1 2. 가목 참조) 등을 종합하여 보면, 응급의료기관인 피고 병원이 제공하는 의료서비스 자체가 통상적으로 요구되는 수준에 현저하게 미달하여 환자의 고통을 경감시켜 주지 못하고 응급의료의 기회를 박탈하였다고 보아 정신적 고통을 가한 점을 인정했다.

나. 손해배상책임의 범위

(1) **청구금액**: 40,000,000원
(2) **인용금액**: 12,000,000원(위자료)

4. 사건 원인 분석

이 사건에서 환자는 심한 두통, 구토, 어지러움 등을 호소하며 응급실에 내원하였다. 응급실 당직의는 진찰 후 단순방사선검사, CT검사를 받도록 하였고 증상에 대한 병명의 기재 없이 타이레놀과 바륨 등을 처방하였다. 3주 뒤 극심한 두통을 느껴 타 병원 의료진 응급실에 내원한 환자는 뇌CT와 MRI 검사결과, 소뇌종양 및 폐색성 수두증의 소견을 받고 바로 입원하여 뇌부종 완화를 위한 만니톨을 투여 받았다. 3일 뒤에 소뇌종양 제거술을 시행하고 다시 3일 뒤 뇌압이 상승하여 후두부 두개골 절제술을 시행하였으나 다음 달 뇌종양, 뇌부종, 뇌간기능부전으로 사망하였다. 이 사건과 관련된 문제점 및 원인을 분석해본 결과는 다음과 같다. 의료인은 두통, 구토, 어지러움 등을 호소하며 내원한 환자에게 뇌CT 검사 등 각종 검사를 시행하고도 환자의 상태에 대한 평가조차 제대로 하지 않은 채 진통제와 진정제만을 처방하였다. 극심한 두통을 느낀 후 내원한 타 병원 의료진에서의 CT 검사 결과 환자의 종양 크기는 5.3×4.6×3.3cm로, 처음 응급실 내원 시 CT 검사 결과를 면밀히 파악하였더라면 발견이 어려운 크기는 아니었을 것으로 추정된다(〈표 5〉 참조).

〈표 5〉 원인분석

분석의 수준	질문	조사결과
왜 일어났는가? (사건이 일어났을 때의 과정 또는 활동)	전체 과정에서 그 단계는 무엇인가?	− 진단 단계 − 치료 처치 단계
가장 근접한 요인은 무엇이었는가? (인적 요인, 시스템 요인)	어떤 인적 요인이 결과에 관련 있는가?	• 의료인 측 − 검사결과 확인 및 처치 소홀: 환자 진찰 후 필 요한 검사를 시행하고도 환자의 상태에 대한 평가조차 제대로 하지 않고 진통제와 진정제 만을 처방함
	시스템은 어떻게 결과에 영향을 끼쳤는가?	• 의료기관 내 − 검사결과 확인 및 처치 소홀에 대한 대책 미비 • 법·제도 − 검사결과 확인 및 처치 소홀에 대한 대책 미비

5. 재발 방지 대책

〈그림 5〉 판례 5 원인별 재발방지 대책

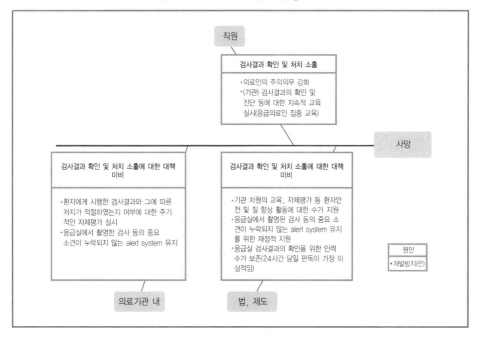

원인별 재발방지 대책은 〈그림 5〉와 같으며, 각 주체별 재발방지 대책은 아래와 같다.

(1) 의료인의 행위에 대한 검토사항

검사 시행 뒤 결과가 나오면 확인 및 이후 조치 과정에 대한 의료인의 주의의무 강화가 필요하다.

(2) 의료기관의 운영체제에 관한 검토사항

환자에게 시행한 검사결과와 결과에 따른 처치가 적절하였는지 여부에 대한 주기적인 자체평가를 실시하여야 한다. 또한 이와 관련하여 의료인을 대상으로 지속적인 교육을 실시하여야 한다. 응급실에서 촬영된 검사 등의 중요 이상 소견이 있으면 SMS, 유선 연락 등으로 담당 의료인에게 알려주는 방법 등 중요 이상 소견이 누락되지 않는 이상검사결과보고(Critical Value Reporting, CVR) 체계를 운영 및 유지하여야 한다.

(3) 국가·지방자치체 차원의 검토사항

의료기관 차원에서 검사결과와 그에 따른 처치가 적절하였는지 여부에 대하여 자체평가를 시행하고 보완하는 환자안전 및 질 향상 관련 활동을 시행하고 지속적으로 유지할 수 있도록 이에 대한 수가를 지원하여야 한다. 검사 시행과 결과확인, 결과에 따른 처치 등에 대하여 의료기관에서 시행하는 교육과정 등에 대한 지원도 필요하다. 의료기관에서 검사 소견 중 중요 이상 소견이 누락되지 않도록 운영하는 이상검사결과보고(Critical Value Reporting, CVR) 체계의 유지를 위한 재정적 지원이 필요하다. 또한 응급실에서 시행한 검사결과의 중요한 사항이 누락되지 않도록 검사결과를 확인하는 인력의 수가를 보존해주어야 한다.

판례 6. 교통사고환자 대퇴동맥 손상 여부 및 지혈조치 미시행으로 인한 하지 절단 사건_의정부지방법원 고양지원 2013. 9. 27. 선고 2012가합4961 판결

1. 사건의 개요

환자는 교통사고로 응급실로 이송되었고, 좌측 하지 대퇴부의 깊은 열상과 출혈, 대퇴동맥 손상이 의심되는 상태였다. 이에 의료진은 검사 및 수혈을 시행하였으나 대퇴동맥 손상 여부 및 상태 확인, 지혈 조치 등이 지연되었고, 수술실에 입실하였으나 활력징후가 불안정하여 1시간 가량 심폐소생술을 시행하였다. 또한 대퇴동맥 손상을 발견하였으나 손상이 너무 심하여 동맥 봉합술을 할 수 없어 동맥결찰술을 시행하였다. 그러나 환자의 좌측 하지 괴사가 진행되어 좌측 하지의 무릎 위까지 절단술을 받은 사건[의정부지방법원 고양지원 2013. 9. 27. 선고 2012가합4961 판결]이다. 자세한 사건의 경과는 다음과 같다.

날짜	시간	사건 개요
2011. 1. 17.	23:00	• 오토바이를 운전하여 대로변을 역주행 하던 중 택시와 충돌하는 교통사고를 당함(환자 남자, 사고 당시 16세 9개월)
	23:50	• 피고 병원 응급실로 이송 • '오토바이 사고로 왼쪽 다리를 다쳤다'고 호소함 • 혈압 110/70mmHg, 맥박 128회/분, 호흡수 18회/분, 산소포화도 98% • 신체 검진 결과 ＝좌측 하지 대퇴부에 10cm의 깊은 열상과 출혈이 있고 대퇴동맥 손상이 의심된다고 기재됨
2011. 1. 18.	00:00	• 좌측 하지에 대한 X-ray 및 혈액검사 시행 • 부목(long leg splint)으로 고정 • 헤모글로빈 수치 13.4g/dl, 적혈구 용적률 39%
	00:20	• 혈압 100/70mmHg, 맥박 108회/분, 호흡수 20회/분
	00:27	• 두부, 복부, 흉부에 대해 CT 촬영 시행

날짜	시간	사건 개요
2011. 1. 18.	01 : 15	• 응급실로 옮김 • 혈압 90/60mmHg, 헤모글로빈 수치 8.7g/dl, 적혈구 용적률 26%으로 감소됨
	01 : 36	• 혈압 70/50mmHg, 맥박 138회/분으로 저혈압과 빈맥이 반복됨
	01 : 45	• 농축적혈구 2팩 신청
	01 : 55	• 외과 진료 시작 • CT 검사 결과를 토대로 두부, 흉부, 복부 위주의 신체검진 시행 = 뇌 및 다른 내부 장기가 손상되었다는 징후는 발견되지 않음 = 방사선 촬영 결과 좌측 하지 대퇴골 골절 확인 = 정형외과에 협진 의뢰
2011. 1. 18.	01 : 57	• 혈압 102/64mmHg, 맥박 133회/분, 호흡수 24회/분
	02 : 00	• 정형외과 진료 시작 = 신체 검진 결과 '좌측 하지 대퇴부에 약 15cm 열상, 근육 노출, 뿜어져 나오진 않으나 출혈이 심함'이라고 기재되어있음 • 환자의 보호자에게 좌측 하지 골절 및 대퇴동맥 손상 가능성 및 출혈이 심해질 가능성에 대해 설명함 • 활력징후가 안정화되면 CT 검사를 시행하기로 결정 • 헤모글로빈 수치 7.8g/dl, 적혈구 용적률 23%으로 감소하고 있음
	02 : 23	• 혈압 40/0mmHg로 이완기 혈압이 측정되지 않음

02 : 30~ 07 : 13	시간	혈압 (mmHg)	맥박 (회/분)	호흡 (회/분)	체온 (℃)	산소포화도 (%)
	02 : 30	100/60	128	18		100
	02 : 45	100/60	142	20	36.0	100
	03 : 00	90/50	144	18	36.0	99
	03 : 20	측정 안됨	70	18		98
	03 : 34	40/23	128	앰부배깅	36.0	100
	03 : 36	40/–	130	기계호흡(18)	35.8	100
	03 : 41	40/–	132	기계호흡(18)		
	03 : 51	80/50	130	기계호흡(18)	35.5	100
	04 : 10	60/40	124	기계호흡(18)	35.5	100
	04 : 15	80/50	138	기계호흡(18)	35.3	100
	04 : 30	70/50	137	기계호흡(18)	35.3	100
	04 : 45	70/40	144	기계호흡(18)	35.1	100

날짜	시간	사건 개요					
		04 : 50	60/40	150	기계호흡(18)	35.1	100
		05 : 05	70/50	144	기계호흡(18)	35.3	100
		05 : 27	60/40	154	기계호흡(18)		100
		05 : 40	60/40	160	기계호흡(18)		100
		05 : 43	70/40	163	기계호흡(18)	36.5	100
		05 : 47	70/40	163	기계호흡(18)	36.6	100
		06 : 00	60/30	164	기계호흡(18)	36.5	100
		06 : 30	70/40	167	기계호흡(18)	36.3	100
		06 : 38	69/31	167	기계호흡(18)	36.3	100
		06 : 40	70/30	166	기계호흡(18)	36.3	100
		06 : 45	50/−	167	기계호흡(18)	36.3	100
		06 : 55	60/30	167	기계호흡(18)	36.2	100
		07 : 00	60/30	166	기계호흡(18)	36.2	100
		07 : 10	50/−	167	기계호흡(18)		100
		07 : 13	60/30	170	기계호흡(18)	36.1	100
	02 : 45	• 수혈 시작, 지속적으로 수혈 및 활력징후 측정 반복					
	02 : 47	• 헤모글로빈 수치 4.0g/dl, 적혈구 용적률 17%					
	03 : 09	• 좌측 하지를 다시 부목으로 고정함					
	07 : 30	• 환자의 부친에게 환자의 좌측 하지 대퇴 동맥이 파열되어 동맥을 봉합하거나 결찰하는 수술을 시행할 것이고 동맥 결찰 시 좌측 하지가 괴사되어 절단 가능성이 있다는 내용을 고지하여 수술 동의를 받음					
	07 : 38	• 입원 수속 완료					
		• CT 검사실로 옮겨 CT 검사 시행					
	08 : 10	• 수술실 도착 • 활력징후가 불안정하여 1시간 가량 심폐소생술 시행					
		• 활력징후 돌아옴 • 대퇴동맥 손상을 발견하였으나 손상이 너무 심하여 동맥 봉합술을 할 수 없다는 판단 하에 동맥결찰술 시행					
		• 좌측 하지 괴사 진행됨					
		• 좌측 하지의 무릎 위까지 절단술을 받고 퇴원					
현재		• 기억력 및 인지능력 저하상태 등의 소견이 관찰됨					

2. 법원의 판단

가. 정확한 진단을 하지 못한 과실 유무: 법원 인정

(1) 환자 측 주장

대퇴동맥 손상의 경우 대량 출혈이 발생하여 다리절단 또는 저혈량성 쇼크, 순환기계의 부전으로 사망의 우려까지 있어 매우 신속한 응급조치가 요구되는데, 병원 의료진은 환자의 대퇴동맥 상태를 정확히 진단하지 못하여 환자가 병원에 후송된 지 8시간이 지나서야 동맥결찰술을 시행하였다. 이로 인하여 환자는 과다출혈로 좌측 하지의 조직이 괴사되어 좌측 하지 무릎 위를 절단하고 저산소성 뇌손상을 입게 되었다

(2) 의료인 측 주장

환자는 내원 당시 좌측 하지 대퇴골 부위에 10cm 정도의 열상 및 골절이 있었고 열상 부위에서 근육선상까지는 출혈이 있는 것으로 확인되었으나, 복부 통증을 호소하고 혈압은 정상범위였으며, 대퇴동맥 손상을 의심할만한 박동성 출혈이 없는 상태로 의식이 명료하지 않아 정확한 수상기전을 알 수 없는 상태였다. 하여 병원 의료진은 머리와 다른 내부 장기의 손상 및 출혈이 있는지를 감별하기 위해 CT 검사와 방사선 촬영 검사를 선행적으로 시행하였다. 그런데 CT 검사와 방사선 촬영 검사 결과 환자가 머리와 다른 내부 장기에 손상을 입었다는 징후는 발견되지 않았고 다만 좌측 하지 대퇴골 골절을 확인하여 정형외과에서 환자를 진료하였다.

정형외과에서 환자의 골절 부위를 부목으로 고정하던 중 의식이 저하되고 혈압이 저하되는 소견이 관찰되어 골절 부위가 아닌 다른 부위에 출혈이 있는 것으로 판단하였지만 CT 검사상 뇌 및 흉·복부의 출혈 소견이 없었으므로, 심부열상부의 해부학적인 구조상 대퇴동맥의 손상 가능성이 있을 것으로 판단하였다. 그러나 박동성 출혈이 없었기 때문에 동맥 손상의 확진을 위해서는 동맥 조영 및 CT 검사가 필요하였다.

허나 환자의 활력징후가 매우 불안정하고 의식이 없는 상태였기 때문에 활력징후를 회복하는 것이 우선이라 기도삽관을 시행하여 혈관을 확보하고 혈압상승제를 투여하면서 다량의 수액과 수혈을 시행하였다. 07 : 30경이 되어서야 호전되는 양상

이 보여 손상부위에 대한 정확한 평가를 위해 동맥조영 CT검사를 시행하였다. 이를 통해 대퇴동맥의 손상을 진단할 수 있었고, 이에 수술이 필요하다고 판단되어 바로 수술실로 옮겼지만 심정지 상태가 발생하여 심폐소생술 시행하였다. 심장박동이 돌아오게 되었으나, 환자의 상태가 불안정하여 생명 확보를 위해 빠른 지혈조치가 필요하다는 판단 하에 대퇴동맥을 결찰하였다.

따라서 심폐소생술을 시행하는 상황에서 장시간의 수술시간이 요구되는 혈관봉합술을 시행하는 것은 환자를 더 큰 위험에 빠뜨릴 수 있어 환자의 수상 부위에 대한 정확한 평가가 이루어지고 활력징후가 회복된 상태에서 수술이 이루어져야 하기 때문에 환자에 대한 수술은 합리적이고 적절한 시기에 이루어졌다고 보아야 한다.

또한 환자에게 혈관결찰술을 시행할 당시 수상부위의 신경 손상까지 의심되는 상태였으며, 광범위한 근육의 손상 및 괴사가 있었기 때문에 환자의 대퇴동맥을 봉합한다 하더라도 좌측 하지의 적절한 기능을 기대하기는 어려웠을 것이다.

(3) 법원 판단

환자는 오토바이를 타고 가다가 택시와 충돌하는 교통사고로 좌측 대퇴동맥이 파열되어 대량출혈이 발생하였고, 2011. 1. 18. 01시 36경 병원 의료진이 환자의 대퇴동맥 파열을 예상할 수 있는 징후가 충분히 발견되었다. 이에 대퇴동맥 손상을 진단하기 위하여 신속하게 CT 검사 등을 시행하여 대퇴동맥 손상 여부와 상태를 확인하고 그에 따라 필요한 혈관봉합술 등의 지혈조치를 취했어야 할 주의의무가 있음에도 환자의 입원 후 약 2시간이 경과한 01시 55경에서야 외과 의료진이 진료를 시작하는 등 신속하게 대응하지 않았다. 이로 인해 환자가 대량 출혈로 이완기 혈압이 측정되지 않는 심각한 상태에 이르게 되었고 07시 38 CT 검사를 시행하여 대퇴동맥 손상에 따른 대량출혈을 진단하고 수술을 시작하였으나 이미 혈관 손상이 심하여 근본적인 수술을 하지 못하고 대퇴동맥을 결찰하는 수준의 수술에 그치게 되었다.

3. 손해배상범위 및 책임 제한

가. 의료인 측의 손해배상책임 범위: 25% 제한

나. 제한 이유

(1) 환자의 손해는 기본적으로 환자의 오토바이 역주행이라는 환자의 위법행위로 인하여 발생한 것으로 보이는 점

(2) 환자가 병원 응급실을 내원한 시점은 심야인 23시 50경으로 병원 의료진의 전문적이고도 신속한 응급의료가 이루어지기에는 상당히 늦은 시각이었던 점

(3) 환자가 병원 응급실에 도착했을 당시 이미 좌측 하지 대퇴부 열상 및 골절 등이 발생한 상태여서, 대량 출혈로 인하여 신속한 응급수술이 시행되었다고 하더라도 조직의 괴사가 발생하여 최종적으로 절단에 이르게 되었을 가능성도 배제할 수 없는 점

(4) 교통사고 후 혈압이 떨어지는 원인은 간 및 비장 등 내장 파열이 많으므로, 환자에게 좌측 하지 대퇴부에서 박동성 출혈이 발생하지 않은 이상 병원 의료진이 환자의 내원 당시 환자의 출혈 원인으로 대퇴동맥 손상을 우선적으로 의심하기는 쉽지 않았을 것으로 보이는 점

(5) 병원 의료진이 환자의 대퇴동맥 손상에 대한 진단 및 처치를 다소 지연한 과실이 있다고 하더라도, 정형외과 의료진이 환자에 대한 진료를 시작한 2011. 1. 18. 02시 00경에는 환자의 활력징후가 매우 불안정하여 함부로 동맥봉합술 등 수술을 실시할 경우 환자가 사망할 가능성도 충분하였던 것으로 보이고, 따라서 의료진으로서는 환자의 생명을 우선 확보하기 위하여 수혈 등의 조치를 우선적으로 취하였다고 보이는 점

다. 손해배상책임의 범위

(1) 청구금액: 159,632,203원

(2) 인용금액: 62,743,481원

　① 재산상 손해: 71,282,158원 = (일실수입 + 향후치료비 + 개호비) × 25%

　　- 일실수입: 280,640,036원

　　　　－ 향후치료비: 2,388,562원

　　　　－ 개호비: 2,100,035원

　　② 위자료: 5,000,000원

4. 사건 원인 분석

　　이 사건에서는 오토바이를 타고 대로변을 역주행하여 교통사고를 당한 환자가 약 50분 후 응급실로 이송되었고, 도착 당시의 신체 검진 결과 좌측 하지 대퇴부에 10cm의 깊은 열상과 출혈이 있었고 대퇴동맥 손상이 의심되었다. 이에 좌측 하지에 대한 X-ray 및 혈액검사를 시행하였고 부목으로 고정하였으며 당시 헤모글로빈 수치는 13.4g/dl이며, 적혈구 용적률은 39%이었다. 헤모글로빈 수치와 적혈구 용적률이 감소하고 저혈압과 빈맥이 반복되어 농축적혈구를 신청하였고, 내원한 지 약 2시간 만에 외과 진료를 시행하였다. 그리고 두부, 복부, 흉부에 대해 CT 검사를 시행하였고 그 결과를 토대로 두부, 복부, 흉부 위주의 신체 검진을 한 결과 뇌 및 다른 내부 장기의 손상징후는 발견되지 않았으며 방사선 촬영 결과 좌측 하지 대퇴골 골절을 확인하여 정형외과와의 협진을 시행하였다. 신체 검진 결과 좌측 하지 대퇴부에 약 15cm의 열상, 근육 노출이 있었고 뿜어져 나오진 않으나 출혈이 심하였다. 혈압과 헤모글로빈 수치, 적혈구 용적률이 계속하여 감소하여 수혈을 하였고 내원한 지 약 8시간 만에 수술실에 도착하였으나 활력징후가 불안정하여 1시간 가량 심폐소생술을 하여 활력징후를 회복시켰고, 대퇴동맥 손상을 발견하였으나 손상이 너무 심하여 동맥 봉합술을 시행할 수 없어 동맥결찰술을 시행하였다. 그러나 환자에게 좌측 하지 괴사가 진행되어 이틀 후 좌측 하지의 무릎 위까지 절단술을 받은 사건이다. 이 사건과 관련된 문제점 및 원인을 분석해본 결과는 다음과 같다. 환자의 헤모글로빈 수치와 적혈구 용적률이 계속하여 감소함에도 출혈의 원인을 찾기 위한 노력을 하지 않아 대퇴동맥 손상에 대한 진단이 지연되었다. 이에 대해 병원 의료진은 환자에게 대퇴동맥의 손상을 의심할 수 있는 박동성 출혈이 없었기 때문에 정확한 수상기전을 확인하기 어려워 다른 내부 장기의 손상 및 출혈여부 감별을 위한 CT 검사와 방사선 촬영검사를 시행하였고, 환자의 활력징후가 불안정하여 이를 회복시킨 후 동맥조영과 CT 검사를 시행하였다고 하였다.

그러나 병원 의료진은 초기에 두부, 복부, 흉부에 대해 CT 검사를 시행하였고 좌측 하지에 대해서는 방사선 촬영만을 시행하였는데 처음 내원 시 환자가 왼쪽 다리를 다쳤음을 호소하고 신체 검진 결과 좌측 하지 대퇴부에 10cm의 깊은 열상과 출혈이 있고 대퇴동맥 손상이 의심된다면 이에 대한 정밀한 검사를 시행하였어야 했다고 생각된다. 특히 이 사건에서는 처음 내원 당시 시행한 검사상에서 혈역학적 징후가 불안할 정도의 문제가 보이지 않았고, 다리의 출혈이 많으며 진찰 소견상 혈관 손상이 의심되었다면 추가적으로 다리의 초음파 또는 CT를 진행하였어야 한다는 자문의견이 있었다. 또한 환자가 내원한 지 약 2시간 후(CT 검사 시행한 지 약 1시간 30분 정도 경과한 후)에서야 외과 진료를 시작하였고 CT 검사 결과를 토대로 두부, 흉부, 복부만을 위주로 한 신체 검진을 시행하였다. 이에 대해서는 타과와의 협진 체계가 미흡하였고 환자가 응급실로 이송된 시간이 심야시간대인 점도 기여를 한 것으로 생각된다(〈표 6〉 참조).

〈표 6〉 원인분석

분석의 수준	질문	조사결과
왜 일어났는가? (사건이 일어났을 때의 과정 또는 활동)	전체 과정에서 그 단계는 무엇인가?	– 환자 진단 및 처치 단계
가장 근접한 요인은 무엇이었는가? (인적 요인, 시스템 요인)	어떤 인적 요인이 결과에 관련 있는가?	• 의료인 측 – 진단 및 처치 지연(대퇴동맥 손상의 진단 및 조 치 지연)
	시스템은 어떻게 결과에 영향을 끼쳤는가?	• 의료기관 내 – 야간 시간의 신속한 검사 및 처지를 위한 체계 미흡 – 외상 환자에 대한 협진체계 구축 및 활용 미흡 • 법 · 제도 – 국가차원의 중증외상 환자 관련 진료 시스템 및 지침 부재 – 협진 및 야간 당직인력에 대한 인센티브 부족

5. 재발 방지 대책

〈그림 6〉 판례 6 원인별 재발방지 사항 제안

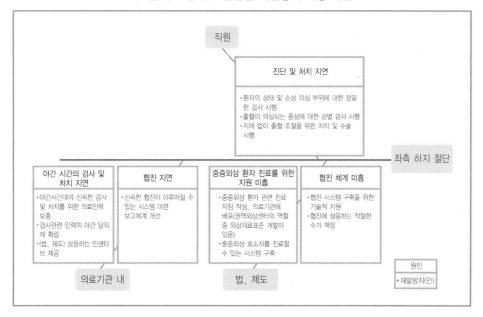

원인별 재발방지 대책은 〈그림 6〉과 같으며, 각 주체별 재발방지 대책은 아래와
같다.

(1) 의료인의 행위에 대한 검토사항

이 사건에서 환자의 손상이 의심되는 부위 및 증상을 고려하여 정밀한 검사를
시행하여 환자의 상태에 대한 원인을 찾기 위해 노력하여야 했다. 환자에게 출혈이
의심되는 증상이 나타났다면 이에 대한 감별 검사를 시행하고 지체 없이 출혈 조절
을 위한 처치 및 수술을 시행하여야 한다.

(2) 의료기관의 운영체제에 관한 검토사항

야간 시간에도 신속한 검사와 처치가 이루어질 수 있도록 인력을 보충하고 의료
인력의 야간 당직제를 확립하여야 한다. 또한 타과와의 협진이 신속하게 이루어질 수
있도록 협진을 위한 시스템을 구축하여야 한다. 특히 각 과의 저년차 전공의가 응급

실을 담당하는 경우가 대부분이고 수술, 시술 등의 결정을 고년차나 전문의가 해야 하는 상황이므로 치료가 지연될 수밖에 없는 구조인 보고체계를 개선하여야 한다.

(3) 학회·직능단체 차원의 검토사항

중증외상 환자와 관련한 진료 지침을 제작하여 각 의료기관에 배포하여 이를 활용할 수 있도록 해야 한다. 교통사고와 중증외상과 관련하여 손상이 많이 발생하는 주요 부위에 대한 검사 및 처치를 시행할 수 있도록 해야 한다.

(4) 국가·지방자치단체 차원의 검토사항

의료 인력의 야간 당직제가 원활하게 시행될 수 있도록 이에 상응하는 수가를 개선하여야 하며 각 의료기관에서 협진 시스템을 구축하여 잘 활용할 수 있도록 기술적인 지원과 수가 개선 및 재정적인 지원을 하여야 한다. 또한 권역외상센터[6] 등 중증외상 환자를 진료할 수 있는 시스템을 구축하여야 한다.

---

6) 응급의료에 관한 법률 제30조의2(권역외상센터의 지정) ① 보건복지부장관은 외상환자의 응급의료에 관한 다음 각 호의 업무를 수행하게 하기 위하여 중앙응급의료센터나 권역응급의료센터, 전문응급의료센터 및 지역응급의료센터 중 권역외상센터를 지정할 수 있다. 〈개정 2013. 6. 4., 2015. 1. 28.〉
1. 외상환자의 진료
2. 외상의료에 관한 연구 및 외상의료표준의 개발
3. 외상의료를 제공하는 의료인의 교육훈련
4. 대형 재해 등의 발생 시 응급의료 지원
5. 그 밖에 보건복지부장관이 정하는 외상의료 관련 업무
② 권역외상센터는 외상환자에 대한 효과적인 응급의료 제공을 위하여 다음 각 호의 요건을 갖추어야 한다. 이 경우 각 호에 따른 구체적인 요건은 보건복지부령으로 정한다.
1. 외상환자 전용 중환자 병상 및 일반 병상
2. 외상환자 전용 수술실 및 치료실
3. 외상환자 전담 전문의
4. 외상환자 전용 영상진단장비 및 치료장비
5. 그 밖에 외상환자 진료에 필요한 인력·시설·장비
③ 그 밖에 권역외상센터 지정의 기준·방법 및 절차 등에 관한 구체적인 사항은 보건복지부령으로 정한다.
[본조신설 2012. 5. 14.]

▎ 참고자료 1 ▎

「목·세목별」사업비 집행기준 및 집행방법

기관	목	세목	집행기준 및 내역	집행방법
권역·전문응급의료센터	인건비 (110)	보수 (01)	1. 응급실 전담 응급의학과 전문의, 응급실 전담전문의 인건비 2. 간호사, 응급구조사, 기타인력에 대한 인건비 3. 응급 코디네이터 인건비(필수) – 응급의료정보센터와 실시간 정보 교류, 이송환자 전담 관리, 응급의료진료정보 입력 및 관리 등 * 응급의료기관 여건에 따라 국고보조금 이외의 재원으로 상기 단가 초과하여 지급 가능	계좌이체
		당직 수당 (02)	1. 응급실 전담 24시간 근무 인력의 당직수당 지원 • 전문의, 전담의사, 간호사, 응급구조사, 기타인력(청원경찰 등) – 평일(야간): 15만원/인·일 이내 – 휴일(주·야간 구분): 20만원/인·일 이내 * 응급의료기관 여건에 따라 국고보조금 이외의 재원으로 상기 단가 초과하여 지급 가능 2. 비상진료체계 유지를 위한 당직전문의 당직수당 지원	
		특수 근무 수당 (03)	1. 응급실 특수근무수당 지원: 응급실 전담인력으로 투입된 의료인에게 지급 가능 • 응급실 전담 전문의: 개인당 월 50만원 이내 • 응급실 전담 전공의: 개인당 월 30만원 이내 • 응급실 전담 간호사: 개인당 월 20만원 이내 • 응급구조사 등 기타 인력: 개인당 월 20만원 이내 • 응급 코디네이터: 개인당 월 20만원 이내 * 응급의료기관 여건에 따라 국고보조금 이외의 재원으로 상기 단가 초과하여 지급 가능	
	운영비 (210)	일반 수용비 (01)	1. 재난, 권역 내 응급의료종사자 교육 및 훈련에 따른 제반 비용 • 교육강사비, 워크숍 등 행사 부대 비용 등 2. 응급의료기관 자체 질 향상활동 비용 • 외부 인사에 한하여 자문료, 회의 수당 등 • 활동 실적 및 질 향상 결과 제출	카드결제 및 계좌이체

기관	목	세목	집행기준 및 내역	집행방법
	여비 (220)	국내 여비 (01)	1. 국내학술대회 참가지원 ＊학회 등록비 및 (평생) 회비 등은 지원 불가 2. 질 향상 활동 및 대내외 교육 활동에 필요한 여비	카드결제 및 계좌이체
지역 응급 의료 센터	인건비 (110)	보수 (01)	1. 응급실 전담 응급의학과 전문의, 응급실 전담전문의 인건비 2. 간호사, 응급구조사, 기타인력에 대한 인건비 3. 응급 코디네이터 인건비(필수) －응급의료정보센터와 실시간 정보 교류, 이송환자 전담 관리, 응급의료진료정보 입력 및 관리 등 ＊응급의료기관 여건에 따라 국고보조금 이외의 재원으로 상기 단가 초과하여 지급 가능	계좌이체
		당직 수당 (02)	1. 응급실 전담 24시간 근무 인력의 당직수당 지원 •전문의, 전담의사, 간호사, 응급구조사, 기타인력 －평일(야간): 15만원/인·일 이내 －휴일(주·야간 구분): 20만원/인·일 이내 ＊응급의료기관 여건에 따라 국고보조금 이외의 재원으로 상기 단가 초과하여 지급 가능 2. 비상진료체계 유지를 위한 당직전문의 당직수당 지원	
		특수 근무 수당 (03)	1. 응급실 특수근무수당 지원: 응급실 전담인력으로 투입된 의료인에게 지급 가능 •응급실 전담 전문의: 개인당 월 50만원 이내 •응급실 전담 전공의: 개인당 월 30만원 이내 •응급실 전담 간호사: 개인당 월 20만원 이내 •응급구조사 등 기타 인력: 개인당 월 20만원 이내 •응급 코디네이터: 개인당 월20만원 이내 ＊응급의료기관 여건에 따라 국고보조금 이외의 재원으로 상기 단가 초과하여 지급 가능	
	운영비 (210)	일반 수용비 (01)	1. 응급의료기관 자체 질 향상활동 비용 •외부 인사에 한하여 자문료, 회의 수당 등 •활동 실적 및 질 향상 결과 제출	카드결제 및 계좌이체
	여비 (220)	국내 여비 (01)	1. 국내학술대회 참가지원 ＊학회 등록비 및 (평생) 회비 등은 지원 불가 2. 질 향상 활동 및 대내외 교육 활동에 필요한 여비	카드결제 및 계좌이체

기관	목	세목	집행기준 및 내역	집행방법
지역 응급 의료 기관	인건비 (110)	보수 (01)	1. 응급실 전담 응급의학과 전문의, 응급실 전담전문의 인건비 2. 간호사, 응급구조사, 기타인력에 대한 인건비 * 응급의료기관 여건에 따라 국고보조금 이외의 재원으로 상기 단가 초과하여 지급 가능	계좌이체

		당직 수당 (02)	1. 응급실 전담 24시간 근무 인력의 당직수당 지원
			• 전문의, 전담의사, 간호사, 응급구조사, 기타인력
			  － 평일(야간): 15만원 인·일 이내
			  － 휴일(주·야간 구분): 20만원/인·일 이내
			* 응급의료기관 여건에 따라 국고보조금 이외의 재원으로 상기 단가 초과하여 지급 가능
			2. 비상진료체계 유지를 위한 당직전문의 당직수당 지원	

		특수 근무 수당 (03)	1. 응급실 특수근무수당 지원: 응급실 전담인력으로 투입된 의료인에게 지급 가능 • 응급실 전담 전문의: 개인당 월 50만원 이내 • 응급실 전담 전공의: 개인당 월 30만원 이내 • 응급실 전담 간호사: 개인당 월 20만원 이내 • 응급구조사 등 기타 인력: 개인당 월 20만원 이내 * 응급의료기관 여건에 따라 국고보조금 이외의 재원으로 상기 단가 초과하여 지급 가능	
	운영비 (210)	일반 수용비 (01)	1. 응급의료기관 자체 질 향상활동 비용 • 외부 인사에 한하여 자문료, 회의 수당 등 • 활동 실적 및 질 향상 결과 제출	카드결제 및 계좌이체
	여비 (220)	국내 여비 (01)	1. 국내학술대회 참가지원 * 학회 등록비 및 (평생) 회비 등은 지원 불가 2. 기타 대내외 교육 참여 등에 필요한 여비	카드결제 및 계좌이체

▌참고자료 2 ▌ 사건과 관련된 의학적 소견7)

대퇴동맥이 파열되면 짧은 시간에 대량출혈이 발생하여 저혈량성 쇼크, 순환기계의 부전으로 인한 저산소성 뇌손상 내지 사망의 우려까지 있고, 혈관 손상이 지속될 경우 하지로 가는 혈액 공급이 되지 않아 조직 괴사로 인한 다리 절단의 가능성도 있으므로 대퇴동맥 손상 후 빠른 시간 내에 응급 수술로 혈관을 이어주거나 혈관이식술 등을 시행하여 혈액순환이 이루어질 수 있도록 조치를 취하여야 한다.

---

7) 해당 내용은 판결문에 수록된 내용임.

판례 7. 토혈 원인 파악 및 적절한 치료 미시행으로 인한 식물인간 상태 발생 사건_서울고등법원 2013. 1. 17. 선고 2012나11305 판결

1. 사건의 개요

알코올성 간경화 진단 및 정맥류 결찰술을 받았던 환자가 흑변과 토혈 증상으로 내원하였다. 의료진은 추가 검사를 위해 환자를 병원으로 전원하였다. 응급실에 도착한 환자에게 병원 의료진은 수혈과 위장관 세척을 시행하였으며, 이후 환자가 재차 토혈을 하는 등 상부 위장관 출혈 증상을 보였다. 그러나 의료진은 환자에게 내시경 검사 치료 등의 적극적인 의료적 조치를 실시하지 않았다. 이후 환자에게 심폐정지가 발생하여 의료진은 환자에게 심폐소생술을 시행하였고, 환자의 호흡은 회복되었다. 그 후 의료진은 환자에게 풍선탐폰법을 이용한 위장관 지혈조치를 하였으나 환자는 심폐정지 후 의식불명으로 식물상태이다[서울고등법원 2013. 1. 17. 선고 2012나11305 판결, 서울서부지방법원 2011. 12. 16. 선고 2010가합12098 판결]. 자세한 사건의 경과는 다음과 같다.

날짜	시간	사건 개요
2007. 경		• 알코올성 간경화 진단받음(환자 여자, 사고 당시 50세)
2009. 8. 경		• 식도 정맥류 및 식도 정맥류 출혈 발생하여 정맥류 결찰술(endoscopic variceal ligation, EVL)을 받았음
2010. 1. 13.		• 내원 수일 전부터 발생한 흑변과 내원 당일 발생한 토혈로 I병원에 내원 • 혈액검사, 대변검사 실시 = 검사결과 혈색소 수치 7.9g/dl, 잠혈 반응 양성 등 상부 위장관 출혈을 시사하는 소견 보임 • 위내 저온 세척, 적혈구 2파인트 수혈 및 지혈제 투여함
2010. 1. 14.		• 응급 상부 위장관 내시경 등 추가적인 검사를 위해 진료의뢰서 작성하여 피고 병원으로 전원

날짜	시간	사건 개요
2010. 1. 14.	01 : 10	• 피고 병원 응급실 도착 • 활력징후 | 혈압(mmHg)	맥박(회/분)	호흡(회/분)
109/61	108	24	
	01 : 10 ~ 01 : 15	• 말초 혈관과 쇄골하 정맥에 수액 주사 및 농축 적혈구와 신선동결혈장 각 2파인트를 수혈 • 비위관 삽입 시행하여 위장관 세척, 예방적 항생제와 지혈제 투여 = 위장관 세척 시 신선 혈액이 관찰됨 • 혈액형검사, 말초혈액검사, 혈액화학검사, X-선 검사, 심전도 검사 실시 = 혈색소 수치 7.9g/dl
	01 : 40	• 활력징후 | 혈압(mmHg)	맥박(회/분)	호흡(회/분)
83/52	107	24	
	02 : 15	• 혈액화학 검사 결과 = 혈색소 수치 8g/dl
	04 : 10	• 신선동결혈장 1파인트 수혈함 = 혈색소 수치 9.3g/dl
	04 : 30	• 흑변함 • 활력징후 | 혈압(mmHg)	맥박(회/분)	호흡(회/분)
163/84	108	222	
	05 : 30	• 과민하고 흥분한 상태를 보여 억제대를 적용함
	06 : 30	• 토혈함 • 동맥관을 자가 제거함
	07 : 40	• 혈액화학 검사 결과 = 혈색소 수치 7.6g/dl
	08 : 30	• 흑변함 • 활력징후 | 혈압(mmHg)	맥박(회/분)	호흡(회/분)
143/78	131	24	

날짜	시간	사건 개요
2010. 1. 14.	09 : 30	• 비위관으로 위장관 세척 시행 = 신선혈액 관찰 지속됨

날짜	시간	사건 개요
2010. 1. 15.	09 : 20 ~ 09 : 40	●표●

시간	혈압(mmHg)	맥박(회/분)	호흡(회/분)
09 : 20	110/53	157	38
09 : 25	97/55	156	38
09 : 30	77/54	158	38
09 : 35	68/45	160	38
09 : 40	68/44	160	38

• 농축 적혈구 1파인트 수혈 시행
• 당시 활력 징후

	09 : 25	• 혈액화학 검사 = 혈색소 수치 5.4g/dl
	09 : 40	• 도관을 추가로 삽입하던 중 토혈함
	09 : 45	• 환자의 호흡이 관찰되지 않는 심폐정지 발생 • 심폐소생술 실시
	09 : 50	• 호흡 회복됨(맥박 131회/분, 호흡 24회/분, 산소포화도 100%) • 의식 불명 상태에 빠짐
	09 : 53	• 동맥혈가스분석검사 결과 대사성 산혈증 나타남
	09 : 55	• 구강 및 기관 흡인 실시 = 다량의 혈액 나옴
	10 : 00	• 풍선탐폰법을 이용한 위장관 지혈조치 실시

		• 상부 위장관 내시경검사 시행
		  = 위와 식도 부위에 정맥류 확인됨, 정맥류의 정도는 3급으로 중증
		  인 상태임

2010. 1. 25.		• 뇌 MRI 촬영 = 촬영 결과 저산소성 뇌손상 관찰됨
2010. 2. 26.		• 퇴원
		• J병원 등에서 보존적 치료를 받아옴
현 재		• 위 심폐정지 후 의식불명으로 식물인간 상태임

2. 법원의 판단

가. 내시경 검사 및 내시경적 치료를 실시하지 않은 과실 여부: 법원 인정 (제1심, 항소심)

(1) 의료인 측 주장

병원 의료진은 환자의 협조가 힘들거나 불안정한 경우, 심폐기능이 저하된 경우, 장천공이 있는 경우 등에는 내시경검사를 시행하게 되면 오히려 출혈, 심장마비, 호흡곤란 등 심각한 합병증을 초래할 수 있어 내시경검사가 금기시되는데 환자의 경우 과민하고 흥분한 상태를 보이고 있었기 때문에 내시경검사를 시행할 수 없었던 것이므로 병원 의료진에게 환자에 대하여 응급 내시경 검사 및 내시경적 치료를 실시하지 않은 과실이 있음을 인정할 수 없다.

(2) 법원 판단

병원 의료진으로서는 늦어도 환자가 재차 토혈한 2010. 1. 14. 06시 30경에는 출혈의 원인을 정확히 파악하여 적절한 조치를 취하기 위해 응급으로 내시경을 실시하였어야 함에도 이를 하지 않아 환자의 상부 위장관 출혈에 대한 적절한 치료를 하지 못하였다. 그 결과 환자가 2010. 1. 14. 09시 40경 토혈하여 혈액이 기도로 흡입되어 같은 날 09시 45경 환자의 호흡이 정지되었으며, 그로 인하여 환자에게 현재와 같은 저산소성 뇌손상이 발생하였다고 봄이 상당했다(제1심).

병원 의료진은 환자가 응급실에 도착한 2010. 1. 14. 01시 10경부터 환자에게 심폐정지가 발생한 같은 날 09시 45경까지 약 8시간 동안 환자에게 수액과 수혈을 공급하고 지혈제를 투여하는 등의 일반적인 조치를 취한 것 외에는 달리 환자에게 내시경 등 적극적인 조치를 실시하지 않았고, 기록상 위장관 출혈이 있는 경우 가장 우선적인 치료방법으로 고려되는 내시경검사나 내시경적 치료의 실시 여부에 관하여 충분히 검토하지도 않은 것으로 보이는 점, 내시경은 통상적인 경우 수액과 수혈 공급 및 약물적인 치료 방법을 통해 환자의 전신 상태를 안정시킨 후에 실시한다고 할 것이나, 약물적 치료 등의 조치에도 불구하고 상당한 양의 출혈이 계속되고 있는 상황에서는 응급으로 내시경을 시행해야 할 필요가 있는 점 등에 비추어 보면, 병원 의료진은 적어도 환자가 토혈 증세를 나타낸 2010. 1. 14. 04시 30경에는 출혈의 원인을 정확히 파악하여 적절한 조치를 취하기 위해 응급으로 내시경을 실시했어야 함에도 불구하고 이를 실시하지 않음으로써 환자의 상부 위장관 출혈에 대하여 적시에 적절한 치료를 하지 못하였다. 그로 말미암아 환자가 2010. 1. 14. 09시 40경 재차 토혈을 하여 그 혈액이 기도로 흡입되어 09시 45경 호흡이 정지됨에 따라 환자로 하여금 저산소성 뇌손상에 이르게 한 과실이 있다.

병원 내원 직후에 시행한 각종 검사 결과 및 환자의 증세에 비추어보면 환자는 당시 이미 상당한 출혈을 하였을 뿐만 아니라 활동성 출혈이 계속되는 응급 상황이었던 점, 환자는 2010. 1. 14. 01시 10경 병원 응급실에 도착하였고, 환자가 과민하고 흥분한 상태를 보인 것은 4시간 이상이 경과한 05시 30경이므로 병원 의료진이 주장하는 환자가 과민하고 흥분한 상태를 보이고 있었던 점 등을 고려하면 내시경검사를 시행할 수 없었다는 것은 받아들이기 어렵다(항소심).

나. 기도 확보를 하지 않은 과실 여부: 법원 인정(제1심) → 법원 불인정 (항소심)

(1) 법원 판단

2010. 1. 14. 09시 20부터 09시 40경까지 환자의 활력징후를 보면 혈압은 심하게 떨어지고 있고, 맥박과 호흡수는 정상치보다 상당히 높은 상태로 유지되고 있었다. 이를 통해 환자에게 출혈성 쇼크가 발생할 것을 충분히 예상할 수 있었으므로 병원 의료진으로서는 환자에게 출혈성 쇼크가 발생할 가능성을 염두에 두고 기도 확보조치를 취해야 할 필요가 있었다고 보인다. 그러나 병원 의료진은 이러한 조치를 취하지 않아 환자가 토혈한 혈액이 기도로 흡입됨으로써 호흡이 정지되는 것을 방지하지 못한 잘못이 있다(제1심).

2010. 1. 14. 09시 20부터 09시 40경까지 측정된 환자의 신체 활력징후에 의하면, 혈압이 계속하여 떨어지고 있고 맥박과 호흡수는 정상치보다 상당히 높은 상태로 유지되고 있었으나 이와 같은 사실만으로 병원 의료진이 환자에게 출혈성 쇼크가 발생할 것을 충분히 예상할 수 있었다거나 출혈성 쇼크 발생 가능성을 염두에 두고 미리 기도 확보조치를 취했어야 할 필요가 있었다고 단정하기는 어렵다. 일반적으로 환

자가 의식이 있고 자가 호흡을 할 수 있으면 토혈을 하더라도 고개를 옆으로 돌린다거나 기도로 흡인된 혈액을 뱉어낼 수 있기 때문에 기관 절제술이나 기관내 삽관 등 특별한 기도 확보조치를 취할 필요가 없는 사실과 환자는 심폐정지가 발생하기 전까지는 비교적 명료한 의식을 유지하고 있었으므로, 병원 의료진에게 미리 기도확보 조치를 취했어야 할 필요가 있었다고 볼 수 없다(항소심).

다. 충분한 수혈을 하지 않은 과실 여부: 법원 불인정(제1심, 항소심)

(1) 환자 측 주장

병원 의료진이 환자에게 수혈한 양이 부족하였다.

(2) 법원 판단

병원 의료진은 환자에게 농축적혈구가 신선동결혈장 각 5파인트를 준비한 상태에서, 환자에게 2010. 1. 14. 1시 10경 농축적혈구와 신선동결혈장 각 2파이트, 같은 날 04시 10경 신선동결혈장 1파인트, 같은 날 09시 20경 농축적혈구 1파인트를 각 수혈하였고, 같은 날 환자의 혈색소 수치는 01시 10경 7.9g/dl, 02시15경 8g/dl, 04시 10경 9.3g/dl, 07시 40경 7.6g/dl, 09시 25경 5.4g/dl인 사실을 인정했다. 비록 위와 같은 혈색소 수치가 정상수치보다 낮으나 위 환자와 같이 출혈이 계속 이루어지고 있는 경우 많은 양의 혈액을 수혈하면 출혈을 촉진시킬 우려가 있어 혈색소 수치가 약 8g/dl로 유지되고 있는 것이 너무 낮다고 볼 수 없고, 달리 환자에 대한 수혈이 충분하지 않았다고 인정할만한 자료가 없다.

라. 적절한 응급조치를 시행하지 않은 과실: 법원 불인정(제1심, 항소심)

(1) 환자 측 주장

환자에게 심폐정지가 발생한 후 병원 의료진의 심폐소생술 등의 응급 조치가 적절하게 이루어지지 않았다.

(2) 법원 판단

2010. 1. 14. 09시 45경 환자에게 심폐정지가 발생하자 병원 의료진이 이에 대하여 즉시 심폐소생술을 실시하여 약 5분 만에 환자의 호흡이 돌아오고 활력징후가

안정화된 사실을 인정하며 병원 의료진의 조치가 지연되었다거나 부적절하다고 볼 수 없다.

같은 날 09시 53경 동맥혈가스분석검사를 실시한 결과 대사성 산혈증의 결과가 나타나기는 하였으나, 이는 환자의 호흡이 정지되어 있던 동안 환자의 혈액 내 산소 가 부족하여 나타난 결과에 불과하기 때문에 위 결과만으로 병원 의료진의 심폐소생 술 등의 조치가 부적절하였다고 판단하기에 부족했다.

3. 손해배상범위 및 책임 제한

가. 의료인 측의 손해배상책임 범위: 30% 제한(제1심) → 20% 제한(항소심)

나. 제한 이유

(1) 환자는 알코올성 간경화 진단을 받았는데 간경화가 있는 경우 정맥류 발생 및 그로 인한 출혈 가능성이 높고, 식도 정맥류 출혈은 그 치사율이 상당히 높은 위 험한 질환인 점

(2) 병원 의료진은 수혈, 약물 투여 등 상부 위장관 출혈에 대한 일차적인 조치 를 다 하였던 점

(3) 환자의 기왕병력 및 병원 의료진병원 의료진이 2010. 1. 15. 환자에 대하여 시행한 상부 위장관 내시경검사 결과 정맥류의 정도가 3급(grade)으로 중증인 상태였 던 점에 비추어 환자가 병원 의료진에서 적절한 치료를 받았더라도 향후 정상적인 노동을 수행할 수 있을 것으로 보이지 않는 점

다. 손해배상책임의 범위

1) 제1심

(1) 청구금액: 663,143,974원

(2) 인용금액: 257,280,368원

① 재산상손해: 231,280,368원 = (일실수입 + 향후 치료비 + 개호비 + 기왕치 료비 + 보조구) × 30%

- 일실수입: 149,667,908원

- 향후 치료비: 19,472,746원
- 개호비: 553,777,491원
- 기왕 치료비: 26,501,607원
- 보조구: 21,514,809원
② 위자료: 26,000,000원

2) 항소심

(1) 청구금액: 663,143,974원
(2) 인용금액: 129,634,735원
① 재산상 손해: 108,634,735원 = (일실수입 + 향후 치료비 + 개호비 + 기왕치료비 + 보조구) × 20%
- 일실수입: 149,667,908원
- 향후 치료비: 16,509,783원
- 개호비: 333,266,473원
- 기왕 치료비: 26,501,607원
- 보조구: 17,227,907원
② 위자료: 21,000,000원

4. 사건 원인 분석

이 사건에서는 알코올성 간경화 진단을 받고, 정맥류 결찰술 받았던 50세의 환자가 수일 전부터 발생한 흑변과 내원 당일 발생한 토혈로 ○병원을 내원하여 혈액검사와 대변검사를 받은 결과 상부 위장관 출혈을 시사하는 소견을 보여 추가 검사를 위해 피고 병원으로 전원하였다. 응급실에 도착하여 수혈과 비위관 삽입을 시행하여 위장관 세척을 하였고 위장관 세척 당시에는 신선 혈액이 관찰되었다. 예방적 항생제와 지혈제를 투여하였고, 각종 검사를 실시하였으나 지속적으로 흑변과 토혈을 하였고 병원 의료진은 수혈을 시행하였다. 이후 혈압이 계속 감소하고 맥박수와 호흡수는 높았고 호흡이 관찰되지 않는 심폐정지가 발생하여 심폐소생술을 시행하여 호흡이 회복되었으나 동맥혈가스분석검사 결과 대사성 산혈증이 나타났고 풍선탐폰법을 이용한 위장관 지혈조치를 시행하였다. 열흘 후 뇌 MRI 촬영 결과 저산소성 뇌손상 관찰되었고 약 한달 후 피고 병원에서 퇴원하여 타 병원에서 보존적 치료 받아오다 현재는 심폐정지 후 의식불명으로 식물인간 상태인 사건이다. 이 사건과 관련된 문제점 및 원인을 분석해본 결과는 다음과 같다.

피고 병원 의료진은 전원을 보낸 병원에서 응급 상부 위장관 내시경 등의 추가 검사가 필요하여 전원을 하였음에도 토혈의 원인을 찾기 위한 내시경 검사 등을 시행하지 않았다. 이후 환자의 혈압이 감소하는 등 계속하여 출혈의 징후를 보이고 있었음에도 이에 대한 원인 파악을 위한 검사를 시행하지 않았다. 이와 관련하여 자문위원은 검사 시행이 어려운 상황이 존재했을 가능성을 제시하였고 위장관 세척 시 신선 혈액이 관찰되었을 때 지혈을 빨리 시행하고, 내시경의 추가 검사가 어려운 경우라면 토혈이 지속되는 상황에서 기도삽관을 통한 기도확보 또는 풍선탐폰법 등을 통한 지혈 등의 적극적인 조치를 취했어야 했다고 하였다.

의료기관 내 응급내시경 호출 및 운영시스템이 미흡했을 것으로 추정되고, 응급내시경에 대한 인센티브가 부족한 것도 법·제도 측면의 원인으로 추정되었다(〈표 7〉 참조).

〈표 7〉 원인분석

분석의 수준	질문	조사결과
왜 일어났는가? (사건이 일어났을 때의 과정 또는 활동)	전체 과정에서 그 단계는 무엇인가?	– 검사 단계
가장 근접한 요인은 무엇이었는가? (인적 요인, 시스템 요인)	어떤 인적 요인이 결과에 관련 있는가?	• 의료인 측 – 검사 미시행(원인규명을 위한 검사를 시행하지 않음)
	시스템은 어떻게 결과에 영향을 끼쳤는가?	• 의료기관 내 – 위장관 출혈 응급내시경 호출 및 운영시스템 미흡 • 법·제도 – 응급내시경에 대한 인센티브 부족

5. 재발 방지 대책

〈그림 7〉 판례 7 원인별 재발방지 사항 제안

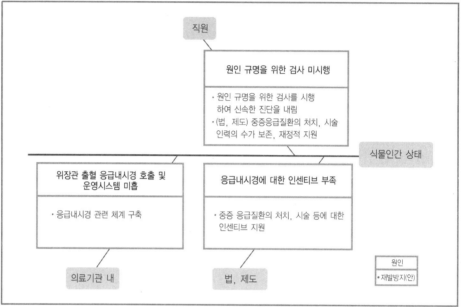

원인별 재발방지 대책은 〈그림 7〉과 같으며, 각 주체별 재발방지 대책은 아래와 같다.

(1) 의료인의 행위에 대한 검토사항

환자에게 이상 증세가 나타났을 경우에는 그에 대한 의심을 하여 원인을 찾기 위한 검사를 시행하여 신속한 진단을 하여 필요한 처치를 시행하여야 한다. 또한 부득이하게 추가 검사가 어려운 경우라면, 추후발생가능한 응급상황을 대비하기 위한 기도확보 호흡 및 순환유지를 위한 적극적인 응급조치를 고려하여야 한다.

(2) 의료기관의 운영체제에 관한 검토사항

내시경 검사가 필요한 경우 응급내시경 검사를 실시할 수 있도록 응급내시경 호출 및 운영시스템과 같은 응급검사 관련 체계 구축 및 시행이 필요하다.

(3) 국가·지방자치단체 차원의 검토사항

서울시와 경기도 야간 및 휴일에 발생하는 중증응급질환의 재전원 및 치료지연을 줄이기 위한 골든타임존 사업을 시행 중이다. 이 사업은 야간·휴일에 발생하는 중증응급수술·시술에 대해 일정부분 수당을 지원하여 지역 내 응급의료서비스 개선을 목적으로 하고 있다. 이와 같은 응급의료서비스 개선 사업의 전국적인 확대를 고려할 수 있다.

▌참고자료▌ 사건과 관련된 의학적 소견[8]

1. 식도 정맥류

식도 정맥류는 문맥압 증가에 의해 식도 정맥의 수와 크기가 증가하여 정맥이 혹처럼 부풀어 오르는 질환을 말한다. 간경변 등으로 인해 간문맥(장과 간 사이의 혈관으로 간에 영양을 공급하는 정맥계의 대혈관)에 혈액이 고여 문맥압이 높아질 경우 식도의 정맥 쪽으로 흐르는 혈류가 많아지면서 식도 정맥의 수가 많아지고 정맥이 확장되어 크기가 증가한다. 혹처럼 부풀어 올라 확장된 정맥을 정맥류(varix)라고 하는데, 식도 정맥류가 터지면 토혈(피를 토하는 것)이나 하혈(항문 등으로 피를 쏟음)이 발생하고 심할 경우 출혈성 쇼크에 빠져 사망에 이를 수도 있다. 간경변 환자에서 정맥류가 발견되는 비율은 간기능 부전의 정도와 비례한다. 즉, 간기능이 안정적으로 유지되는 환자의 30%, 간기능 부전을 동반한 환자의 60%에서 정맥류가 발견된다. 정맥류는 일단 발생하면 궁극적으로 커지며 출혈의 위험성도 높아진다. 정맥류가 있는 환자의 약 30%에서 출혈이 발생하며, 출혈 발생 6주 이내의 치사율은 50%에 이른다. 정맥류 출혈 환자의 60-70%는 저절로 지혈되지만 재출혈의 가능성이 매우 높고, 간기능 부전의 정도에 따라 재출혈의 위험이 높아진다. 재출혈의 위험성은 출혈 후 첫 6주 내에 30-40% 정도로 가장 높으며, 1년 이내에 재출혈이 발생할 가능성은 60% 정도이다.

2. 흑변(melena), 토혈(hematemesis)

흑변은 자장면 소스나 타르처럼 검정색을 띠는 변을 말한다. 상부 위장관 출혈이 있는 경우, 혈액의 적혈구에 있는 헤모글로빈(hemoglobin)이 위에서 분비되는 위산과 반응하여 헤마틴(hematin)으로 변하면서 어두운 색을 띠게 된다. 이 경우 대변에 헤마틴이 섞여 나오므로 변의 색깔이 까맣게 된다. 그러나 상부 위장관 출혈이라고 해도 출혈량이 너무 많거나 출혈이 급속히 일어날 경우에는 혈액이 위산과 섞일 시간이 없기 때문에 변의 색깔이 검은 빛을 띠지 않고 밝은 적색의 혈변을 배설하기도 한다. 보통 상부 위장관 출혈이 발생하면 구토나 현기증, 어지러움, 창백, 쇠약감, 발한, 동통 등의 증상을 동반하는 경우가 많다.

토혈이란 소화관 내에서 대량의 출혈이 발생하여 피를 토하는 경우를 말하며, 십이지장 상부의 위장관 출혈을 암시하는 증상이다. 많은 경우가 위에서의 혈액 토혈이며, 때로는 식도나 십이지장으로부터 토혈되는 경우도 있다.

---

8) 해당 내용은 판결문에 수록된 내용임.

3. 상부 위장관 출혈

상부 위장관 출혈은 식도, 위, 십이지장 등 상부 위장관 부위의 출혈을 뜻하는데 그 발생 원인으로는 위, 십이지장 궤양을 포함한 소화성 궤양이 가장 흔하여 전체의 약 60%, 미란성 위염, 식도염, 십이지장염이 전체의 약 15%, 식도 정맥류와 위 정맥류가 전체의 약 6%를 각 차지하고, 기타 스트레스 궤양, 동정맥 기형, 악성 종양 등이 발생 원인이 될 수 있다. 상부 위장관 출혈이 발생하면 우선적으로 적절한 수액 공급과 수혈을 통해 환자의 혈역학적 안정을 유지해야 한다. 이와 더불어 빠른 지혈을 위해 혈관 수축제를 투여하고, 바소프레신(vasopression)과 니트로글리세린의 병합 요법, 혈관을 수축시키는 호르몬인 바소프레신의 유도체 약물인 털리프레신(terlipressin), 소마토스타틴(somatostatin) 혹은 그 합성 유도체인 옥트레오타이드(octreotide) 등의 약물을 사용할 수 있다. 간경변이 의심되는 환자에서 임상적으로 의미 있는 상부 위장관 출혈이 있으면, 혈역학적 교정과 약물요법을 시작한 후 가능한 한 빠른 시간 내에 상부 위장관 내시경검사를 시행하여 출혈의 정확한 위치를 확인하여야 하고, 나아가 정맥류 혈관들을 특수한 작은 고무 밴드로 묶어주는 내시경적 정맥류 결찰술이나 정맥류에 직접 경화제를 주사하여 혈관을 굳히는 내시경적 주사 경화요법을 실시하는 등 내시경을 이용한 치료를 하여야 한다. 내시경검사는 환자의 출혈 부위를 확인하는 가장 정확한 검사 방법일 뿐만 아니라 내시경적 치료술의 발전으로 인하여 심각한 상부 위장관 출혈의 가장 우선적인 치료방법으로 고려되고 있다.

약물 치료 및 내시경적 치료 외의 치료방법으로 풍선탐폰법이 있는데, 이는 S－B 튜브라는 관을 위와 식도에 삽입하고 공기를 주입하여 풍선 모양으로 부풀려서 풍선의 압력으로 정맥류를 직접적으로 압박하여 지혈을 유도하는 방법이다. 그러나 풍선탐폰법에는 점막 궤양, 식도 또는 위 파열, 빠진 풍선에 의한 질식, 풍선 확장에 의한 기도 압박 등의 부작용이 발견되어, 약물 치료에도 불구하고 출혈이 지속되는데 환자의 전신상태가 불량하여 내시경적 치료를 할 수 없을 경우에 일시적인 치료방법으로 많이 사용되고 있다.

제3장

부적절한 처치 또는 처치 지연 관련 판례

부적절한 처치 또는 처치 지연 관련 판례

판례 8. 저혈량성 쇼크에 대한 부적절한 처치로 사망한 사건_서울고등법원 2014. 5. 15. 선고 2012나18559 판결

1. 사건의 개요

교통사고로 응급실에 내원한 환자로, 흉통과 호흡곤란이 있는 상태였으나 의식은 명료하였다. 의료진은 급성 출혈을 염두에 두고 주기적인 검사와 조치를 취했어야 함에도 불구하고, 응급실 내원 초기에 시행한 검사에서 출혈 소견이 보이지 않는다는 이유로 적절한 조치를 취하지 않아, 환자가 중환자실에서 저혈량성 쇼크로 사망에 이른 사건이다[인천지방법원 2012. 1. 17. 선고 2009가합3032 판결, 서울고등법원 2014. 5. 15. 선고 2012나18559 판결]이다. 자세한 사건의 경과는 다음과 같다.

날짜	시간	사건 개요
2008. 9. 26.	22 : 00	• 교통사고로 다침(환자 남자, 사고당시 39세 5개월)
	22 : 32	• 병원 응급실 내원 • 내원 당시 의식 명료, 흉통·호흡곤란 등이 있는 상태 • 혈압 100/60mmHg, 맥박 88회/분, 호흡 22회/분, 체온 36.6℃ • 비강 캐뉼러에 의한 3L/분의 산소공급을 시작함
	22 : 33	• 생리식염수 1L 정맥주사 시작

날짜	시간	사건 개요
2008. 9. 26.	22 : 36	• 산소마스크에 의해 10L/분의 산소 공급을 함
	22 : 52	• 수축기혈압 110/60mmHg, 맥박 111회/분, 호흡 20회/분 • 모르핀 주사

	22 : 53	• 뇌 CT, 복부 및 골반 CT, 흉부 CT 검사 시행
		 = 흉부 CT 결과 우측 1번에서 8번 늑골 골절과 좌측 1번 늑골 골절이
		  있었고 양측 상부 폐야의 폐 좌상, 우측 외상성 혈기흉 등이 있었음
		• 환자의 흉부 및 폐의 부상 정도는 적절한 치료가 이루어지지 않을
		  경우 사망에 이를 수 있는 심각한 부상정도였고 폐 좌상이 심해 호
		  흡부전 가능성이 있는 상태임

		• 간 좌상, 우측 혈기흉, 우측 폐 좌상, 우측 다발성 늑골 골절, 우측 신장 열상 등의 진단
	23 : 27	• 호흡수 35회/분 정도의 빈호흡이 있었으며 산소마스크로 10L/분의 산소를 공급하였음에도 호전 소견이 보이지 않음
	23 : 37	• 수축기혈압 120/60mmHg, 맥박 108회/분, 호흡 35회/분
	23 : 38	• 생리식염수 1L 정맥주사
	23 : 39	• 유치 도뇨관 삽입
	23 : 47	• 혈액검사 시행 = 혈색소 수치 12.7g/dl 헤마토크릿 수치 36.3%
	23 : 50	• 보호자에게 기관 내 삽관의 필요성 설명
	23 : 55	• 수축기혈압 120/60mmHg, 맥박 113회/분, 호흡 28회/분 • 보호자에게 환자의 상태에 대해 설명하고 중환자실 입원을 권유
	23 : 58	• 기관 내 삽관의 전 단계로서 환자를 진정시키는 데 사용되는 프레조 폴(프로포폴) 100mg을 투여
2008. 9. 27.	00 : 00	• 기관내 삽관 시작
	00 : 02	• 프레조폴 100mg 주사
	00 : 05	• 기관내 삽관 시행
	00 : 08	• 인공호흡기 적용. 근육이완제인 노큐론(베큐로니움) 4mg, 프레조폴 50mg 주사
	00 : 09	• 프레조폴 50mg 주사
	00 : 12	• 우측 흉부 배액관 삽입
	00 : 38	• 의식상태 과민함

날짜	시간	사건 개요
2008. 9. 27.		• 노큐론 4mg, 프레조폴 70mg 주사
	00 : 55	• 수축기혈압 120/70mmHg, 맥박 110회/분, 호흡 15회/분 • 중심정맥압 12cmH2O
	01 : 08	• 의식상태 거의 명료함 • 노큐론 10앰플 주사
	01 : 14	• 움직임이 많고 과민함 = 진정을 위해 프레조폴 40mg 주사
	01 : 15	• 수축기혈압 120/60mmHg, 맥박 114회/분, 호흡 15회/분 • 프레조폴 투입량 증가시킴
	01 : 42	• 매우 과민함 • 노큐론 3mg, 프레조폴 투입량 증가시킴
	01 : 52	• 수축기혈압 80/50mmHg, 맥박 118회/분, 호흡 18회/분 • 혈액손실 보존제인 볼루벤 500ml를 주사함
	02 : 05	• 수축기혈압 100/60mmHg, 맥박 105회/분, 호흡 15회/분
	02 : 21	• 농축 적혈구 2봉지 신청 취소
	02 : 28	• 의식상 진정됨. 수축기혈압 100/60mmHg, 맥박 105회/분, 호흡 15회/분
	02 : 38	• 흉부 방사선 촬영
	02 : 54	• 우측 빗장뼈 방사선 촬영
	02 : 55	• 중환자실로 보냄. 앰부배깅 시행
	03 : 05	• 중환자실 도착 • 혼수상태, 수축기혈압/50 → /40mmHg, 맥박 50~55 → 40~50회/분 • 부교감신경마비제인 아트로핀 1앰플 주사, 인공호흡기 적용 중단, 프레조폴, 노큐론 투여 중단
	03 : 06	• 수축기혈압 촉지 안 됨, 맥박 20~30회/분
	03 : 07	• 수축기혈압 측정 안 됨, 맥박 0회/분 • 심폐소생술 시행
	05 : 40	• 혈색소 수치 7.3g/dl, 헤마토크릿 수치 21.4% • 농축 적혈구 2봉지 수혈 시작 • 심폐소생술에 따라 자발적인 순환상태 회복
	06 : 20	• 저혈량성 쇼크로 사망

2. 법원의 판단

가. 환자가 출혈에 의한 저혈량성 쇼크로 사망하였는지 여부: 법원 인정 (항소심)

(1) 의료인 측 주장

환자는 출혈로 인한 저혈량성 쇼크로 사망한 것이 아니라, 탈수나 조직의 손상으로 인해 혈관 내 용액과 혈장이 순환계로부터 손상을 입은 조직으로 이동하여 혈관 내 혈액량 중 혈장이 부족하게 되는 비출혈성 저혈량성 쇼크로 인해 사망한 것이다. 비출혈성 저혈량성 쇼크의 경우 출혈성 저혈량성 쇼크와는 대처방법이 다른데, 병원 의료진이 환자의 비출혈성 저혈량성 쇼크에 대하여 전력을 기울인 의료조치를 하였음에도 불구하고 환자는 불가피하게 사망하였다. 따라서 환자의 사망과 관련된 병원 의료진의 과실은 존재하지 않는다.

(2) 법원 판단

① 환자의 혈색소 수치가 감소하여 사망하기 전까지 상당한 출혈을 한 것으로 짐작할 수 있는 점, ② 급성 출혈에 따른 대표적인 증상으로 빈맥, 빈호흡이 있고 급성출혈의 후기 증상으로 저혈압과 의식상태의 변화가 있는데 환자의 활력징후 등 상태 또한 급성 출혈이 있음을 추측하게 하는 점, ③ 복부 및 골반 CT 검사 결과로 나온 간 좌상은 급성 출혈을 유발할 수 있는 소견이고 간 좌상 등 환자가 입은 외상은 출혈성 저혈량성 쇼크의 대표적인 원인으로 달리 환자에게 비출혈성 저혈량 쇼크의 발생이 있었음을 인정할 증거가 없는 점, ④ 병원 의료진 또한 환자의 출혈을 의심하여 볼루벤을 투여하고 수혈을 시행한 점 등을 고려하여, 환자는 출혈에 따른 저혈량성 쇼크로 사망하였다고 볼 수 있다.

나. 의료과오 존부 등에 관한 판단: 법원 인정(항소심)

(1) 환자 측 주장

환자는 간 좌상에 의한 출혈로 저혈량성 쇼크 상태에 이르렀는데 병원 의료진은 활력징후 및 혈색소 수치 검사를 통해 환자에게 출혈이 있음을 인지하고 수혈을 통해 환자의 저혈량성 쇼크 상태에 이르는 것을 막을 수 있었음에도 주의의무를 다하지 않았다.

(2) 법원 판단

병원 의료진은 환자를 치료함에 있어 환자에게 급성 출혈이 발생할 수 있음을 염두에 두고 주기적인 전혈구 검사를 통해 지속적인 출혈여부를 점검하거나 중환자실에서의 혈역학적인 모니터링을 통해 출혈여부를 점검하고 급성 출혈이 의심되는 경우 신속한 수혈 및 수혈 원인에 대해 조치를 하여야 함에도 응급실 내원 초기에 시행한 복부 및 골반 CT와 흉부 CT 검사에서 환자의 급성 활동성(active bleeding) 출혈 소견이 보이지 않았다는 이유로 혈색소 수치 검사를 시행하지 않아 환자의 혈색소 수치가 급격히 떨어지고 있음을 인지하지 못하였다. 또한 09. 27. 01 : 52경 환자의 활력징후에 비추어 보면 급성 출혈이 의심되는 상황이었음에도 신속히 환자에게 수혈을 시행하지 않은 과실이 있다.

3. 손해배상범위 및 책임 제한

가. 의료인 측의 손해배상책임 범위: 30% 제한

나. 제한 이유

(1) 환자는 교통사고를 당하여 중한 다발성 장기손상을 입었고 그로 인하여 출혈이 발생한 점

(2) 환자에 대하여 2008. 9. 26. 22 : 53경 실시된 복부 및 골반 CT, 흉부 CT 검사 결과 활동성 출혈의 소견이 발견되지 않았고 환자의 혈압이 2008. 9. 27. 01 : 52경까지 정상범주에 있었으므로 병원 의료진이 환자의 출혈상태를 파악하는 것이 쉽지는 않았던 것으로 보이는 점

(3) 병원 의료진은 환자의 심정지가 있은 이후 심폐소생술 및 수혈을 시행하는 등으로 환자를 소생시키기 위한 나름의 노력을 기울인 점

다. 손해배상책임의 범위

(1) 제1심

(2) 항소심

   ① 청구금액: 318,920,439원

   ② 인용금액: 105,977,931원

     - 재산상 손해: 80,977,932원 = (일실수입 + 장례비) × 30%

      = 일실수입: 266,926,440원

      = 장례비: 3,000,000원

     - 위자료: 25,000,000원

4. 사건 원인 분석

이 사건에서 환자는 교통사고로 응급실에 내원하였고, 내원 당시 의식은 명료하였으나 흉통과 호흡곤란이 있는 상태였다. 처음 내원 시 측정된 활력징후는 혈압은 100/60mmHg, 맥박은 88회/분, 호흡은 22회/분, 체온은 36.6℃이었다. 병원 의료진은 환자에게 비강캐뉼러를 통하여 3L/분으로 산소 공급을 하였으며 생리식염수 1L를 정맥주사하고, 산소마스크로 10L/분의 산소를 공급하였다. 내원 후 약 20분 후 병원 의료진은 환자에 대하여 뇌 CT, 복부 및 골반 CT, 흉부 CT 검사를 시행하였으며 의료진은 간 좌상, 우측 혈기흉, 우측 폐 좌상, 우측 다발성 늑골 골절, 우측 신장 열상 등의 진단을 하였으나 복부 및 골반 CT, 흉부 CT 검사에서 활동성 출혈(active bleeding) 소견을 보이지 않는다고 하였다. 내원 후 처음으로 시행한 혈액검사에서는 혈색소 수치 12.7g/dl, 헤마토크릿 수치 36.3%로 정상범주 내에 있었다. 활력징후는 빈맥과 빈호흡이 지속되었으며 병원 의료진은 기관 삽관을 한 후 인공호흡기를 연결하였다. 환자의 의식상태가 과민하였고 지속적으로 빈맥 상태이며, 저혈압 상태를 보이다가 혈액손실 보존제인 볼루벤 500ml를 주사하였고, 중환자실로 옮겨졌으나 혼수 상태였으며, 결국 환자는 중환자실에서 저혈량성 쇼크로 사망하였다. 이 사건과 관련된 문제점 및 원인을 분석해본 결과는 다음과 같다.

첫째, 병원 의료진은 환자를 치료함에 있어 급성 출혈이 지속적으로 발생할 수 있음을 염두에 두고 주기적인 전혈구 검사를 통해 출혈 여부를 점검하거나 중환자실에서의 혈역학적인 모니터링을 통해 출혈 여부를 점검하고 급성 출혈이 의심되는 경우 신속한 수혈 및 출혈 원인에 대하여 조치를 취하여야 했다. 그러나 응급실 내원 초기에 시행한 복부 및 골반 CT, 흉부 CT 검사에서 환자의 급성 활동성 출혈 소견이 보이지 않았다는 이유로 9. 26. 23 : 47경 이후부터 환자의 심정지가 발생한 9. 27. 03 : 07까지 혈색소 수치 검사를 시행하지 않아 환자의 혈색소 수치가 저하되고 있음을 인지하지 못한 과실이 있다.

둘째, 9. 27. 01 : 52경 환자의 활력 징후(혈압 80/50mmHg, 맥박 118회/분, 호흡 18/분)에 비추어 급성 출혈이 의심되는 상황이었음에도 신속히 환자에게 수혈을 시행하지 않은 병원 의료진의 과실이 있었다(〈표 8〉 참조).

〈표 8〉 원인분석

분석의 수준	질문	조사결과
왜 일어났는가? (사건이 일어났을 때의 과정 또는 활동)	전체 과정에서 그 단계는 무엇인가?	− 응급실 내원 후 환자 관찰 단계 − 치료 단계 − 응급실에서 중환자실로의 전동 단계

가장 근접한 요인은
무엇이었는가?
(인적 요인,
시스템 요인)
	어떤 인적 요인이
	결과에 관련
	있는가?
		• 의료인 측
		− 중증외상 환자에서 지속적인 출혈로 상태가
		  악화될 수 있음을 고려하지 못함
		− 환자상태 및 활력징후 변화에 따른 상태 악
		  화를 고려하지 못함
		− 주기적인 혈액검사 미시행(CT 검사 결과 출
		  혈소견이 보이지 않았다는 이유로 심정지 있
		  을 때까지 검사 미시행)
		− 출혈이 의심됨에도 수혈을 실시하지 않음

	시스템은 어떻게 결과에 영향을 끼쳤는가?	• 의료기관 내 − 응급의료진에 주기적인 전문외상처치술 교육 부족

5. 재발 방지 대책

〈그림 8〉 판례 8 원인별 재발방지 사항

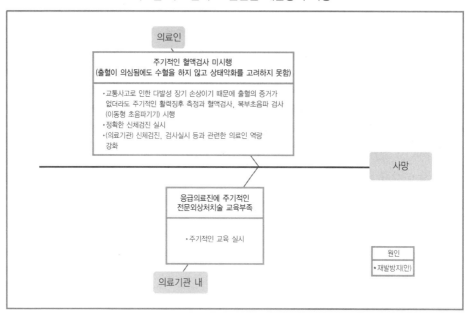

원인별 재발방지 대책은 〈그림 8〉과 같으며, 각 주체별 재발방지 대책은 아래와 같다.

(1) 의료인의 행위에 대한 검토사항

환자가 다발성 장기 손상으로 응급실에 내원하게 되면 정확한 신체검진을 실시하여야 한다. CT 검사로 활동성 출혈의 증거가 없다고 하더라도 주기적인 활력징후 측정과 혈액검사를 시행하는 것을 통하여 지속적인 출혈과 출혈성 쇼크를 대비하여야 한다. 그리고 이동형 초음파기기로 복부 초음파 검사를 통한 출혈 여부 확인이 필요하다.

(2) 의료기관의 운영체제에 관한 검토사항

특히 외상 환자의 경우 단순히 외부에 보여지는 손상에 비해 신체 내부의 손상이 심한 경우가 많아 상태가 급격히 악화되는 경우가 많다. 이에 정확한 신체검사가 필요시 됨을 교육하고, 적극적인 검사, 모니터링 및 처치를 할 수 있도록 교육하도록 하여야 한다. 또한 의료인의 역량 강화를 위하여 학술대회나 연수강좌에 참여하는 것을 꾸준히 독려하여 오진의 가능성을 낮출 수 있는 역량을 쌓도록 하여야 한다.

┃ 참고자료 1 ┃ 사건과 관련된 의학적 소견1)

1. 저혈량성 쇼크

저혈량성 쇼크는 혈액, 혈장 또는 수액의 심각한 손길로 야기되는 증상으로 발생 원인에 따라 출혈로 인한 저혈량성 쇼크, 체액 손실로 인한 저혈량성 쇼크, 혈관 용적 증가로 인한 저혈량성 쇼크 등으로 나뉜다. 순환 혈액량이 감소하면 심박출량이 감소하고 혈압이 떨어지며, 교감 신경 활동이 증가하고, 과호흡 및 혈관 내 용적 팽창이 일어난다. 혈액 용적의 20% 정도가 손실된 저혈량의 경우 경도의 빈맥이 감지되나 혈액 용적의 20~40%가 손실된 저혈량의 경우 환자는 점점 불안해지며 빈맥을 보이는데 누웠을 때는 정상혈압이 유지될 수도 있지만 심각한 저혈압과 빈맥이 발생할 수 있다. 혈액 용적의 40% 이상이 소실된 심각한 저혈량의 경우 쇼크의 고전적인 징후가 나타나는데 혈압이 감소하고 누운 자세에서도 불안정해지며 빈맥, 빈뇨, 흥분 또는 혼미한 의식상태 등의 증상이 생긴다. 저혈량성 쇼크에 대한 초기 대처를 위해서 혈액 등 손실을 조절하기 위한 중재술과 순환 혈액용적의 급속한 재팽창이 필요하다. 지속적인 혈액 손실이 있고 혈색소 농도가 10g/dl 이하로 떨어졌을 때에는 수혈을 시작해야 한다. 성공적인 회복술을 위해서는 호흡기능의 보조가 필요하므로 보조적인 산소를 투여해주어야 하며, 동맥 산소 농도를 유지하기 위해 기도삽관술이 필요할 수도 있다. 출혈성 저혈량 쇼크와 비출혈성 저혈량 쇼크 중 더 빠른 임상 경과를 보이는 것은 출혈설 저혈량 쇼크이다. 비출혈성 저혈량 쇼크는, 조직에 직접적인 손상이 발생하거나 염증이 발생하여 말초혈관 내피세포의 투과성이 증가하는 경우 혈장이나 수분이 세포 조직으로 이동함으로써 발생할 수 있다.

2. 급성 출혈

급성 출혈이란 다양한 내과적 및 외과적 상황에 따라 수반될 수 있는 급속한 혈액의 손실을 의미한다. 심각한 출혈의 가장 흔한 원인으로는 외상, 소화기 및 생식기 질환들 그리고 혈관 질환 등이 있다. 급성 출혈의 초기 증상으로는 빈맥, 빈호흡, 맥압 감소, 소변량 감소, 차고 축축한 피부, 모세혈관 재충전 불량, 중심 정맥압 감소 등이 있고 후기 증상으로는 저혈압과 의식 상태의 변화 등이 있다. 순환 혈액량의 20% 미만의 출혈이 있으면 차갑고 축축한 피부, 모세혈관 재충전 지연, 맥압의 감소, 빈맥 등의 증상이 나타날 수 있으나 혈압은 정상인 경우가 많다. 출혈이 더 심해져 순환 혈액량의 20~40% 사이의 출혈이 있으면, 환자는 빈맥과 빈호흡

---

1) 해당 내용은 판결문에 수록된 내용임.

을 보이고 체위 변경에 따라 혈압의 변동을 보이며 착란 상태 혹은 흥분상태를 나타낼 수 있다. 이런 환자가 소생술을 받지 못하고 출혈이 지속되게 되면, 저혈압과 빈뇨가 발생하고 호흡은 더 빨라지며 빈맥은 더욱 심해지고 피부는 얼룩덜룩해진다. 중증 출혈에 의한 사망은 호흡근육의 피로에 따른 호흡 마비에 의한 경우가 일반적이나 일부는 심장 마비에 의해서 사망하기도 한다.

3. 수혈 지침

혈색소 농도가 8g/dl 이하로 떨어지는 경우, 환자에 대한 산소 전달이 감소하는 경우 혹은 다음 항목 중 두 가지 이상에 해당하는 경우에는 수혈이 필요하다.

1) 측정된 출혈량 혹은 예상되는 출혈량이 전체 혈액량의 15%를 초과하는 경우
2) 이완기 혈압이 60mmHg 미만으로 떨어지는 경우
3) 맥박이 100회/분을 초과하는 경우
4) 소변량이 감소하거나 전혀 소변을 보지 않는 경우

4. CBC 혈액 검사 결과의 해석

헤마토크릿은 혈관 내 용액에서 세포(적혈구)가 차지하는 분율을 말하고 헤모글로빈은 혈관 내 용액에서의 헤모글로빈 농도를 말하므로 수액이 투여되면 희석되어 감소할 수 있다. 교통사고 등의 외상을 입은 환자가 간 좌상, 신장열상, 혈기흉 등의 소견을 보이는 경우 추가 혈액 검사의 시행 여부 및 그 빈도는 환자의 혈압 등 임상 경과의 변화에 따라 결정하게 된다. 헤모글로빈 수치가 낮아진 경우 추가 혈액 검사를 시행해 볼 수 있으나 혈역학적으로 안정적인 경우 아침 정규시간 검사를 시행할 수 있으며 혈압이 하강하는 경우 그 당시에 시행해 볼 수 있다.

판례 9. 교통사고 환자 기도유지 조치 미실시로 인한 사망 사건_대구 지방법원 2013. 9. 27. 선고 2011가단64222 판결

1. 사건의 개요

교통사고로 응급실에 내원한 환자에게 검사를 실시한 결과, 안면부 골절, 혀 열상 등으로 인해 코와 입에서 다량의 피를 흘리는 것이 확인되어 의료진은 혀열상 봉합수술을 시행하였다. 봉합수술 시행 중 환자가 호흡곤란 및 통증으로 몸을 뒤척이자 의료진은 전신마취유도제를 주사하였고 이후 심정지가 발생하였다. 의료진은 심폐소생술 및 응급조치를 시행하였으나 저산소성 뇌손상이 발생하여 환자가 사망에 이른 사건[대구지방법원 2013. 9. 27. 선고 2011가단64222 판결]이다. 자세한 사건의 경과는 다음과 같다.

날짜	시간	사건 개요
2011. 6. 01.	16 : 00	• 오토바이를 타고 가다가 사고 당함(환자 남자, 나이 미상)
	18 : 31	• S병원 응급실을 경유
	20 : 10	• 응급실 내원 • 혈압 147/95mmHg, 맥박 94회/분, 호흡 20회/분, 체온 37.1℃, 산소포화도 95%로 안정적임 • 의식수준을 S병원에서는 혼미상태로 평가하였으나 피고 병원에서는 응급의학과 흉부외과 의료진이 기면상태로 평가함 • 피고 병원 신경외과 의료진이 평가한 환자의 Glasgow Coma Scale 은 E2V1M4로서 통증자극을 주면 눈을 뜨거나 몸을 움츠리나, 소리는 내지 못하는 상태임
	20 : 30	• 뇌, 안면부, 흉부 및 복부에 대한 CT검사 시행 = 우측전두엽 대뇌고랑 지주막하 출혈, 이마, 안검, 좌측 턱 부위 연조직부종과 피하공기증, 사골, 양측상악골과 비골강 출혈, 다수의 안면골 골절 등을 확인 • 뇌출혈은 소량이었고, 부종도 경미하였으나 안면부 골절, 혀 열상 등으로 인하여 코와 입에서 다량의 피를 계속 흘림 • 지혈을 위해 비강에 거즈로 패킹한 후, 비강캐뉼라를 통해 4L/분으로 산소를 주입함

날짜	시간	사건 개요
2011. 6. 1.	20:50	• 동맥혈가스분석 검사 시행 = 혈중 이산화탄소 40.7%, 혈중산소 64.0%, 산소포화도 92.5%로 측정됨
	22:43	• 피고 병원 성형외과 의사가 에피네프린과 1% 염산리도카인을 혼합하여 국소 마취를 한 후 찢어진 왼쪽 이마 부위와 턱 부위 봉합 수술 시행함
	23:00	• 혈압 160/80mmHg, 맥박 130회/분, 호흡 25회/분으로 측정됨
	23:25	• 이비인후과 의사는 2% 염산리도카인으로 국소마취를 하고 혀열상 봉합수술을 시행함
	23:31	• 호흡곤란 및 통증으로 인하여 힘들어하며 몸을 심하게 뒤척이자 환자를 진정시키기 위하여 전신마취유도제인 etomidate−lipuro 10mg을 1회 주사함
	23:45	• 병원 의료진은 환자를 진정시키기 위하여 전신마취유도제인 etomidate−lipuro 10mg을 1회 재주사함
	23:50	• 혈압 100/60mmHg, 맥박 47회/분으로 저하됨
	23:52	• 심정지 발생 • 심장마사지 실시함
	23:54	• 교감신경흥분제인 에피네프린을 투여하고 심폐소생술 실시함
2011. 6. 2.	00:00	• 혈압 100/60mmHg, 맥박 150회/분으로 심장박동 회복됨
	00:03	• 기관삽관을 시행함
	00:14	• 인공호흡기를 연결함
	22:30	• 기관절개술 시행
2011. 6. 8.	11:00	• 이미 저산소성 뇌손상이 발생하여 사망함

2. 법원의 판단

가. 기도 확보 미조치 과실: 법원 인정

(1) 환자 측 주장

환자는 입과 코의 계속적인 다량 출혈로 호흡곤란증세를 보였고 의식이 저하되어 스스로 기도를 유지하는 데 어려움이 있었고, 더불어 호흡저하를 유발할 수 있는 진정제까지 주사되었으므로 피고 병원 의사들로서는 환자에게 기관 삽관을 하는 등 기도 확보 조치를 철저히 취했어야 하나 이를 제대로 하지 않은 과실이 있다.

(2) 의료인 측 주장

당시 환자의 구강 및 비강에서 출혈이 다량으로 일어나고 있는 상황이어서 지혈 조치가 가장 우선적으로 필요하였기 때문에 병원 의료진은 거즈로 비강을 패킹하고 출혈이 일어나는 열상에 대한 봉합술을 먼저 시행하였다. 당시 환자의 의식은 지속적으로 대화 가능한 수준이었고 산소포화도가 정상수치였기 때문에 심정지가 발생할 때까지 응급으로 기도를 확보하여야 할 필요가 없었다.

또한, 다량의 출혈로 인하여 기도 확보를 위한 시야확보가 어려웠으며 뇌출혈이 있는 고혈압 환자인 환자에게 기관을 삽입하거나 기관절개술을 할 경우 혈압 상승으로 인한 재출혈, 뇌압상승 가능성이 있었으므로, 병원 의료진이 환자에게 기관 삽관이나 기관 절개술을 하지 않은 것은 과실이라고 할 수 없다.

(3) 법원 판단

① 기관 삽관이 필요한 경우는 의식저하, 기도분비물의 증가, 기도 내 출혈, 이물질, 종괴, 부종 등으로 인하여 기도가 유지되지 않아 숨을 쉬기 어려운 경우이며, 환자의 경우처럼 안면부 골절로 인한 비강출혈이 코 뒤로 넘어가 구강으로 흐르고 GCS가 7점에 지나지 않을 정도로 의식이 저하되어 기도를 스스로 보호할 수 있는 능력이 감소되어 있는 경우에는 출혈이 구강을 통해 식도로 넘어가면서 기도를 막거나 폐로 흡인이 될 수 있으므로 기관 삽관과 같은 전문적인 기도유지술을 적극적으로 시행해야 할 필요성이 있는 점, ② 병원 의료진은 환자의 심정지 발생 시까지 비강캐뉼라를 통해 산소를 공급하는 것 이외에 기도확보를 위한 다른 조치는 하지 않았는데, 환자는 안면부골절 및 비강출혈 때문에 비강캐뉼라를 통한 지속적인 산소공급에도 불구하고 산소가 효율적으로 공급되지 않았을 가능성이 많은 점, ③ 중증의 외상성 뇌손상이 있는 경우 의식저하로 인한 혀나 후두개의 기능 저하로 기도 폐쇄가 발생할 가능성도 높고, 혀 열상 봉합술을 위한 혀 부위 국소마취가 그 위치에 따라 기도유지에 영향을 줄 수도 있는 점, ④ 혀 열상 부위의 국소마취 이후 환자에게 추가로 주사한 etomidate-lipuro는 의식을 저하시킬 수 있는 진정치료제로서, 환자

와 같이 중증 외상성뇌손상이 동반된 고령의 환자에게 투여하게 되면 의식이 더 저하되어 호흡조절기능의 약화로 인해 무호흡상태가 발생할 수 있으므로, 이 같은 약을 투여할 경우에는 환자의 의식 상태와 호흡 상태를 평가한 후 기도유지를 위한 조치를 반드시 시행하여야 하는데, 환자가 내원 직후 GCS가 중증 뇌손상에 해당하는 7점으로 평가되었음에도 불구하고 병원 의료진은 위 진정치료제를 주사하면서 환자에 대한 의식 상태나 호흡 상태에 관한 객관적 평가를 다시 하지 않은 점, ⑤ 환자는 2차례에 걸쳐 etomidate－lipuro를 투여 받았는데, 첫 번째 투여 시에는 정상적으로 깨어났으나 두 번째 투여 후 몇 분 지나지 않아 혈압이 감소하면서 심정지가 발생한 점, ⑥ 당시 호흡곤란이나 심정지를 유발할 정도의 심각한 뇌부종 기타 심정지의 원인이 될 만한 다른 증상은 없었던 점, ⑦ 기관 삽관은 기도유지를 위한 튜브를 구강을 통해 성대를 지나 기관에 삽입하는 것이기 때문에 안면부골절, 아래턱뼈골절 등이 있는 경우 상대적으로 어려우며, 환자는 비강출혈, 혀 열상 등으로 구강 내에 혈액이 고여 있을 가능성이 있어 이는 시술자의 시야를 막아 삽관이 어려울 수 있지만 환자의 상태가 기관을 삽관하는 것이 불가능 한 것은 아니었고, 실제로도 환자에게 심정지가 일어난 이후인 6. 2. 00시 03분 경 환자에게 기관을 삽관한 점, ⑧ 기도 삽관의 실패로 인한 기도유지확보의 실패, 구역반사자극으로 인한 심한 서맥, 무수축 발생, 구토와 폐흡인 발생, 치아 및 구강손상, 뇌출혈 등으로 인해 뇌압이 상승되어있는 환자의 경우에는 기관 삽관의 합병증으로 뇌압 상승, 뇌출혈의 악화 등이 문제가 될 수 있으나, 이는 적절한 전 처치 및 뇌압을 증가시키지 않고 평균 동맥압을 감소시키지 않는 약물의 사용을 통해 해결 가능할 뿐만 아니라, 이러한 합병증보다 기도유지가 되지 않았을 때 발생하는 호흡부전으로 인한 저산소성 뇌손상 등의 문제점이 더욱 심각한 점 등의 사정들로 볼 때, 환자에 대한 혀 열상 봉합술 시행 당시 환자의 의식이 상당히 저하되어 스스로 기도를 유지하기 어려운 상태여서 기도 유지를 위한 적극적 조치가 필요하였음에도 불구하고, 병원 의료진은 비강캐뉼라를 통해 산소를 주입하는 것 이외에 기도확보를 위한 다른 조치를 취하지 않았을 뿐만 아니라 환자의 의식수준을 고려하지 않고 호흡부전을 초래할 수 있는 진정치료제를 투여한 과실로 인하여 환자에게 호흡부전 및 그에 따른 심정지를 유발하여 환자를 저산소성 뇌손상으로 사망에 이르게 하였다.

나. 경과관찰을 소홀히 한 과실: 법원 불인정

(1) 환자 측 주장

병원 의료진들은 혀의 열상 봉합술 중 모니터 계기에 나타나는 환자의 혈압수치를 수시로 관찰하고 혈압 이상 시 이에 대한 적절한 조치를 취하여야 함에도 환자의 혈압이 감소하는 것을 인식하지도 못하는 등 경과관찰을 소홀히 하여 혈압감소, 호흡부전에 대한 적절한 조치를 조기에 하지 못한 과실이 있다.

(2) 법원 판단

23시 00분부터 23시 50분 사이에 환자의 활력 징후가 기록되지 않은 사실은 인정되나 병원 의료진이 이마와 혀 열상 봉합술을 시행하면서 환자의 활력 징후에 대하여 계속 점검하였고, 환자의 혈압이 갑자기 떨어지며 심정지가 오자 바로 심장마사지를 시행하고, 에피네프린을 주사하는 등 응급조치를 시행한 점에 비추어 병원 의료진에게 환자의 경과관찰을 소홀히 한 과실이 있다고 보기는 어렵다.

다. 심정지 발생 직후 기관 삽관 등 응급조치를 지연한 과실: 법원 불인정

(1) 환자 측 주장

환자에게 심정지가 발생된 이후에도 즉시 기관 삽관 등 응급조치를 바로 시행하지 않은 과실로 인하여 환자의 저산소성 뇌손상이 심화되었다.

(2) 법원 판단

병원 의료진은 환자의 심정지를 발견하자 바로 심장마사지와 에피네프린 주사 등을 통해 심장박동 회복을 시도하였고, 자발적 심박동이 회복되자 바로 기관 삽관을 시행한 사실 등이 인정되므로 병원 의료진이 환자의 심정지 발생 직후 기관 삽관을 하지 않은 잘못이 있다고 보이지 않는다.

라. 환자의 사망 원인과 관련한 병원 의료진의 주장에 대한 판단: 법원 불인정

(1) 의료인 측 주장

환자의 심정지 발생원인은 뇌출혈 및 뇌부종이었고 심정지로 인하여 저산소성 뇌손상이 발생한 것이므로, 병원 의료진이 환자에 대한 기도확보조치를 제대로 하지 못한 과실이 있다고 하더라도 과실과 환자의 저산소성 뇌손상 사이에는 인과관계가 없다.

(2) 법원 판단

당시 환자의 뇌출혈은 소량이고, 부종은 경미하여 호흡부전이나 심정지를 유발할 정도는 아니었던 점, 환자의 심정지의 원인으로 추정되는 호흡부전은 환자의 뇌손상의 진행으로 인한 의식 저하로 인하여 생겼을 가능성도 있지만, 진정치료제의 투여, 출혈 및 안면부골절로 인한 기도 폐쇄 등으로 인하여 발생될 수 있는 상황이었던 점, 병원 의료진은 etomidate−lipuro를 2차례에 나누어 주사하였는데, 두 번째 주사한 직후 환자의 활력징후가 떨어지며 심정지가 온 것으로 병원 의료진병원 의료진의 기도확보 미조치 과실과 환자의 호흡부전, 그로 인한 심정지 사이에 인과관계가 존재했다.

3. 손해배상범위 및 책임 제한

가. 의료인 측의 손해배상책임 범위: 30% 제한

나. 제한 이유

(1) 환자는 이미 뇌손상으로 인하여 의식 저하가 있었고, 환자의 이러한 상태가 호흡부전으로 인한 심정지 및 이로 인한 저산소성 뇌손상에 상당히 기여하였을 것으로 보이는 점

(2) 환자의 안면부 다발성 골절 등으로 인하여 구강 및 비강으로 다량의 출혈이 있어 기도 확보가 매우 어려운 상태였던 점

(3) 심정지 발생 이후 병원 의료진이 나름대로 최선의 응급조치를 다한 것으로 보이는 점

다. 손해배상책임의 범위

(1) 청구금액: 92,570,306원

(2) 인용금액: 34,771,093원

   ① 재산적 손해: 2,271,093원(기왕치료비＋장례비)×30%

     − 기왕치료비: 2,570,310원

     − 장례비: 5,000,000원

   ② 위자료: 32,500,000원

4. 사건 원인 분석

본 사건에서 환자는 교통사고로 인해 s병원 응급실을 경유하여 피고 병원 응급실에 내원하였다. 피고 병원에서의 활력징후 측정 결과는 혈압 147/95mmHg, 맥박 94회/분, 호흡 20회/분, 체온 37.1℃, 산소포화도 95%로 안정적이었으며, 기면상태로 환자를 평가하였다. CT검사 결과 뇌출혈은 소량이었고, 부종도 경미하였으나 안면부 골절, 혀 열상 등으로 인하여 코와 입에서 다량의 피를 계속 흘리는 것이 확인되었고, 비강캐뉼라를 통해 4L/분으로 산소를 주입하였다. 이비인후과 의사는 2% 염산리도카인으로 국소마취를 하고 혀열상 봉합수술을 시행하였고, 이후 환자가 호흡곤란 및 통증으로 인하여 힘들어하며 몸을 심하게 뒤척이자 환자를 진정시키기 위하여 전신마취유도제인 etomidate−lipuro 10mg을 1회 주사하였다. 10분후 의료진은 환자를 진정시키기 위하여 etomidate−lipuro 10mg을 1회 다시 주사하였다. 5분 후 혈압 100/60mmHg, 맥박 47회/분으로 저하되었고, 2분뒤 심정지가 발생하여 에피네프린을 투여하고 심폐소생술을 실시하였으며 심장 박동이 회복되어 이후 기관삽관을 시행하고 인공호흡기를 연결, 기관절개술을 시행하였으나 이미 저산소성 뇌손상이 발생하여 사망하게 된 사건이다. 사건과 관련된 문제점 및 원인을 분석해본 결과는 다음과 같다.

첫째, 환자는 입과 코의 계속적인 다량 출혈로 호흡곤란증세를 보였고, 의식이 저하되어 스스로 기도를 유지하는 데 어려움이 있었다. 더불어 호흡저하를 유발할 수 있는 진정제까지 주사되었으므로 의료진으로서는 환자에게 기관 삽관을 하는 등 기도 확보 조치를 철저히 취했어야 함에도 이를 제대로 하지 않지 않은 과실이 있다. 의료진은 환자의 심정지 발생 시까지 비강캐뉼라를 통해 산소를 공급하는 것 이외에 기도확보를 위한 다른 조치는 하지 않았는데, 환자는 안면부골절 및 비강출혈 때문에 비강캐뉼라의 경우 효과적인 산소 공급이 되지 않았을 가능성이 높다. 혀 열상 부위의 국소마취 이후 환자에게 추가로 주사한 etomidate-lipuro는 의식을 저하시킬 수 있는 진정치료제로서, 환자와 같이 중증 외상성뇌손상이 동반된 고령의 환자에게 투여하게 되면 의식이 더 저하되어 호흡조절기능의 약화로 인해 무호흡상태가 발생할 수 있다. 따라서 이 같은 약을 투여할 경우에는 환자의 의식 상태와 호흡 상태를 평가한 후 기도유지를 위한 조치를 반드시 시행하여야 하는데, 환자가 내원 직후 GCS가 중증 뇌손상에 해당하는 7점으로 평가되었음에도 불구하고 의료진은 위 진정치료제를 주사하면서 환자에 대한 의식 상태나 호흡 상태에 관한 객관적 평가를 다시 하지 않았다.

둘째, 전원 이후의 의료진은 잦은 기도 삽관 실패로 인해 환자의 흡인성 폐렴 가능성을 증가시켰다(〈표 9〉 참조).

〈표 9〉 원인분석

분석의 수준	질문	조사결과
왜 일어났는가? (사건이 일어났을 때의 과정 또는 활동)	전체 과정에서 그 단계는 무엇인가?	- 응급조치 단계(기도확보 조치 미실시) - 진료 처치 단계(부적절한 진정치료제 투여)
가장 근접한 요인은 무엇이었는가? (인적 요인, 시스템 요인)	어떤 인적 요인이 결과에 관련 있는가?	• 의료인 측 - 기도확보 조치 미실시(안면부 골절로 인한 비강출혈과 의식저하로 기도 보호 능력이 감소된 환자에 대해 적극적 기도확보조치 미실시(기도삽관이 아닌 비강캐뉼라 사용)) - 부적절한 진정치료제 투여 - 잦은 기도삽관 실패 - 윤상갑상막절개술, 기관절제술 등 '어려운 기도' 시에 사용하는 외과적 기도확보기술 미흡
	시스템은 어떻게 결과에 영향을 끼쳤는가?	• 의료기관 내 - 응급의료진에 외과적 기도확보술 등의 전문외상처치술 교육 부족 • 법·제도 - 전문외상인력 육성 정책 미흡

5. 재발 방지 대책

〈그림 10〉 판례 9 원인별 재발방지 대책

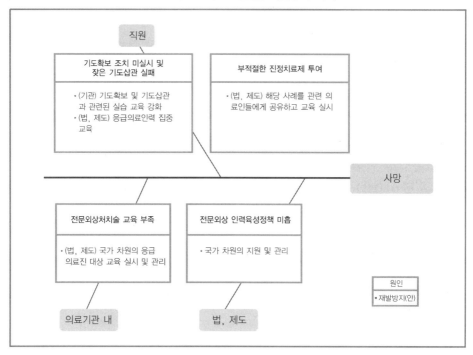

원인별 재발방지 대책은 〈그림 10〉과 같으며, 각 주체별 재발방지 대책은 아래와 같다.

(1) 의료기관의 운영체제에 관한 검토사항

'어려운 기도' 및 외과적 기도확보술 교육 및 훈련을 통해 의료인의 역량을 강화시켜야 한다.

(2) 국가·지방자치체 차원의 검토사항

기도확보, 삽관 및 진정치료제와 관련된 교육을 통해 의료인의 역량을 강화하며, 교육과 관련하여 특히 응급 의료 종사자를 대상으로 한 집중 교육이 필요하며 교육을 위한 국가차원의 지원 및 관리가 필요하다. 해당 사례(부적절한 진정치료제 투여)를 관련 의료인들에게 공유하고, 사례를 활용한 교육을 실시한다.

판례 10. 유기인제 중독 해독제 투여 등의 처치 지연으로 인한 사망 사건_광주지방법원 2014. 8. 14. 선고 2013가합11593 판결

1. 사건의 개요

부모가 집을 비운 사이에 살충제를 마신 유아를 부모가 소아과 의원을 경유하여 병원 응급실에 데려갔다. 이 유아에게 병원 의료진은 유기인제 중독 해독제 투여 등의 처지를 제때하지 않아 환아가 사망에 이른 사건[광주지방법원 2014. 8. 14. 선고 2013가합11593 판결]이다. 자세한 사건의 경과는 다음과 같다.

날짜	시간	사건 개요
2010. 12. 27.	16 : 00	• 환아의 부모가 집을 비운 사이 환아의 친언니와 사촌언니와 함께 놀던 중 신발장에 놓여있던 음료수 병 속의 액체를 소량 마신 후 뱉어내었음(환자 여자, 사고 당시 2세 8개월 11일)
	17 : 00	• 소아과 의원으로 환아를 데리고 감 • 환아가 마신 살충제의 성분을 알아본 후 병원 응급실로 가라고 권유
		• 아파트 관리사무소로 돌아가 환아가 마셨을 가능성이 있는 살충제 성분 세 가지를 메모하여 옴
	그 후	• 모병원 응급실에 내원함 • 약물중독 치료는 더 큰 병원으로 가라고 함
	19 : 05	• 피고 병원 응급실 내원 • 의식 명료, 동공 반사와 운동 능력 정상, 혈액 검사 결과 정상범위 내임
		• 응급실 당직의 소아과 전공의 1년차 C에게 '환아가 살충제를 마시는 것을 직접 보지는 못했으나 입에서 살충제 냄새가 난 사실이 있음'을 알림 • 관리사무소에서 메모하여 온 환아가 마셨을 가능성이 있는 살충제의 성분명 '맥스포스갤, 잡스, 마둘키'가 적힌 종이를 보여줌
		• C가 세 가지 살충제의 성상과 성분을 인터넷으로 검색하여 맥스포스갤은 이약처럼 짜서 쓰는 형태의 살충제이고, 잡스는 뿌리는 형태의 살충제이며, 용액제로 되어있는 것은 마둘키 뿐이라는 사실을 응급환자기록지에 기록함

날짜	시간	사건 개요
2010. 12. 27.	21 : 00	• 두 차례 토하고 수면을 취함
2010. 12. 28.	00 : 00	• 울면서 보채기 시작함
		• 죽을 먹여 보았으나 침을 뱉으며 잘 삼키지 못함
	01 : 00	• 걱정한 보호자가 C와 전화 통화를 하였으나 C는 우선 그대로 수액을 맞으면서 지켜보자고 함
		• 증상이 호전되지 않고 계속해서 큰 소리로 울면서 보채다가 눈동자가 위로 올라가는 등 이상 증세를 보임 • 소아과 당직의가 진찰함
	04 : 40	• 응급실 간호사에게 환아가 경기를 일으킨다고 말함 • 응급의학과 당직의가 진찰함
	04 : 45	• C가 환아의 상태를 직접 봐주지 않는다며 여러 차례 항의하며 C를 호출해 줄 것을 요청함
	05 : 10	• 응급실 간호사가 C에게 세 차례 이상 전화를 걸었으나 연락이 되지 않아 병원 의료진 내 방송을 내보냄
2010. 12. 28.	05 : 20	• C가 응급실로 와 환아를 진찰함 = 타이레놀 시럽 투여와 독감 검사를 지시 = 독감 검사 결과 음성반응이 나옴 • 소아과 전문의가 진찰함
	06 : 20	• 이비인후과에 협진 의뢰
	07 : 00	• 환아의 분비물이 많아 흡인 시행 • C와 소아과 전문의가 진찰함
	07 : 30	• 산소포화도가 88%까지 떨어져 산소마스크로 10L/분의 산소를 주입, 네뷸라이저로 에피네프린 투여 = 환아의 산소포화도가 92%로 상승
	08 : 00	• 환아의 의식이 저하되고 전반적인 컨디션이 약해진 것으로 관찰됨
	09 : 00	• 혈액 화학 검사 시행 = 심장 효소수치와 암모니아 수치가 비정상 범위로 측정됨
	10 : 05	• 응급 중환자실로 전실 조치함
	10 : 30	• 구강 내에서 분비물이 다량 관찰됨 = 기도 관리와 호흡 등 상태를 관찰함
	12 : 30~	• 유기인제 살충제 중독의 치료제인 PAMU_A를 투여함

날짜	시간	사건 개요
2010. 12. 28.	13 : 30	• 호흡곤란을 일으킴 = 기관 내 삽관 시행
	13 : 50	• 경련 발생 = 항경련제인 아티반 투여
	14 : 00	• 혈압 감소 = 강심제인 도파민 투여
	16 : 30	• 구토함 = 비위관 삽입
	17 : 55	• 아티반과 에피네프린 투여
	22 : 00	• 산소포화도 84% = 앰부배깅 시작
	23 : 00	• 도파민 추가 투여
	23 : 50	• 산소포화도 95% = 앰부배깅 종료
2010. 12. 29.	00 : 40	• 산소포화도 100%
	08 : 00	• 산소포화도 91%
	08 : 30	• 산소포화도 50~85% = 앰부배깅 다시 시작
	08 : 50	• 경련 증상 보임 = 아티반, 진정제인 페노바비탈 투여
	09 : 40	• 에피네프린 추가 투여
	10 : 00	• 도파민 등 추가 투여
		• 호전되지 못함
	20 : 03	• 사망

C에 대한 형사처분 결과는 다음과 같다. C는 당직 소아과 의사로서의 주의의무를 해태하여 환아를 사망에 이르게 한 업무상 과실치사죄를 저질렀다는 피의사실로 수사를 받았으나 'C가 진료할 당시 환아의 상태로서는 환아가 약물중독으로 사망에 이르리라는 점에 대한 예견가능성이 있다고 보기 어렵다'는 이유로 혐의 없음(증거불충분) 처분을 받았다. 수사 과정에서 밝혀진 환아가 마신 음료수 병에 들어있던 살충

제의 성분은 클로피리포스(chlorpyrifos)였다.

2. 법원의 판단

가. C의 응급실 부재 등으로 환아를 방치한 과실 유무: 법원 불인정

(1) 환자 측 주장

환아가 최초 병원 응급실에 내원할 당시 보호자가 병원 의료진인 C에게 환아가 마신 살충제의 성분명이 적힌 메모를 건네주었고, C가 이를 인터넷에 검색하거나 약을 만든 회사 사장과 통화하여 병원 의료진은 환아가 유기인제 중독인 사실을 알고 있었다. 보호자가 환아의 상태가 좋지 않음을 수차례 간호사에게 말하며 담당의인 C를 호출하였음에도, C는 환아의 상태를 진찰하러 오지 않았고, 응급실 입원 다음날 오전까지 13시간이 넘도록 단순한 수액 주사와 타이레놀 처방 외에 아무런 치료조치를 취하지 않은 채 환아를 방치한 과실이 있다.

(2) 의료인 측 주장

비록 C가 2010년 12월 28일 당직실에서 잠을 자느라 환자 등의 호출에 곧바로 응급실로 내려오지 못한 사실은 있으나, 오전 1시 경에는 소아과 당직의가, 오전 4시 40분 경에는 응급의학과 당직의가, 오전 5시 20분경에는 C보다 상급 연차의 소아과 전문의 등이 환아를 진찰하였으므로 환아를 방치한 것이 아니다.

(3) 법원 판단

① 응급실에는 C외에도 다른 당직의들과 간호사들이 상주하고 있었던 사실, ② 오전 4시 40분경에는 응급의학과 당직의가 진찰하기도 하였던 사실, ③ 방송이 있은 직후인 오전 5시 20분경 C가 응급실로 내려와 환아를 진찰한 사실 등을 인정하여 소아과 전공의 C가 새벽시간에 응급실을 비운 사정만으로 환아를 진찰함에 있어 과실이 있다고 단정하기 어렵다. C의 선임인 소아청소년과 전문의 역시 2010년 12월 28일 오전 7시경 환아를 진찰하고서도 약물중독 증상을 발견하지 못하였으며, C가 환아를 진찰하는 동안에는 환아에게 유기인제 중독증상이 있음을 발견하였다고 보이지 않는 점, C와 C의 선임인 소아청소년과 전문의의 진찰 후 중환자실로 전실되고

오전 12시 30분에 이르기까지 유기인제 중독치료가 이루어지지 않은 점 등을 고려하면 C의 당직실 취침 및 응급실 부재와 환아의 사망 사이에 인과관계가 있다고 보기 어렵다.

나. 응급실 내원 초기의 환아에 대한 위세척, 활성탄 투여 및 호흡보조치료 미시행의 과실 여부: 법원 불인정

(1) 환자 측 주장

환아의 내원 직후 실시한 동맥혈 가스 검사에서 산소분압(PO2)이 56.8mmHg로 저산소증을 나타내 호흡기능저하 소견을 보였으므로 환자에게 기관삽관 및 인공호흡기 등 호흡보조치료를 고려하였어야 함에도 그러한 조치를 취하지 않은 과실이 있다.

(2) 의료인 측 주장

환아의 내원 직후 실시한 정맥혈 검사 결과 환아의 산소분압 수치는 정상 범위 이내였다(다만 환아에 대한 '동맥혈' 가스분석에 산소분압이 56.8mmHg로 기재된 것은 동맥혈이 아닌 '정맥혈' 가스분석임에도 전산시스템의 미비로 인한 것이다).

(3) 법원 판단

환아가 병원 응급실에 내원할 당시에는 이미 환아가 유기인제를 마신 지 약 2시간 정도 경과한 후여서 위세척 또는 활성탄 투여가 반드시 필요하였다고 볼 수 없으며 환아가 마신 유기인제의 용량이 정확히 밝혀지지 않았고 환아가 21시 경에 구토하기까지 약물중독 증상을 보이지도 않아 병원 의료진이 환아에게 위세척과 활성탄 투여를 미시행한 것에 과실이 있다고 볼 수 없다.

① 소아 환자의 경우 동맥혈 검사의 어려움 때문에 정맥혈로 가스분석 검사를 시행하기도 하는 점, ② 환아 역시 병원 의료진 응급실 내원 초기 의식이 명료하였고 호흡곤란 상태가 없어 정맥혈 검사를 시행해도 무방하였을 것으로 보이는 점, ③ 맥박산소계측기로 측정한 환아의 산소포화도는 2010년 12월 28일 오전 7시경까지 정상이었던 점, ④ 정맥혈검사의 수치가 동맥혈로 검사한 산증과 거의 일치하는 것으로 알려져 있는 점 등을 고려하면 병원 의료진은 환아의 내원 직후 동맥혈 가스검사가 아닌 정맥혈 가스 검사를 한 것으로 보이고, 병원 의료진이 환아가 응급실에 내원한 당시부터 곧바로 기관삽관 및 인공호흡기 등 호흡보조치료를 고려하지 않은 것에

과실이 있다고 볼 수 없다.

다. 해독제 투여 등 치료시기를 놓친 과실 유무: 법원 인정

(1) 환자 측 주장

병원 의료진은 환아에게 위세척, 활성탄 투여 등 치료 또는 아트로핀, 2-PAM 등 해독제 투여 치료를 하지 않았고, 입원 다음날인 2010년 12월 28일 오전 5시 35분경 환아의 유기인제 중독이 의심되는 상황에서도 해독제를 투여하지 않고 독감 검사만을 실시한 채 환아를 계속해서 방치하다가 오전 12시 30분에야 해독제를 투여하여 유기인제 중독 치료에 있어 가장 중요한 조치 해독제 투여를 하지 못한 과실이 있다.

(2) 의료인 측 주장

유기인제 중독의 해독제는 다양한 부작용을 초래할 수 있어 사용에 주의를 요한다. 더구나 환아가 병원 의료진 응급실에 내원할 당시에는 실제로 바퀴벌레 약을 먹었는지 불확실하였고, 당시에는 유기인제 중독 반응을 전혀 보이지 않았다. 따라서 C도 환아의 사망가능성에 대한 예견가능성이 없다는 이유로 무혐의 처분을 받은 것이다.

(3) 법원 판단

병원 의료진에게는 환아의 작은 증상이라 할지라도 유기인제 중독을 의심하여 환아에게 해독제 투여 또는 호흡보조요법 등 적절한 치료를 조기에 실시할 주의의무가 있었음에도 환아가 응급실에 입원한 지 17시간이 지나도록 단순히 수액을 투여하거나 해열제만을 처방한 채 치료시기를 놓쳤다. 유기인제 중독의 사망률은 최근 적절한 해독제 및 인공호흡기 사용 등으로 인해 10~20%로 현격히 줄고 있으며 병원 의료진 응급실에 내원한 중간증후군 발생군에 포함된 환자들도 약 86.6%의 회복률을 보인 점 등을 고려하면 비록 환아가 나이 어린 유아라 할지라도 병원 의료진이 위와 같이 환아의 유기인제 중독 증상을 유심히 살펴 조기에 중독 증상을 발견하여 적절한 치료를 실시하였다면, 사망이라는 결과를 방지할 수 있었을 것으로 보인다.

3. 손해배상범위 및 책임 제한

가. 의료인 측의 손해배상책임 범위: 60% 제한

나. 제한 이유

보호자도 환아의 부모로서 위험한 독극물인 바퀴벌레 약을 유아의 손길이 닿지 않는 곳에 위험물임을 충분히 표시한 병에 안전하게 보관하여 환아와 같은 어린 유아가 음료수로 혼동하여 마시는 일이 없도록 방지할 주의의무가 있음에도 이를 게을리 하여 부모로서 환아에 대한 보호 의무를 다하지 않은 과실이 있다.

다. 손해배상책임의 범위

(1) 청구금액: 160,545,465원
(2) 인용금액: 88,840,043원 = (일실수입 + 환아의 위자료) ÷ 2[2] + 장례비
 − 일실수입: 134,080,087원(223,466,813원 × 60%)
 − 장례비: 1,800,000원(3,000,000원 × 60%)
 − 위자료: 30,000,000원
  = 환아: 20,000,000원
  = 보호자 부모: 10,000,000원

4. 사건 원인 분석

이 사건에서 환아는 아파트 관리사무소에서 바퀴벌레 퇴치를 위해 받아온 살충제를 마시고 사망하였으며 사고 당시 약 2세였다. 환아는 어머니가 집을 비운 사이 살충제를 마셨으며, 총 용량 100ml 중 마시거나 뱉고 남은 잔량은 약 3/4이었다. 먼저 소아과 의원으로 환아를 데리고 가 살충제의 성분을 알아본 후 타 병원 응급실을 권유받았으며, 환아의 어머니는 아파트 관리사무소에서 환아가 마셨을 가능성이 있는 살충제 성분 세 가지를 메모하여 왔다. 또 다른 병원에 내원하였으나 약물 중독

---

2) 환아의 보호자는 환아의 사망 후 협의이혼 하였음. 이에 환아의 손해배상채권을 각 1/2 지분의 비율로 상속함.

치료는 더 큰 병원으로 가야한다는 권유 하에 피고 병원 응급실에 내원하였고, 응급실 내원 당시 환아의 의식은 명료하였으며 동공 반사와 운동 능력도 정상이었고, 혈액 검사를 실시하였으나 정상범위 내에 있었다. 입원 후 약 2시간이 흐른 후에 환아는 두 차례 토하고 수면을 취하였으나 3시간 후 울면서 보채기 시작하였고 침을 뱉으며 잘 삼키지 못하는 모습을 보였다. 한 시간이 지났으나 증상은 호전되지 않고 눈동자가 위로 올라가는 등 이상 증세를 보였으며 소아과 당직의가 진찰하였다. 진찰 후에도 환아는 경기를 일으켰고, 환아의 어머니는 처음 진료를 하였던 응급실 당직의 소아과 전공의 1년차가 환아를 봐주지 않는다고 항의하였으나 간호사의 호출에도 불구하고 세 차례 이상 연락이 되지 않았고, 방송이 나가자 응급실로 와 환아를 진찰하였다. 진찰 후에도 타이레놀 시럽 투여와 독감검사를 지시하였으나 독감검사 결과 음성반응이 나왔고 소아과 전문의가 진찰하였으나 약물중독 증상을 발견하지는 못하였다. 독감검사 두 시간 후 환아의 산소포화도가 떨어지자 산소마스크로 10L/분의 산소를 주입하였으며 네뷸라이저로 에피네프린을 투여하였으나 의식이 저하되었고 혈액 화학 검사 시행 결과 심장 효소수치와 암모니아 수치가 비정상 범위로 측정되어 응급 중환자실로 전실되었다. 구강 내에서 분비물이 다량 관찰되자 기도 관리와 호흡 상태를 관찰하였고 유기인제 살충제 중독의 치료제인 PAMU_A를 투여하였다. 투여 한 시간 후 환아는 호흡곤란을 일으켜 기관 내 삽관을 시행하였으며 경련이 발생하자 항경련제인 아티반과 혈압 상승을 위한 도파민을 투여하였다. 이 후 환아의 산소포화도가 떨어져 앰부배깅 시작하였으며 도파민의 추가 투여 후 산소포화도가 95%-100%으로 회복되었다. 회복 후 8시간이 지나자 산소포화도가 50-85%로 떨어지며 경련 증상을 보이다가 호전되지 못한 채 사망하였다. 이 사건과 관련된 문제점 및 원인을 분석해본 결과는 다음과 같다.

가장 큰 원인은 해독제를 투여하는 등 약물의 투여시기를 지키지 않은 것으로 생각된다. 병원 의료진은 입원 후 환아에게 활성탄 투여, 아트로핀 또는 2-PAM과 같은 해독제 투여를 하지 않은 채 수액 투여 및 무의미한 독감 검사만을 실시하였다. 환아가 병원 의료진 응급실에 입원한지 17시간이 되어서야 유기인제 살충제 중독 치료제인 PAMU_A를 투여한 사실이 있으며, 법원의 판단처럼 의료진은 환아의 작은 증상이라 할지라도 유기인제 중독을 의심하여 해독제 투여 또는 호흡보조 요법 등을 이보다 더 먼저 실시하여야 했다. 자문위원은 이에 대하여 2010년 12월 28일 오전

7시부터 오전 10시 30분경 분비물이 많아지고 의식이 저하되며, 구강 내에서 분비물이 다량 관찰되었던 것으로 보아 급성 중독현상이 나타나기 시작한 것으로 생각되며 이 시기에 아트로핀이 투여되어야 했다고 하였다. 환아의 산소포화도도 저하되었는

〈표 10〉 원인분석

분석의 수준	질문	조사결과
왜 일어났는가? (사건이 일어났을 때의 과정 또는 활동)	전체 과정에서 그 단계는 무엇인가?	− 진단 단계 − 환자 관찰, 치료 단계
가장 근접한 요인은 무엇이었는가? (인적 요인, 시스템 요인)	어떤 인적 요인이 결과에 관련 있는가?	• 환자 측 − 유기인제 중독 및 치료법에 대한 정보 부족 (정보가 1399 응급의료정보센터 독극물정보 센터 홈페이지에 있어 이용할 수 있음을 알 지 못하였음) − 응급의료관련 의료인으로서 약물 중독 환자 의 경험과 교육 부족 • 의료인 측 − 오진(유기인제 중독에서 나타날 수 있는 특 징적인 증상에도 불구하고 유기인제 중독으 로 진단하지 않고, 독감 검사를 지시하는 등 올바른 진단을 하지 못함) − 관찰 소홀 및 치료조치 지연(유기인제 중독 의 경우 중독 후 96시간 동안 세심한 관찰이 요구됨에도 이를 게을리 함, 유기인제 중독 에 대한 적절한 치료 조치를 지연함)
	시스템은 어떻게 결과에 영향을 끼쳤는가?	• 의료기관 측 − 정보공유 부족(의료기관 내에서 1399 응급 의료정보센터 독극물정보센터에 대한 의료 인 교육이 부족하였음, 치료·처치에 대한 내 용이 홈페이지에 있음에도 활용하지 못함) − 소아과와 응급의학과와의 협진 미흡 • 법·제도 − 중독정보센터 운영 및 위해물자안전관리 정 책 미흡

데 유기인제 중독에 의한 호흡부전은 중독 후 첫 96시간 이내 주로 발생하기 때문에, 중독 후 첫 96시간 동안 환자에 대한 세심한 관찰과 적극적인 아트로핀 투여, 기도 확보가 중요하였으나(신경철 외, 1999) 의료진은 이에 대한 조치를 취하지 못한 과실이 있었다(〈표 10〉 참조).

5. 재발 방지 대책

〈그림 11〉 판례 10 원인별 재발방지 사항

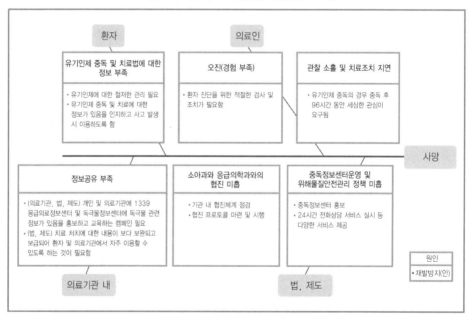

원인별 재발방지 대책은 〈그림 11〉과 같으며, 각 주체별 재발방지 대책은 아래와 같다.

(1) 환자의 행위에 관한 검토사항

유기인제 중독 사고가 많이 발생하는 지역 등에 유기인제를 철저하게 관리할 수 있도록 홍보하고, 유기인제 중독 및 치료에 대한 정보가 인터넷 1339 응급의료정보센터(모바일 웹 가능)에서 확인할 수 있다는 것과 독극물 중독 시 이용하여 정보(독극물 중독 증상)를 얻을 수 있다는 것을 홍보한다.

(2) 의료인의 행위에 관한 검토사항

유기인제 중독의 경우 중독 후 96시간 동안 세심한 관찰이 요구되므로 의료인은 이에 따라 환자에 대한 관찰이 필요하며, 환자 진단을 위하여 적절한 검사 조치를 시행할 필요가 있다.

(3) 의료기관의 운영체제에 관한 검토사항

의료기관 내에서 의료인에게 1339 응급의료정보센터 및 독극물정보센터에 독극물 및 치료에 관한 정보가 있음을 교육하여야 한다. 이미 알고 있을 것이라고 추정되는 응급의학과 관련 의료인뿐만 아니라 소아과, 내과 등 관련 진료과에 종사하는 의료인들에게도 홍보하여야 한다.

그리고 기관 내 협진체계를 점검하여 문제점 파악 및 개선이 필요하며, 협진 프로토콜을 마련하고 시행하여야 한다.

(4) 국가·지방자치단체 차원의 검토사항

국가·지방자치단체 차원에서 개인 및 의료기관에 1339 응급의료정보센터 및 독극물정보센터에 독극물 관련 정보가 있음을 활성화하는 교육 및 캠페인을 실시 한다. 하지만 현재 1339 응급의료정보센터에 등록된 독극물 정보는 독극물의 개수는 많으나 치료 및 처치와 같은 내용은 부실한 한계가 있다. 이에 국가 차원에서 치료 및 처치에 대한 내용이 보다 보완되고, 적극적인 예산지원을 통한 응급·해독제 비축으로 의료기관에서 자주 이용할 수 있도록 해야 한다. 또한 독극물정보센터 홈페이지에서 조회 가능한 전국 14개 비축 거점병원 의료진의 해독제 보유 현황은최종 업데이트 시점이 2013년인 것으로 나타나(2015년 9월 접속시) 꾸준한 업데이트 및 관리가 필요할 것으로 생각된다.

┃ 참고자료 1 ┃ 독극물정보센터3)

1. 독극물 정보센터는 응급의료진들이 급성 중독환자를 치료할 때 필요한 중독정보, 응급해독제, 독극물 분석 서비스를 제공할 목적으로 보건복지부의 연구용역과제로 설립된 기관이다. 독극물 정보센터 홈페이지를 통하여 중독정보, 응급해독제 정보를 신속·정확하게 제공 받을 수 있으며, 또한 필요한 응급해독제 및 독극물 분석 서비스를 신청할 수 있다.

2. 독극물 정보센터의 역할로는 중독물질에 대한 기본정보 및 중독정보 제공, 응급해독제 비축 및 공급, 독극물 분석 서비스 제공, 급성 중독환자에 대한 전문적 처치 제공, 응급의료종사자에 대한 중독 관련 교육 및 수련 담당(추후 예정), 독극물 감시체계 운영(추후 예정)이 있다.

3. 비축병원 의료진 및 현황: 전국 14개 비축 거점병원 의료진에 응급해독제를 비축하여 응급해독제가 필요한 중독환자가 발생한 경우 독극물정보센터로 연락이 오면 가장 가까운 비축 거점병원 의료진에서 응급해독제를 배송하여 제공할 수 있도록 네트워크를 형성하고 있다. 이 응급해독제의 현황도 web-site에서 제공하고 있으며, 해독제의 사용방법과 보관방법에 대한 정보도 제공하고 있다.

---

3) 독극물정보센터. http://www.poisoninfo.co.kr/main.do.
   서울아산병원 의료진 응급의료센터. http://amc seoul.kr/asan/depts/er/K/content.do?menuId=3073.

┃참고자료 2┃ 사건과 관련된 의학적 소견4)

1. 약물중독 치료 방침

약물중독 치료 방침에 있어 가장 중요한 것은 ① 음독한 약물의 종류(정확한 성분), ② 음독 약물의 용량, ③ 약물을 복용하고 응급실로 내원하기까지 걸린 시간이다.

2. 유기인제 중독의 개요 및 중요성

1) 우리나라에서 가장 흔한 약물 중독의 원인은 유기인계 농약(유기인계 살충제와 함께 '유기인제')의 중독으로, 바퀴벌레 퇴치약의 하나인 마톨키 역시 chlopyrifos를 성분으로 하는 유기인제이다.

2) 유기인제 중독으로 인한 사망률은 10~86%로 다양하게 보고되고 있지만 최근 수년간 적절한 해독제(아트로핀, 2-PAM) 및 인공호흡기 사용 등으로 인해 사망률은 10~20%로 현격히 줄고 있다. 유기인제 중독 시 사망원인의 대부분은 과다한 기관지내 점액분비, 기관지 경련, 호흡근 마비, 호흡중추 억제 등에 의한 호흡부전으로 알려져 있다.

3) 한편 유기인제는 임상독성학 부문에서 차지하는 비중이 크기 때문에 중독 환자를 대상으로 한 임상적 중등도 판별이나 예후에 관련된 연구가 국내외에서 지속적으로 보고되고 있다.

3. 유기인제 중독의 증상

1) 유기인제 중독 증상으로는 타액분비 과다, 발한, 요실금, 설사, 복통, 구역 등이 유발되고 중추신경계 증상인 불안, 두통, 어지러움증, 경련, 혼수 등이 나타날 수 있으며, 호흡 중추를 마비시켜 호흡성 심정지를 유발할 수도 있다. 또한 기관지 경축이나 과도한 기관분비물에 의해 호흡부전을 유발하고 축동(동공축소)이 나타날 수도 있다. 특히 타액분비과다, 발한, 요실금, 설사, 복통, 구역, 구토 등 콜린성 증상은 유기인제 중독에서 나타날 수 있는 특징적 증상으로, 환자에게 이와 같은 증상이 나타날 경우 중독 약물의 이름을 모르더라도 추정적으로 유기인제 중독으로 진단을 내린 후 치료를 진행함이 일반적이다.

2) 유기인제 중독 증상은 음독 후 수 분에서 수 시간 내에 증상이 나타나는 초기 콜린성 위기와 1일에서 4일까지 사이에 나타나 수 주 동안 지속될 수 있는 중간증후군, 2주에서 3주 후에 나타날 수 있는 지연성 신경병증 등 3단계로 구분할 수 있는데, 특히 중간증후군이 발생한

---

4) 해당 내용은 판결문에 수록된 내용임.

환자군에서 사망률이 높은 것으로 보고되고 있다.

3) 2007년 1월 1일 부터 2012년 12월 31일까지 6년 동안 병원 의료진 응급의료센터에 내원한 유기인제 중독환자는 132명이었는데 그 중 심폐소생술 시행 후 전원된 환자 등을 제외한 114명의 연구 대상 중 중간증후군 발생군에 포함된 환자 67명 중 58명이 회복되어 86.6%의 회복률을 보였다.

4. 유기인제 중독의 치료

1) 유기인제 중독의 치료는 적극적인 위세척과 활성탄 투여, 저산소증에 대한 산소 투여, 기관삽관, 인공호흡기 등을 이용한 호흡보조요법 및 해독제인 아트로핀과 2PAM의 사용이 있다.

2) 위세척 치료는 음독 후 1~2시간이 경과하였거나 소량의 음독일 경우 시행하지 않고, 일반적으로 유기인제 중독에 대한 확신이 없더라도 콜린성 증상에 대해 아트로핀을 투여하면서 증상완화여부를 관찰할 필요가 있다.

3) 활성탄 투여는 음독 후 30분 이내의 사용이 권장되고, 일반적으로 1~2시간 이내에 사용하여야 하며 흡인성 폐렴 등의 부작용이 발생할 수 있는 의약품이므로 의식이 저하된 환자 등 흡인의 위험이 있는 환자에게는 투여하여서는 아니 된다.

4) 저산소증에 대해서는 산소투여가 필요하고 산소포화도 등을 지속적으로 감시하여 저산소증이 호전되지 않으면 기관삽관 및 인공호흡기에 의한 호흡보조 치료를 고려하여야 한다.

5) 유기인제 중독의 기본적 해독제로는 2-PAM과 아트로핀이 대표적인데 2-PAM은 가능한 한 초기에 사용할 필요가 있고, 아트로핀 역시 초기에 충분한 양의 투여가 치료 성적에 가장 중요하다.

5. 아트로핀의 부작용

부교감 신경차단제이다. 부작용으로 홍조, 빈맥, 코 건조증 구갈, 동공이완, 산동, 변비 등의 증상이 있고, 어지러움, 섬망, 환각 등의 중추신경계 부작용이 있을 수 있는데, 소아에 대한 안전성은 확립되어있지 않고, 아트로핀 단일제 점안액의 경우 12세 미만의 어린이에게는 전신 독성의 부작용이 보고되어 투여가 금지되어있기도 했다.

6. PAMU_A

유기인제 중독의 치료제인 염화프랄리독심으로, 부작용으로는 시야흐림, 복시, 어지러움, 두통, 졸음, 구역, 부정맥, 빈맥, 혈압 상승, 근무력증 등이 있다. 용법용량 설명서에는 '소아에 대한 안전성은 확립되어 있지 않다'고 기재되어 있으나, 소아에 대한 용법으로 '체중 kg 당

20~40mg을 생리식염주사액으로 5%용액을 만들어 30분 이상에 걸쳐 정맥주사하되 중독의 심각성과 치료반응을 살펴 투여하고, 필요한 경우 1시간에 소아의 평균 체중 kg당 10mg의 투여량을 유지한다'고 기재되어있다.

7. 동맥혈 가스분석의 필요성

소아환자의 경우 동맥혈 검사의 어려움 때문에 대사성 산증이나 염기 과다 정도를 확인하기 위해 정맥혈로 가스분석 검사를 시행하기도 하나, 급성천식발작이나 급성 호흡곤란 등 반드시 동맥혈에서 정확한 산소분압 측정이 필요한 경우에는 검사가 어렵더라도 동맥혈로 가스분석 검사를 해야 한다.

판례 11. 모유수유 중 채혈로 인해 뇌손상이 발생한 사건_서울서부지 방법원 2012. 2. 10. 선고 2010가합6956 판결

1. 사건의 개요

환아는 기침 증상이 있어 응급실에 내원하였다. 모세기관지염과 바이러스성 폐렴 의증 하에 검사와 치료를 받던 중 환아에게 5분 정도 모유수유를 하였다. 혈액검사를 실시하기 위해 보호자의 수유를 중단시키고 환아를 채혈하였다. 이후 환아에게 심정지가 발생하였고 기관 내 삽관, 심장마사지 등 응급처치를 시행하였다. 뇌 MRI 결과 환아는 저산소성 뇌손상으로 인한 좌측 전상부 부위와 소뇌부위 위축으로 진단 받았고, 재활치료 중[서울서부지방법원 2012. 2. 10. 선고 2010가합6956 판결]이다. 자세한 사건의 경과는 다음과 같다.

날짜	시간	사건 개요
2010. 1. 16.		• 기침 증상이 있음(환아 사고 당시 생후 1개월 미만, 성별 미상)
2010. 1. 19.	01 : 24	• 모병원 응급실 내원 • 산소포화도 94%, 청진시 수포음(rale)을 동반한 거친 숨소리, 천명음 (wheezing) 및 흉곽함몰이 있음
		• 모세기관지염이 있는 것으로 봄
		• 흉부 X선 촬영, 정맥혈가스분석 등 각종 혈액검사와 PCR 검사 실시
		• 병실이 없어서 피고 병원으로 전원
	11 : 07	• 피고 병원 응급실 도착 • 산소포화도 94~97%, 수포음을 동반한 거친 숨소리, 천명음 및 흉곽 함몰 있음 • 모세기관지염과 바이러스성 폐렴 의증
		• 흉부 X선 촬영, PCR 검사 실시
	11 : 40	• 흡입치료 시행
	치료 후	• 약 5분 동안 모유 수유
	12 : 07	• 모유 수유를 중단시킴 • 동맥혈가스분석 등 혈액검사 시행을 위해 동맥혈 채혈

날짜	시간	사건 개요
2010. 1. 19.	12 : 15	• 청색증, 무호흡, 심박동 20~30회/분, 산소포화도 60% 미만 등 심정지 증상이 있는 것을 발견 • 입 안에 모유가 관찰됨 ＝이물질 제거를 위해 머리를 낮추고 등을 두드리며 앰부배깅 등의 방법으로 산소를 공급함
	12 : 17	• 기관내삽관, 혈압상승제 및 수액 공급, 심장마사지 등 심폐소생술 시행
	12 : 36	• 심박동수 172회/분, 산소포화도 99%로 회복됨
		• 모병원과 피고 병원의 PCR검사 결과 모병원 내원 전에 호흡기 세포융합바이러스에 감염으로 인한 모세기관지염이 발생한 것으로 확인됨
2010. 3. 19.		• 뇌 MRI 촬영 ＝뇌 MRI 결과 저산소성 뇌손상으로 인한 좌측 전상부 부위와 소뇌부위 위축으로 진단
		• 피고 병원에서 재활치료를 받음
2010. 4. 13.		• 집중적인 재활치료를 위해 다른 병원으로 전원

2. 법원의 판단

가. 모유 수유 직후 채혈을 한 과실 유무: 법원 인정

(1) 법원 판단

① 환아는 내원할 당시 생후 1개월 미만의 영아였는데, 영아에 대한 처치는 응급으로 시행될 필요가 있는 예외적인 경우를 제외하고는 수유 후 음식물이 위를 통과할 정도의 시간(1~2시간)이 지난 다음에 시행하여야 하는 점, ② 의료진은 모유 수유 하는 것을 중단시키고, 바로 환아에게 동맥혈 가스분석 등 혈액검사를 위한 채혈을 시행한 점, ③ 의료진은 동맥혈을 채혈하여 혈액검사를 실시하였는데, 동맥혈은 정맥혈보다 더 신체 내부에 위치하고 있어 이를 채혈하는 처치는 보다 침습적인 의료행위로 수유 후 동맥혈을 채혈하는 처치를 하기까지 환아의 소화를 위하여 충분한 시간을 기다릴 필요가 더욱 컸다고 보이는 점, ④ 병원에서 환아에 대해 실시한 혈액검사 중 모병원에서 실시하지 않았던 것은 동맥혈가스분석검사에 불과한데, 환아에

게 수포음, 거친 숨소리, 천명음, 흉곽함몰 등 호흡곤란 증상이 있었기는 하나 산소 포화도 수치가 94% 이상을 유지하였다는 점을 보면 위급한 정도는 아닌 것으로 보여 동맥혈가스분석검사를 응급으로 실시할 필요가 있었다고 보기 어렵고 이를 인정할 만한 사정이 없는 점 등을 고려하면 병원 의료진은 영아의 경우 수유를 하고 1~2시간 정도의 상당한 시간이 지난 후 처치를 하여야 함에도 환아가 모유 수유를 한 직후 채혈을 시행한 잘못이 있다.

나. 모유 수유 직후 채혈을 한 과실과 환아의 심정지 사이의 인과관계 존재 여부: 법원 불인정

(1) 법원 판단

① 환아는 모병원과 피고 병원에서 실시한 PCR검사 결과 심정지 당시 RSV에 감염되어 있었던 것으로 확인되는데, RSV는 호흡기 감염의 주요 원인으로서, 심한 경우 호흡곤란 및 무호흡이 발생하고, 위 바이러스에 감염된 영아의 16~25%가 무호흡 증상을 보이는 점, ② 환아는 모병원과 피고 병원에 내원할 당시 수포음, 거친 숨소리, 천명음, 흉곽함몰 및 산소포화도 94~97% 등 호흡곤란의 증상이 있었던 바, 이는 RSV감염으로 인한 증상으로 보이는 점, ③ 일반적으로 구토물에 의하여 기도폐쇄가 일어날 경우 구역반사나 기침 등의 반응이 선행되는데, 환아의 경우 심정지 무렵에 위와 같은 반응을 보인 바가 없는 점, ④ 구토물에 의한 기도폐쇄가 호흡정지까지 가는 경우 그 원인이 되는 이물질을 제거해주면 호흡이 바로 돌아오기 마련인데, 심정지 발생 후 병원 의료진이 환아의 입에 모유가 있는 것을 발견하고 환아의 머리를 낮추고 등을 두드리는 등 이물질을 제거하는 조치를 취하였으나 20분 이상의 심폐소생술을 실시한 후에야 활력징후가 회복된 점 등을 고려하면 환아의 심정지는 채혈로 인한 구토로 발생한 것이라고 보기 어렵다.

다. 환아의 심정지를 늦게 발견한 과실: 법원 불인정

(1) 환자 측 주장

병원 의료진이 채혈 후 환아를 제대로 관찰하지 않아 심정지가 발생한 것을 늦게 발견하였다.

(2) 법원 판단

의료진이 채혈 후 환아에 대한 관찰을 소홀히 하였다거나, 환아의 심정지가 2010년 1월 19일 12시 15분경 발견되기 전에 이미 발생하고 있었음에도 이를 발견하지 못하였음을 인정하기 부족하다.

라. 적절한 심폐소생술을 실시하지 못한 과실: 법원 불인정

(1) 환자 측 주장

심정지에 대한 심폐소생술을 적절히 실시하지 못하여 심정지 상태가 20분 이상 지속되도록 한 잘못이 있다.

(2) 법원 판단

환아의 심정지에 대한 심폐소생술을 실시한지 20분이 지나서야 환아의 활력징후가 회복된 사실은 인정하나, 심폐소생술에 소요된 시간만으로는 그 조치가 적절했는지 여부를 단정할 수 없고, 의료진의 심폐소생술이 신속하지 못하였다거나 부적절하였다고 인정할 증거가 없다.

3. 손해배상범위 및 책임 제한

가. 의료인 측의 손해배상책임 범위: 위자료 인정

나. 위자료 참작 이유

환아의 구체적인 증상이나 상황에 따라 위험을 방지하기 위하여 요구되는 최선의 조치를 취하여야 할 주의의무가 있으나 의료진이 환아의 모유 수유 후 즉시 채혈을 실시한 잘못이 있고 이로 인해 환아와 그 가족이 정신적 고통을 입었을 것으로 판단됨.

다. 손해배상책임의 범위

(1) 청구금액: 100,000,000원
(2) 인용금액: 20,000,000원(위자료)

4. 사건 원인 분석

본 사건은 응급실에 내원한 환아가 모세기관지염과 바이러스성 폐렴 의증 하에 검사 및 치료를 받던 중 모유수유를 하였고, 5분 정도 수유하고 있었는데 중단시키고 동맥혈가스분석 등 혈액검사를 실시하기 위해 채혈한 후 심정지가 발생한 사건이다. 환아는 저산소성 뇌손상으로 인하여 좌측 전상부 부위와 소뇌 부위가 위축된 것으로 진단되었다. 사건과 관련된 문제점 및 원인을 분석해본 결과는 다음과 같다. 영아에 대한 처치는 예외적인 경우(응급으로 시행되어야 하는 필요가 있는 경우)를 제외하고는 수유 후 음식물이 위를 통과할 정도의 시간(1~2시간)이 지난 다음에 시행하여야 함에도 모유수유를 중단시키고 바로 채혈을 시행하였다(〈표 11〉 참조).

〈표 11〉 원인분석

분석의 수준	질문	조사결과
왜 일어났는가? (사건이 일어났을 때의 과정 또는 활동)	전체 과정에서 그 단계는 무엇인가?	– 검사·치료·처치 단계
가장 근접한 요인은 무엇이었는가? (인적 요인, 시스템 요인)	어떤 인적 요인이 결과에 관련 있는가?	• 의료인 측 – 질식발생가능성의 고려없이 수유 직후 혈액 검사 시행(영아 응급진료 시 주의사항에 대 한 인지 부족)
	시스템은 어떻게 결과에 영향을 끼쳤는가?	• 의료기관 내 – 응급실 운영 체계 문제 가능성(검사를 시행 할 인력 부족 등으로 인하여 기다릴 수 없는 상황이었을 가능성 존재) – 영아 응급진료 지침 등의 미비 혹은 부족

5. 재발 방지 대책

〈그림 12〉 판례 11 원인별 재발방지 대책

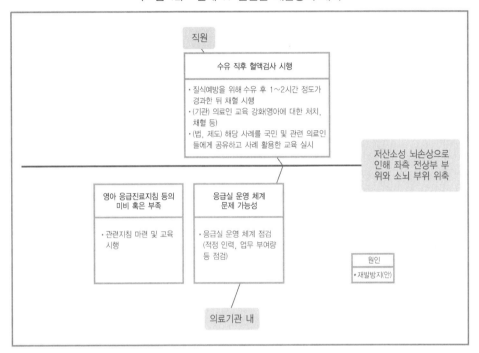

원인별 재발방지 대책은 〈그림 12〉와 같으며, 각 주체별 재발방지 대책은 아래와 같다.

(1) 의료인의 행위에 대한 검토사항

영아에 대한 처치는 응급으로 시행하여야 될 필요가 있는 예외적인 경우를 제외하고는 음식물에 의한 질식발생 가능성을 고려하여 수유 후 1~2시간이 지난 다음에 시행하여야 한다.

(2) 의료기관의 운영체제에 관한 검토사항

영아 응급진료 지침을 마련하고, 시행 및 교육 지침을 지킬 수 있도록 기관차원의 노력이 필요하다. 관련 의료인에게 영아에 대한 처치, 채혈 등 관련 사항에 대한 교육을 강화하고, 해당 의료행위를 응급으로 시행하여야 하는 행위인지에 대한 판단

능력 함양을 위한 교육을 시행하여야 한다. 또한 응급실 운영 체계에 대한 점검을 실시하여 응급실에서 근무하는 인력이 적정한지, 과도한 업무가 부여되지는 않는지 등에 대한 파악이 이루어져야 한다.

(3) 국가·지방자치체 차원의 검토사항

해당 사례(모유수유 직후 채혈)를 국민 및 관련 의료인들에게 공유하고, 사례를 활용한 교육을 실시해야 한다.

▌참고자료▌   사건과 관련된 의학적 소견[5]

1. 호흡기세포융합바이러스(RSV)

RSV는 1차적으로 코와 목·입 등에 침입한 뒤 결막이나 코의 점막을 통하여 전파되는 바이러스로, 주로 바이러스에 오염된 손으로 눈이나 코를 만져 점막에 전파되거나 감염자의 기침·재채기 등에 의해 전파된다. 어린이와 신생아의 하부호흡기 감염의 주요 원인이다. 이 바이러스에 감염되기 쉬운 집단은 선천적 질환이 있는 사람이나 조산아·면역저하자 등이다. RSV 감염은 다양한 양상의 호흡기 질환을 초래한다. 영아에서 감염의 25~40%가 폐렴, 모세기관지염, 기관지염을 포함한 하기도질환을 발생시킨다. 영아에서 질환은 빈번하게는 콧물, 미열 및 경증 전신 증상으로 시작되어 종종 기침과 천명이 따르게 된다. 환자는 대부분 1~2주에 걸쳐 서서히 회복된다. 심한 경우에는 빈호흡과 호흡곤란이 나타나고 결국에는 저산소증, 청색증 및 무호흡이 발생하는데, 영아의 경우 16~25%가 무호흡 증상을 보인다. 이 바이러스 감염으로 인한 증상은 미숙아, 선천성 심장질환, 기관지폐이형성증, 신증후군 및 면역억제소아에서 특히 중증으로 나타날 수 있다.

---

5) 해당 내용은 판결문에 수록된 내용임.

경과관찰 관련 판례

경과관찰 관련 판례

제4장

판례 12. 기도폐쇄 예방적 조치 미시행 및 경과관찰 미흡으로 사망한
사건_서울중앙지방법원 2014. 4. 22. 선고 2012가합87909
판결

1. 사건의 개요

갑상선 유두암종 진단 하에 우측 갑상선엽절제술을 시행하고 정기적으로 검진을 받아오던 환자가 목 부위 이물감 및 통증으로 응급실에 내원하였다. 의료진은 급성 인두염 의증, 하인두종괴 또는 설저 종괴 의증으로 판단하였다. 이후 환자가 호흡곤란 증상을 보였고, 산소공급 및 윤상갑상막절개술, 기관절개술 등을 시도하며 응급처치하였으나, 결국 환자는 혼수상태에 빠져 4년 후 사망에 이른 사건[서울중앙지방법원 2014. 4. 22. 선고 2012가합87909 판결]이다. 자세한 사건의 경과는 다음과 같다.

날짜	시간	사건 개요
2007. 12. 4.		• 갑상선 유두암종 진단 하 우측 갑상선엽절제술 시행(환자 남자, 사고 당시 59세 11개월 25일)
이후		• 피고 병원 내분비내과에서 정기적으로 외래검진을 받아옴

날짜	시간	사건 개요
2010. 1. 25.	22 : 30	• 응급실 내원 • 인턴 A에게 '새우를 먹다 새우껍질이 목에 걸린 것 같다. 19 : 00경 새우 라조기, 탕수육 등을 먹고 고량주 3잔 정도를 마신 후 20 : 30∼21 : 00경 귀가하였는데, 이후 목에 이물감이 있고 점점 통증이 심해졌으며 이전에는 새우 등 중국 음식을 먹은 후 알러지 반응, 혈관 부종 등의 병력은 없었다'고 함 • 보호자가 '환자의 목소리가 변한 것 같고 잘 나오지 않는다'고 함
2010. 1. 25.		• H가 육안으로 후두부에 이물질이 보이지 않음을 확인 　= 이물질 의증으로 판단
	23 : 19	• 이비인후과 병동으로 보내 검진을 받도록 함
		• 이비인후과 전공의 1년차(당직의) B가 후두내시경검사 시행 　= 설저 부위에 종괴 소견과 설편도 비후소견, 하인두벽 측면에 낭성 종괴 및 피열후두개 점막 비후소견 관찰됨 　= 이물질은 관찰되지 않음 • 급성 인두염 의증, 하인두종괴 또는 설저 종괴 의증으로 판단 　= B는 CT검사 시행 및 판독한 후 이비인후과 외래 예약하도록 간호사에게 지시하고 환자를 응급실로 돌려 보냄
2010. 1. 26.	CT실 도착 전	• 오한이 느껴지고 침 삼키기가 어렵다고 호소. 열은 없음
	00 : 32	• CT실 도착 • 의식 명료함
	00 : 33	• 경부 CT 검사 시행
	00 : 44	• 응급실로 돌아옴 • 호흡곤란 증상을 보임. 산소포화도 95% 　= 반좌위를 취하도록 하고 비관을 통해 4L/분으로 산소 공급 시작
	00 : 45	• 산소포화도 80% 　= 전공의 1년차 C가 검진 　= 산소흡입량을 5L/분으로 늘리고, 에피네프린 벤톨린 네뷸라이저를 시행하기로 함
	00 : 49	• 에피네프린 벤톨린 네뷸라이저를 시행하고 산소흡입량을 10L/분으로 늘림 • 기도 내 삽관 시행을 위해 환자를 중환구역으로 옮기기로 함

날짜	시간	사건 개요

2010. 1. 26.	00 : 50	• 중환구역으로 옮김
		• 아나필락시스 의증, 혈관부종 의증으로 솔루메드롤 60mg, 페니라민 4mg을 정맥주사로 투여
		• 전공의 3년차 D가 검진
		  = 경부 CT 결과 기도 폐쇄가 있다고 판단. 일반적인 구강인두삽관이 성공할 가능성이 낮다고 보아 외과적 기도확보 준비를 지시
		  = 급성 후두개염 또는 알러지성 혈관부종 의증으로 판단

	00 : 51	• 아니필락시스 의증으로 인해 에피네프린 0.1mg을 근육주사함
	00 : 56	• 당직 교수 E에게 연락
	00 : 59	• 외과적 기도확보를 위해 이비인후과 당직의에게 연락 시도
	01 : 00	• 청색증 발생, 산소포화도 29% = 앰부배깅 시행하면서 미다졸람 3mg을 정맥주사로 투여

	01 : 03	• 후두경으로 확인
		  = 주변의 부종조직 때문에 성대가 거의 보이지 않는 상태임
		• C가 후두를 통해 삽관을 시도하였으나 폐쇄로 인하여 진행하지 못함
		  = 구강인두삽관이 불가능하다고 판단. 앰부배깅을 계속 하면서 윤상 갑상막절개술을 시행하기로 함

	01 : 05	• 산소포화도 56% • 윤상갑상막절개술 준비 완료
	01 : 07	• 산소포화도 53% • 윤상갑상막절개술 시행
	01 : 08	• 산소포화도 52%
	01 : 09	• 산소포화도 96%
	01 : 15	• 인공호흡기 연결

	01 : 17	• 이비인후과 당직의와 전화연결함
		  = 기도폐쇄가 이비인후과적 문제 때문이 아닐 가능성이 있으니 추후 관리는 응급의학과에서 진행하는 것이 좋겠다고 함
		  = 이비인후과적 의견에 대해서는 상의 후 오전 중에 알려주겠다고 통보함

	01 : 22	• 흉부 단순방사선 촬영을 하던 중 과민반응을 보이면서 청색증이 관찰됨 = 윤상갑상막절제 부위로 흡인을 시도하였지만 폐쇄로 인하여 진행되지 않음

날짜	시간	사건 개요
2010. 1. 26.	01 : 25	• 앰부배깅 시행하면서 미다졸람 5mg 정맥주사로 투여
	01 : 26	• 산소포화도 66% • 에피네프린 1mg 정맥주사로 투여. 내경 6.5의 기관절개도관 삽입을 시도하였으나 실패함. 검진 상 피하부종, 출혈의 이유로 관이 기관에 거치되지 못한 것으로 판단함 ＝기관절개술을 시행하기로 함
	01 : 33	• 신소포화도 41% • 내경 5.5의 기관절개도관 삽입을 시도하였으나 실패함
	01 : 35	• 기관절개술 협진을 위해 이비인후과 당직의에게 연락을 시도하고 기관절개술 시작
	01 : 39경	• 산소포화도 29%, 심전도 모니터상 맥박이 30회/분 정도까지 느려지면서 맥박이 촉지되지 않음 ＝흉부압박 시작. 에피네프린 1mg, 아트로핀 1mg을 정맥주사로 투여
	01 : 44	• 내경 4.0의 기관절개도관 삽입시도 하였으나 실패함
	01 : 51	• 응급의학과 교수 E가 내경 7.5인 기관절개도관 삽입. 기관절개관으로 혈액이 나와 흡인 시행
	01 : 53	• 자발순환 회복. 산소포화도 58%
	01 : 55	• 이비인후과 당직의가 내시경으로 검진
	01 : 56	• 산소포화도 63%
	01 : 58	• 산소포화도 80%
	01 : 59	• 산소포화도 87%
	02 : 15	• 인공호흡기 연결
	02 : 20	• 윤상갑상막절제 부위 및 기관절개 삽관 부위로 출혈 발생 ＝지혈
그 후		• 혼수상태에 있음
2014. 1. 1.		• 사망

2. 법원의 판단

가. 진단 및 처치상의 과실 여부: 법원 인정

(1) 환자 측 주장

환자가 내원 당시 보인 증상과 이비인후과 당직의가 후두내시경을 통해 발견한 소견을 종합하면 급성 후두개염 또는 혈관부종을 원인으로 급성기도 폐쇄가 발생하여 호흡곤란이 올 가능성이 있었다. 그렇다면 병원 의료진은 이를 진단하여 환자의 경과를 관찰하고 기도폐쇄를 방지 또는 완화하기 위한 치료를 하였어야 했다. 그럼에도 병원 의료진은 환자의 증상에 대해 갑상선 유두상암 재발로 오진하여 경부 CT 촬영만을 한 후 귀가하도록 조치한 잘못이 있다.

(2) 법원 판단

① 응급실 내원 당시 환자와 보호자의 진술 내용으로 비추어 환자의 증상이 갑작스러운 증상이고 열은 없었지만 목의 통증 및 목소리 변화가 있었으며 점막 부종이 발견되는 등 급성 후두개염의 증상 중 일부와 일치하는 증세를 보이고 있었던 점, ② 후두내시경 검사 결과에 비추어보면 적어도 검사 당시 환자의 상기도가 상당히 좁아져 있는 상태였음을 알 수 있는 점, ③ 환자의 증상이 감별질환에 포함시켜야 하며 피고 병원과 같은 중·대형급 병원에서 수련 받은 1년차 전공의라면 후두내시경만으로 급성 후두개염과 같이 일반적으로 이비인후과에서 흔히 관찰되는 급성 상기도 폐쇄 유발 질환은 감별할 수 있다는 감정 소견이 있는 점, ④ 급성 후두개염이 감별질환에 포함된 경우에는 항생제 및 스테로이드제를 예방적으로 투여하고 혈관 부종이 감별질환에 포함된 경우 응급실 이송조치 후 정밀경과 관찰이 필요하며, 또한 환자 및 보호자에게 급작스러운 기관폐쇄에 대해 설명한 후 응급기관절개술에 대한 동의를 구하여야 하며 응급 기관 삽관이 가능한 처치실에서 항히스타민제, 스테로이드제 및 산소를 투여하면서 관찰을 해야 함에도 이러한 조치를 취하지 않고 CT 촬영 후 귀가하도록 조치하고 CT 촬영 전 및 촬영 당시 환자에 대한 경과관찰이 이루어지지 않은 점 등을 고려하면 병원 의료진 이비인후과 당직의는 환자를 진료할 당시 기도 폐쇄를 예상하여 이에 대한 예방적 조치와 CT 촬영 이전 및 촬영당시 응급기구 및 약품을 준비하고 경과를 관찰하는 등의 지시를 하였어야 함에도 이러한 조치를

하지 않은 과실이 있다.

나. 이비인후과 당직의가 응급기도확보술 시행에 참여하지 않은 과실 여부: 법원 불인정

(1) 환자 측 주장

침습적 기도확보는 이비인후과의 영역인데 이비인후과 당직의는 환자에게 호흡 곤란이 발생한 이후 응급의학과에서 협진을 요청하였음에도 이에 응하지 않았고 그 로 인하여 정확하고 신속한 처치가 이루어지지 않았다.

(2) 법원 판단

응급기도확보술이 이비인후과의 영역이고 이비인후과 의사가 보다 정확하고 신 속하게 시술할 수 있는 처치이며, 이비인후과 의사가 응급기도확보술에 참여한다고 하여도 더 신속하고 정확한 조치가 이루어질 것이라는 사실을 인정하기 부족하고 이 를 인정할 증거가 없다. 급성상기도폐쇄는 응급상황이므로 누가 그러한 상황을 먼저 인지하였는지가 중요하며, 이를 응급실에서 근무하던 인턴이 인지하여 응급의학과에 서 조치를 시행하였다. 또한 이비인후과 의사가 올 때까지 대기하였다가 시행을 할 필요도 없으며, 연락이 된 후에는 응급기도확보술이 이미 시행된 상태였으므로 이비 인후과 당직의가 응급기도확보술 시행에 참여하지 않은 잘못이 있다고 할 수 없다.

다. 부적절한 윤상갑상막절개술 시행의 과실 여부: 법원 불인정

(1) 환자 측 주장

병원 의료진이 윤상갑상막절개술을 통해 삽관한 관은 잘못 삽관된 것이고 그로 인하여 관이 빠져나올 가능성이 높았다. 따라서 병원 의료진으로서는 관이 빠져나오 지 않도록 주의하고 재차 호흡곤란이 발생할 수 있는 상황을 대비한 상태에서 흉부 엑스레이 촬영을 할 주의의무가 있음에도 관이 적절하게 고정되지 않은 상태에서 흉 부 방사선 촬영을 한 과실이 있다.

(2) 법원 판단

① 윤상갑상막절개술을 시행한 후 환자의 산소포화도가 53%에 96%로 회복된

점, ② 윤상갑상막절개술을 통하여 삽입한 관을 적절하게 고정하지 않는 등 삽입한 관에 대한 관리를 소홀히 하였다는 사실을 인정하기 부족한 점, ③ 호흡곤란이 다시 발생할 수 있는 가능성을 대비하여야 한다고 주장하는데 구체적으로 어떤 대비를 해야 하는지 특정하지 않은 점 등을 고려하면 의료진에게 과실이 있다는 환자의 주장은 이유 없다.

라. 기도확보를 지연한 과실 여부: 법원 불인정

(1) 환자 측 주장

기도폐쇄와 같은 응급상황에 대비하여 침습적 기도확보를 언제든 시행할 수 있는 준비를 해야 함에도 윤상갑상막절재술을 위한 준비에 15분, 기관절개술의 준비에 10분을 소요하는 등 신속한 기도확보를 하지 못한 과실이 있다.

(2) 법원 판단

① 의료진은 환자가 호흡곤란 증세를 보인 직후 비관을 통해 산소 공급을 시작하였고 기도폐쇄가 있다고 판단하여 기관내 삽관만을 시도한 것이 아니라 윤상갑상막연골절개술 시행 준비를 하면서 동시에 기관내 삽관을 시도한 점, ② 윤상갑상막연골절개술을 시행하기로 결정한 시간으로부터 15분이 경과한 뒤인 1시 5분경 준비가 완료되어 이는 준비 시간이 상당히 초과된 것이라는 점을 인정할 증거가 없는 점, ③ 통상 상부기도폐쇄가 급성으로 발생한 환자에게 기관절개술이 아닌 윤상갑상막연골절개술을 시행하는 것이 일반적인 절차인 점, ④ 의료진이 만연히 윤상갑상막절제 부위로 재삽관을 시도한 것이 아니라 피하부종 등의 이유로 관이 제대로 거치되지 못한 것으로 판단하고 기관절개술 준비를 시작하면서 재삽관을 시도한 점, ⑤ 기관절개술을 시행하기로 결정한 시간은 1시 26분경이고 준비를 마치고 시작한 시간까지는 9분이 걸렸으므로 이는 통상 준비하는 시간을 상당히 초과한 것이라는 것을 인정할 증거가 없는 점, ⑥ 기관절개술을 마치고 삽관까지 걸린 시간은 16분으로 통상 소요되는 시간 내에 이루어진 점 등을 고려하여 의료진이 기도확보를 지연하였다고 보기 어렵다.

3. 손해배상범위 및 책임 제한

가. 의료인 측의 손해배상책임 범위: 60% 제한

나. 제한 이유

(1) 환자는 주간 진료시간이 아닌 야간의 응급실에 내원하였고 이물을 주호소로 한 점

(2) 의료진은 기도가 폐쇄되는 응급상황이 발생한 뒤에는 응급기도확보술을 시행하는 등 저산소성 뇌손상을 방지하기 위하여 최선의 노력을 다한 것으로 보이는 점

다. 손해배상책임의 범위

(1) 청구금액: 301,912,483원
(2) 인용금액: 54,121,132원
   ① 재산상 손해: 6,121,134원(일실수입＋진료비＋약제비 및 보호장구＋
   장례비)×60%
      - 일실수입: 302,171원
      - 진료비: 5,948,430원
      - 약제비 및 보호장구: 951,290원
      - 장례비: 3,000,000원
   ② 위자료: 48,000,000원

4. 사건 원인 분석

이 사건에서 환자는 갑상선 유두암종 진단 하에 우측 갑상선엽절제술을 시행하고 뒤고 병원 내분비내과에서 정기적으로 외래검진을 받아왔으며, 사고 당시 응급실에 내원하여 인턴에게 목에 이물감이 있고 점점 통증이 심해졌다고 하였다. 새우 등에 대한 알러지 반응, 혈관 부종 등의 병력은 없었기에 응급실 인턴은 감별진단 없이 이물질 의증으로 판단하였다. 이비인후과 병동에서 검진을 한 전공의 1년차는 후두

내시경검사를 시행하였고 급성 인두염 의증, 하인두종괴 또는 설저 종괴 의증으로 판단하였다. 경부 CT를 찍고 응급실로 돌아오자 환자는 호흡곤란 증상을 보이며 산소포화도가 떨어지기 시작하였고, 의료진은 즉각 산소를 공급하였다. 산소 공급에도 불구하고 산소포화도가 지속적으로 저하되자 의료진은 산소흡입량을 늘리고 기도 내삽관을 위해 환자를 중환구역으로 옮겼다. 경부 CT 결과 기도폐쇄가 있다고 판단하여 외과적 기도확보 준비를 지시하였으며 이비인후과 당직의에게 지속적으로 연락을 시도하였다. 이비인후과와는 연락이 되지 않았고, 환자는 청색증이 발생하였으며 윤상갑상막절개술을 시행하였다. 산소포화도는 96%까지 회복되었으나 이내 다시 저하되었고, 응급의학과 의료진은 기관절개술을 시행하였으나 실패하였고, 응급의학과 교수가 실시하였으나 기관절개관으로 혈액이 나와 흡인을 시행하였다. 환자는 자발순환을 회복하였고 이비인후과 당직의가 내시경으로 검진을 하였으며 산소포화도는 87%까지 올랐으나 윤상갑상막절제 부위 및 기관 절개 삽관 부위로 출혈 발생하였고 혼수상태에 있다가 약 4년 후 사망하였다. 이 사건과 관련된 문제점 및 원인을 분석해본 결과는 다음과 같다.

첫째, 환자가 이물감과 통증을 호소하며 응급실에 내원하였을 때 응급실 의료진은 증상에 대하여 갑상선 유두상암 재발로 오진하여 경부 CT만을 시행한 과실이 있다. 응급실 내원 당시 환자와 보호자의 진술 내용으로 비추어 환자의 증상이 갑작스러운 증상이고 열은 없었지만 목의 통증 및 목소리 변화가 있었으며 점막 부종이 발견되는 등 급성 후두개염의 증상 중 일부와 일치하는 증세를 보이고 있었다. 또한 이비인후과 병동에서 실시하였던 후두내시경 검사 결과에 비추어보면 적어도 검사 당시 환자의 상기도가 상당히 좁아져 있는 상태임을 알 수 있었다. 그럼에도 불구하고 의료진은 급성 후두개염 및 혈관 부종을 감별질환에 포함하지 않은 과실이 있었다.

둘째, 의료진은 경부 CT 촬영 전 및 촬영 당시 환자에 대한 경과 관찰을 하지 않았으며, 기도폐쇄 등의 응급상황에 대처하지 못하였다.

셋째, 의료진은 환자의 기도 폐쇄를 예상하여 이에 대한 예방적 조치와 경부 CT 촬영 이전 및 촬영당시 응급기구 및 약품을 준비하였어야 함에도 이러한 조치를 하지 않은 과실이 있었다(〈표 12〉 참조).

〈표 12〉 원인분석

분석의 수준	질문	조사결과
왜 일어났는가? (사건이 일어났을 때의 과정 또는 활동)	전체 과정에서 그 단계는 무엇인가?	− 응급실 내원 후 진단 단계 − 검사 전, 검사 당시 환자 관찰 단계
가장 근접한 요인은 무엇이었는가? (인적 요인, 시스템 요인)	어떤 인적 요인이 결과에 관련 있는가?	• 의료인 측 − 응급실 내원 후 진단 단계(환자 내원 시 정 확한 문진하지 않음, 오진) − 경부 CT 촬영 전 및 촬영 당시 환자 관찰 단계(경부 CT 촬영 전 및 촬영 당시 경과 관찰 소홀, 상기도 폐쇄 가능성 예상하지 못 하여 미리 약물 투여 하지 못함, 기도폐쇄 등의 응급상황에 대처하지 못함) − 환자는 갑상선엽절제술을 시행한 과거력이 있어 세심한 사정이 필요했으나 하지 못함
	시스템은 어떻게 결과에 영향을 끼쳤는가?	• 의료기관 내 − 환자의 기도폐쇄를 대비하여 경부 CT 촬영 시 응급기구 및 약품 준비 미비 − 응급진료시 응급의학과 및 타진료과 고연차 전공의 진료 원칙 정책 미비

5. 재발 방지 대책

〈그림 13〉 판례 12 원인별 재발방지 대책

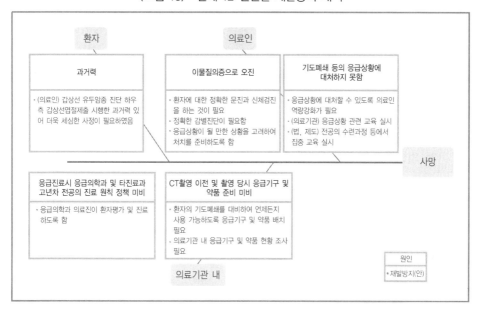

원인별 재발방지 대책은 〈그림 13〉과 같으며, 각 주체별 재발방지 대책은 아래와 같다.

(1) 의료인의 행위에 대한 검토사항

(가) 환자에 대한 정확한 문진과 신체검진

환자가 응급실에 내원 시 의료인은 환자의 성별, 연령, 기저질환을 고려하여 호소하는 질병을 감별하기 위한 적절한 검사 조치를 취하여야 한다. 의료인은 환자의 기저질환을 고려하되 기저질환뿐만 아니라 증상은 비슷하나 다른 문제가 생긴 것일 수 있기 때문에 정확한 문진과 신체검진을 하여야 한다. 또한 응급상황이 될 만한 상황을 고려하여 처치를 준비하여 응급상황 발생 시 관련 처치가 지연되지 않도록 하여야 한다.

(나) 의료인 역량 강화

응급의료에 종사하는 의료인은 실제로 다양한 환자들을 접할 수 있는데 비슷한 증상의 경우 질병을 감별하지 못하는 경우가 있다. 다양한 중증응급 환자가 내원하는 만큼 응급의료 종사자의 경우 자주 호소하는 증상에 대한 중증응급질환의 감별 진단에 대한 교육을 꾸준히 받고 학술대회 및 연수강좌에 참여하여 오진의 가능성을 감소시켜야 한다. 또한 급성상기도폐쇄는 응급상황이므로 누가 그러한 상황을 먼저 인지하였는지가 중요하고 과별 치료영역이 따로 있지 않기 때문에 이러한 응급상황에 대처할 수 있는 의료인의 역량강화가 필요하다.

(2) 의료기관의 운영체제에 관한 검토사항

응급진료 시 응급의학과 의료진이 환자를 평가하고 진료하게 하는 등 진료원칙이 필요하다. 인턴 의사는 진료지원 업무 및 교육을 받도록 해야 한다.

의료기관 내에서 의료인이 환자를 CT 촬영 등을 하여야 할 때 기도폐쇄가 예상되는 환자를 대비하여 CT 촬영 이전 및 촬영 당시 언제든지 사용 가능한 응급기구 및 약품을 배치하여 두는 것이 필요시 된다. 더불어 의료기관 내 응급기구 및 약품 현황을 조사할 필요가 있다. 또한 응급상황을 대비하여 의료기관에서 응급상황과 관련한 교육을 실시하는 것과 '어려운 기도' 환자에 대한 프로토콜 및 협진체계 정립이 필요하다.

(3) 국가·지방자치단체 차원의 검토사항

기관절개술 등의 기도확보를 위한 응급술기가 필요할 것으로 생각되는 진료과(예. 응급의학과, 내과 등)의 전공의 수련과정에서 해당 교육이 실시될 수 있도록 지원이 필요하다(교육과정 개선 및 교육에 참여할 수 있도록 지원).

▌참고자료 1▐   응급기도관리과정

대한응급기도관리연구회(Korean Emergenay Airway Management Society)[1])에서 응급기도관리과정(Airway Management Essential(AIME) Course)을 운영 중이다. 이 과정은 응급 상황에서 기관 삽관을 시행할 의료인을 대상으로 하는 과정으로, 응급기도관리의 특성과 기본적인 접근법을 통해 합병증을 최소화하고 삽관을 1회에 성공할 수 있는 First Pass Success 전략과 어려운 기도와 실패한 기도에 대한 개념을 배우고, 여러 술기 모형들을 이용한 실습을 통해 실질적인 응급기도관리 술기 능력을 획득할 수 있도록 구성된 1일 교육과정이다.

〈그림 14〉 응급기도관리과정 일정 시간표

시간	내용
08 : 00~08 : 30	Registration
08 : 30~08 : 35	Welcome and Course Orientation
08 : 45~09 : 00	Introductory Lecture: Emergency Airway Management—Concept and Update
09 : 00~09 : 30	Didactic Lecture Ⅰ: Rapid Sequence Intubation—Concept and Update
09 : 30~10 : 00	Didactic Lecture Ⅱ: Rescue Ventilation—Concept and Update
10 : 00~10 : 15	Break
10 : 15~13 : 05 (20분 Break)	Interactive Workshop Sessions (6인/조—3단계—50분/단계) 1단계 First Pass Success Strategy Ⅰ: Preparation SOAPME 2단계 First Pass Success Strategy Ⅱ: Landmark Identification 3단계 First Pass Success Strategy Ⅲ: Rescue Airway
13 : 05~14 : 00	Lunch
14 : 00~14 : 20	Simulation Exercise
14 : 20~17 : 30 (10분 Break)	Immersive Simulation Sessions (6인/조—4 과정—4분/과정) "준비된 사람의 여유" "실패는 성공의 어머니다!" "정석이 중요해Ⅱ" "정석이 중요해Ⅲ"
17 : 30~17 : 45	Course Evaluation and Wrap—Up

---

1) 대한응급기도관리연구회(Korean Emergency Airway Management Society). http://keana.or.kr

┃참고자료 2┃ 사건과 관련된 의학적 소견2)

1. 급성후두개염(acute epiglottitis)

급성후두개염의 증상은 급성인후두염에 비해 심한 증상을 호소한다. 즉 발열, 점점 심해지는 목의 통증 및 음식을 삼키기 어려움, 목소리의 변화(마치 뜨거운 감자를 입에 물고 있는 것처럼 웅얼거림), 호흡곤란 등을 호소하게 된다. 급성후두개염은 기도폐쇄에 이르게 할 수 있다.

2. 혈관부종(angioedema)

혈관부종이란 피하, 점막에 발생하는 일종의 알레르기 반응으로 후두부에 발생하는 경우 급격한 후두 점막부종을 유발하여 기도폐쇄에 이르게 할 수 있다.

---

2) 해당 내용은 판결문에 수록된 내용임.

판례 13. 조직검사 후 경과관찰 및 저혈량성 쇼크 대비 미흡으로 사망 한 사건_수원지방법원 안양지원 2013. 1. 17. 선고 2010가 합6296 판결

1. 사건의 개요

전립선 비대가 의심되어 조직검사를 하기 위해 입원한 환자가 조직 검사 이후 어지럼증 및 혈압 저하 등의 증상을 보였다. 환자는 계속적으로 의료진에게 어지럼증 을 호소하였으나 더 이상의 경과관찰 없이 퇴원 조치되었다. 이후 119 구조대에 의 해 다시 응급실에 입원하였고, 의료진은 하부위장관출혈로 추정 진단하였다. 의료진 은 수혈을 하면서 검사 준비를 하였으나, 의식저하 및 상태가 악화되어 사망에 이른 사건[수원지방법원 안양지원 2013. 1. 17. 선고 2010가합6296 판결]이다. 자세한 사건의 경 과는 다음과 같다.

날짜	시간	사건 개요
2000. 경		• 고혈압 진단받음(환자 남자, 나이 미상)
2005. 경		• 만성 전립선염 진단받고 치료하며 관리해 옴
2009. 5. 경		• 배뇨말기적하현상(terminal dribbling)있음
2010. 5. 3.		• 정기 종합건강검진결과 실시 결과 PSA(prostate specific antigen, 전립선특이항원) 수치가 4.44ng/dL로 측정됨 • 전립선 초음파 검사에서 전립선 비대가 의심되어 치료 및 추가 정밀검사 위해 비뇨기과 전문의 진료를 권하는 소견 나옴
2010. 5. 14.		• 피고 병원 방문하여 비뇨기과 전문의 K의 진료를 받았음 • 지난 2009년 경부터 만성 전립선염을 앓아온 점과 배뇨말기적하현상 (terminal dribbling)이 있어온 것과 PSA 수치 등을 고려하여 경직장 초음파 전립선조직검사를 권함
2010. 6. 1.		• 조직 검사를 받기 위해 입원함
	10 : 04	• 방광잔뇨검사 시행
	10 : 41	• 비뇨기과 전문의 L과 진료상담을 함
	13 : 37	• 혈압 130/90mmHg, 맥박 56회/분, 호흡 20회/분, 체온 37.1℃로 측정됨 • 출혈성 질환을 의심할만한 증상 없음

날짜	시간	사건 개요
2010. 6. 1.	14 : 00	• 영상의학과 M 교수가 조직검사 시행함
	14 : 32	• 조직검사 후 화장실에 갔다가 어지러운 증상 있어 수액을 공급받으며 병실로 돌아옴 • 혈압 100/60mmHg, 맥박 56회/분, 호흡 20회/분, 체온 36.2℃로 측정됨 • 침상 안정하면서 경과 관찰함
	15 : 20	• 혈압 100/60mmHg, 맥박 60회, 호흡 20회로 재측정됨 • 어지럼증 증상을 계속 호소함 • 간호사가 주치의 L에게 알렸으나 주치의는 자가배뇨하면 퇴원시키는 것으로 지시함
	16 : 20	• 자가배뇨함 • 어지럼증 증상 호소하지 않음
	16 : 25	• 주치의 L 회진함
	16 : 43	• 환자는 퇴원절차와 내복약 복용방법 등에 관한 설명을 들음 • 걸어서 퇴원
	퇴원 후	• 오심, 구토 증상을 보이고 2-3차례 혈변을 보는 등 상태가 악화됨
	20 : 50	• 119구조대에 의해 다시 응급실에 입원 • 의식은 명료했으나 혈압 90/50mmHg, 맥박 63회/분, 호흡 18회/분, 체온 36.5℃/분로 측정됨 • 응급실 의료진은 문진결과 하부위장관출혈로 추정 진단함
	20 : 51	• 환자감시장치를 적용하여 환자를 관찰하면서 생리식염수 주입함 • 수혈을 위한 검사함
	22 : 40	• 수혈 시작함
	23 : 11	• 조영제를 사용한 복부 CT 촬영 준비를 시작함
	23 : 22	• 혈압이 60/0mmHg로 급격히 떨어지고 의식상태 저하되는 등 상태 악화됨
	23 : 34	• 중심정맥관 삽입하고 수액 공급함
	23 : 50	• 농축적혈구 급속 주입기로 빠르게 혈액을 공급함 • 다량의 항문출혈이 계속되면서 활력징후가 회복되지 않음
2010. 6. 2.	00 : 36	• 외과 중환자실로 입원 변경
	00 : 45	• 인터벤션(혈관조영술을 통하여 출혈부위의 혈관을 막는 시술)을 시행하기 위해 인터벤션센터로 옮김 • 지속적 호흡곤란, 활력징후 악화가 계속되어 시도하지 못함

날짜	시간	사건 개요
2010. 6. 2.	01 : 04	• 산소포화도와 혈압을 측정할 수 없는 상태에 이름
		• 심폐소생술팀 도착
	01 : 10	• 심폐소생술 시도(시작)
		• 복부팽만, 사지 청색증, 항문출혈 이어짐
	04 : 20	• 사망
		• 부검결과 사인은 경직장초음파 전립선생검 부위의 출혈에 의한 저혈량성 쇼크로 밝혀짐

2. 법원의 판단

가. 조직검사 과정에서의 주의의무 위반여부: 법원 인정

(1) 환자 측 주장

의료진은 경직장초음파 전립선조직검사를 시술함에 있어 조직검사주변 조직이나 혈관을 손상시키지 않도록 하여야 할 주의의무가 있으나 조작미숙으로 주변 조직 및 혈관을 손상시켜 환자로 하여금 과다출혈로 인한 저혈량성 쇼크로 사망하게 한 과실이 있다.

(2) 의료인 측 주장

조직검사 과정에서 필연적으로 발생하는 직장, 전립선 손상 이외에 비정상 조직의 채취나 혈관 손상이 없었고, 검사를 시행한 의사가 시술 직후 색도플러 초음파를 시행하여 전립선과 그 주위의 출혈소견이 없음을 확인한 후 시술을 종료하였으므로 조직검사 시술 과정상 주의의무위반을 한 과실이 없다.

(3) 법원 판단

경직장초음파 전립선조직검사는 부위 조직 및 혈관이 손상되어 출혈이 있는 경우에도 대부분 소량으로 1−2일 내에 소실되는 것이 원칙이고, 입원을 요하는 정도의 심각한 하부 소화기출혈 발병률은 0.09%−0.4%로 보고되어 있으나 출혈로 인한 치사율은 매우 낮다. 이 사건에서는 조직검사 후 조직검사 부위에서 통상 발생하지 않는 정도의 과다 출혈이 있었던 것으로 보이며 특별한 사정이 없는 한 환자에게 시술을 한 의료진이 검사 부위 주변 조직 및 혈관의 손상을 최소화할 주의의무를 위반하여 주변 혈관을 손상시킨 것으로 보인다. 또한 환자 사망 후 실시한 부검결과 환자의 직장 앞벽 점막(항문가리비선 위 3cm)에서 조직검사 시 손상으로 판단되는 작은 원형의 점막 천공이 형성되어 있고, 점막 천공부위에서 직경 0.1cm 크기의 혈관이 절단되어 있는 것이 확인되었기에 의료진이 조직검사주변 조직이나 혈관을 손상시키지 않도록 하여야 할 주의의무를 위반한 과실이 있다.

나. 조직검사 이후 경과관찰의무 위반여부: 법원 인정

(1) 환자 측 주장

환자는 조직검사 직후 혈압이 저하된 상태로 정상으로 회복되지 않았고, 식은땀, 오심, 구토, 어지러움, 혈변 등의 증상을 호소하였음에도 의료진은 환자가 호소하는 증상이 출혈과 관련된 것인지 여부도 확인하지 않은 채 자가배뇨만을 확인하고 바로 퇴원시켜 조직검사 후 환자의 경과관찰 의무를 게을리 한 과실이 있다.

(2) 법원 판단

비록 환자가 자가배뇨를 할 시점에 어지럼증을 더 이상 호소하지 않았다고 하더라도 조직검사 후 원래 고혈압 증세가 있던 환자의 혈압이 상당한 수준으로 떨어졌고 그러한 상태가 1시간 가량 지속되었던 점과 조직검사에 따른 합병증으로 심한 출혈이 발생할 수도 있는 점 등을 고려하여 보면, 조직 검사를 시행한 의료진으로서는 조직검사 후 저하된 혈압이 정상으로 회복되고 있는지, 이 같은 증상이 조직검사에 따른 합병증과는 관련이 없는 것인지 확인을 하고 퇴원시켜야 할 주의의무가 있다. 그러나 의료진들은 조직 검사 후 떨어진 환자의 혈압이 회복되는 것을 제대로 확인도 하지 않고 환자의 증상과 출혈성 합병증과의 관련성 여부에 대한 아무런 검토 없이 바로 퇴원시켜 조직검사 후 환자에 대한 경과관찰 의무를 게을리 한 과실이 있다고 판단했다.

다. 저혈량성 쇼크에 대하여 미흡하게 대응한 과실: 법원 인정

(1) 환자 측 주장

병원 의료진은 환자가 혈변을 호소하며 응급실을 재차 방문한 후 하부소화기관

출혈을 의심하면서도 소화기관 출혈의 원인을 밝히기 위한 진단 및 치료를 적기에 시행하지 못하여 환자를 사망에 이르게 한 과실이 있다.

(2) 법원 판단

환자가 6월 1일 20시 50경 피고 병원 응급실에 도착하여 23시 22분경 혈압이 60/0mmHg로 떨어지기까지 의료진들은 특별히 출혈 의심부위의 지혈을 위한 조치는 취하지 않고 수액과 수혈 공급만을 하였으며, 23시 11분경 복부 CT를 시행하기 위한 보호자 동의를 받기는 하였으나 이후 환자 상태가 악화되어 시행하지 못하였고, 혈관조영술을 통한 인터벤션 또한 환자 상태가 악화되어 시행되지 못하였기 때문에 의료진들은 환자가 응급실을 방문한 20시 50경 조직검사 부위인 하부 소화기관 출혈을 의심하면서도 출혈을 지혈하기 위한 응급조치 및 정확한 출혈의 원인을 찾고 치료하기 위한 검사 및 치료를 신속히 시행하지 않은 과실이 있다.

라. 설명의무 위반 여부: 법원 불인정

(1) 환자 측 주장

의료진은 환자 및 보호자들에게 조직검사를 시행하기 전 세침바늘로 조직검사를 하기 때문에 혈뇨와 혈변이 있을 수 있으나 대부분 저절로 사라지는 증상이기에 아무 걱정 말라는 설명을 하였을 뿐 과다출혈로 인한 사망 가능성에 대하여 전혀 설명하지 않아 조직검사와 관련한 설명의무를 위반한 과실이 있다.

(2) 법원 판단

의료진은 조직검사를 시행하기 전에 '세침바늘로 조직검사를 시행하므로 혈뇨, 혈변, 혈장액이 7-10일 정도 비치는 정도로 나올 수 있으나 대부분 저절로 증상이 사라지며 지속된 경우 의사와 상담해야 한다. 만약 심한 출혈, 두통, 오한, 고열, 골반통증, 구토와 설사, 전혀 소변을 보지 못하는 등의 증상이 있을 시 추가적인 치료가 필요하오니 즉시 비뇨기과 외래나 응급실로 내원하셔야 한다'라는 등의 내용이 기재된 경직장초음파 전립선조직검사 설명서 및 동의서 양식을 이용하여 환자에게 설명을 하였고, 특히 심한 출혈 증상에 관하여는 해당 부위에 별표와 밑줄로 표시하며 설명하였던 사실을 인정할 수 있어 조직검사로 인하여 발생할 수 있는 합병증의 하나로 과다 출혈로 인한 악결과를 환자에게 직접 설명하였던 것으로 보이므로, 의료진이 설명의무를 위반하여 환자가 조직검사를 받을 것인지 여부를 선택할 수 있는 자기결정권을 침해하였다는 것은 인정할 수 없다.

3. 손해배상범위 및 책임 제한

가. 의료인 측의 손해배상책임 범위: 90% 제한

나. 제한 이유

(1) 환자는 병원에 내원하기 전부터 전립선염과 고혈압을 앓아 오고 있었던 점
(2) 환자에 대한 부검결과 환자의 전립선 왼쪽 편 뒤쪽에서 아래 방광동맥의 전립샘 가지로 판단되는 혈관이 오른쪽에 비하여 왼쪽에서 뒤쪽 안쪽으로 풍부하게 발달되어 있어 이러한 혈관 분포가 예상치 못한 합병증을 유발하는 데 영향을 주었을 것으로 보이는 점

다. 손해배상책임의 범위

(1) 청구금액: 275,586,498원
(2) 인용금액: 239,980,145원
　　① 재산상손해: 155,980,145원＝(일실수입＋장례비)×90%
　　　　－ 일실 수입: 170,311,273원
　　　　－ 장례비: 2,700,000원
　　② 위자료: 84,000,000원

4. 사건 원인 분석

본 사건의 환자는 고혈압과 만성 전립선염의 기왕력이 있고, 배뇨말기적하현상과 종합검진 시 전립선 비대가 의심되는 PSA수치 등으로 조직검사를 위해 피고 병원에 입원하였다. 조직검사 전 출혈성질환을 의심할만한 증상이 없었던 환자는 조직검사 2시간 이후 어지러움증을 호소하여 수액처치 및 활력징후 측정을 한 결과, 혈압은 100/60mmHg, 맥박 56회/분, 호흡 20회/분, 체온 36.2로 고혈압이었던 환자의 혈압

이 떨어진 상태였고 1시간 이후 재측정하였으나 맥박이 60회/분인 것 이외에 변화는 없었으며, 환자는 어지러움증을 계속 호소하였다. 간호사가 주치의에게 환자의 상태에 대해 알렸으나 더 이상의 경과관찰을 하지 않고 자가배뇨 시 퇴원조치 하도록 지시하였다. 환자는 1시간 뒤 자가배뇨하여 퇴원조치 되었으나 퇴원 후 오심, 구토, 혈변 증상으로 119구조대에 의해 다시 피고 병원 응급실에 입원하게 되었다. 의식은 명료했으나 혈압 90/50mmHg, 맥박 63회/분, 호흡 18회/분, 체온 36.5도/분이었고, 문진결과 하부위장관출혈로 추정 진단하였다. 이후 의료진은 수혈조치를 하면서 CT검사 준비를 하였고, 세 시간 뒤 혈압이 60/0mmHg으로 급격히 하강하고 의식저하 증상을 보여 수액과 혈액을 공급하였으나 활력징후가 회복되지 않았고 외과 중환자실로 옮겨져 인터벤션을 시도하였으나 환자상태의 악화로 실패하였다. 산소포화도와 혈압을 측정할 수 없는 상태에 이르러 심장마사지를 시도하였으나 결국 사망하게 된 사건이다. 사건과 관련된 문제점 및 원인을 분석해본 결과는 다음과 같다.

첫째, 경직장초음파 전립선조직검사를 시행한 의료진의 경우 조직검사 시 술기 부족으로 환자의 조직 및 혈관을 손상시켜 출혈을 야기하였다. 전립선조직검사 시 혈관 손상으로 인한 출혈이 있는 경우도 소량에 불과한 것이 보통이며, 심각한 소화기 출혈 발병률은 0.09%-0.4%로 그 치사율은 매우 낮은 것으로 보고되어 있다. 환자의 사인이 과다출혈로 인한 저혈량성 쇼크인 점에서 볼 때 의료진은 조직검사 시 술기 부족으로 과다출혈을 야기한 것으로 보인다.

둘째, 조직검사 후 이상 징후에도 경과관찰을 소홀히 한 과실이 있다. 환자는 조직검사 이후 혈압 하강 및 식은땀, 오심, 구토, 어지러움, 혈변 등의 증상을 호소하였다. 이와 같이 환자가 이상 증상을 호소하였음에도 이것이 출혈에 의한 증상인지 여부를 확인하지 않고 자가배뇨만을 확인하고 바로 퇴원시켰다. 환자의 경우 고혈압 증세가 있었던 것을 감안한다면 조직검사 이후 혈압이 저하된 점 등을 통해 조직검사 이후 출혈의 가능성이 존재한다는 점을 고려하여 조직검사로 인한 합병증을 의심해 보았어야만 했다. 또한 정확한 환자상태 변화의 파악을 위해 의료진은 고혈압과 같은 환자의 기왕력 등을 정확히 인지하고 있어야 했다.

셋째, 응급실 내 의료진의 경우 환자의 저혈량성 쇼크에 대하여 미흡하게 대응한 과실이 있다. 환자는 응급실 내원 시 조직검사 시행 후 하부위장관출혈이 의심되는 상태였다. 통상적으로 조직검사 후 직장 출혈 등으로 혈변 등이 지속되는 경우,

지혈을 위해 직장 내 압박 장치를 삽입하거나 거즈를 이용하여 지혈을 하고 출혈원인과 부위를 확인하기 위한 CT검사, 혈액검사 등을 시행해야 했다. 그러나 출혈을 의심하면서도 3시간 동안이나 생리식염수 주입 및 수혈 등의 조치만을 시행하여, 내원 이후 환자는 급격한 저혈압 상태와 의식이 저하되는 등 인터벤션과 같은 처치가 곤란한 상태가 되었다. 이처럼 출혈을 막기 위한 응급조치 및 정확한 출혈 원인을 찾고 치료하기 위한 검사 및 신속한 치료시행을 하지 않아 환자를 사망에 이르게 하였

〈표 13〉 원인분석

분석의 수준	질문	조사결과
왜 일어났는가? (사건이 일어났을 때의 과정 또는 활동)	전체 과정에서 그 단계는 무엇인가?	−응급조치 단계 −치료·처치 단계
가장 근접한 요인은 무엇이었는가? (인적 요인, 시스템 요인)	어떤 인적 요인이 결과에 관련 있는가?	•환자 측 −기왕력(고혈압) •의료인 측 −조직검사 과정에서의 과실(경직장초음파 전 립선조직검사를 시술함에 있어 조직검사 주 변조직이나 혈관을 손상시켜 과다출혈을 야 기하였음) −조직검사 이후 경과관찰 소홀(조직검사 이후 혈압 하강, 어지러움 등의 증상에도 출혈여 부를 확인하지 않고 자가배뇨만을 확인 후 퇴원시킴) −적절한 응급조치 미시행(과다출혈이 의심되 는 환자가 내원함에도 이에 대한 적절한 지 혈 등의 응급조치를 시행하지 않았음) −부적절한 치료·처치(문진 시 하부 소화기관 출 혈을 의심하였음에도 출혈 원인을 파악하기 위 한 검사 및 그에 따른 치료를 시행하지 않음)
	시스템은 어떻게 결과에 영향을 끼쳤는가?	•의료기관 내 −의료진의 응급대처능력 교육 미흡 −응급의료진 부족 −응급 하부위장관 출혈 협진체계 부족

다. 이와 관련하여 기록상 정확하게 파악하기는 힘들지만 처치가 늦어진 원인으로는 병원 시스템 상 응급수술의 지연, 시술 담당 인력 부족, 응급 하부위장관 출혈 협진 체계 부족 등으로 추정할 수 있다는 자문의견이 있었다(〈표 13〉 참조).

5. 재발 방지 대책

〈그림 15〉 판례 13 원인별 재발방지 대책

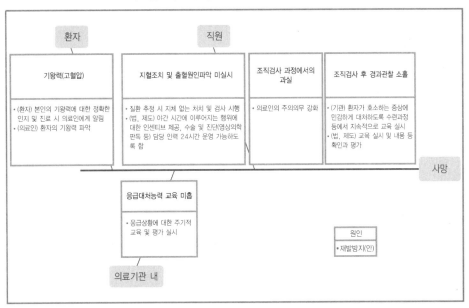

원인별 재발방지 대책은 〈그림 15〉와 같으며, 각 주체별 재발방지 대책은 아래와 같다.

(1) 환자 측 요인에 대한 검토사항

환자 또는 보호자는 기왕력에 대해 정확하게 알고 있어야 하며, 진료 시 의료인에게 알려 진료과정에서 참고할 수 있도록 정보를 제공하여야 한다.

(2) 의료인의 행위에 대한 검토사항

의료인은 환자의 기왕력을 정확하게 파악하고 있어야 한다. 본 사안과 같이 출혈로 추정진단한 경우에는 출혈의 원인을 찾기 위한 검사 및 처치를 지체 없이 시행해야 한다. 조직검사 과정과 관련하여 의료인의 주의의무를 강화하여야 하며, 조직검사 이후 경과관찰 시 환자가 호소하는 증상에 민감하게 대처할 수 있도록 수련과정 등에서 지속적인 교육이 필요하다.

(3) 의료기관의 운영체제에 관한 검토사항

응급상황에서의 의료인의 상황대처 능력과 관련한 기관 내 자체적인 교육 및 평가를 실시하여야 한다. 또한 처치 또는 시술 후 경과관찰 단계에서 환자가 호소하는 증상에 민감하게 대처 및 반응, 적절한 처치 시행과 관련하여, 실제 응급환자와 접촉이 많은 인턴, 전공의 저년차를 대상으로 응급의료 관련 전체적인 부분과 해당 과에 포함되는 응급질환과 관련하여 집중 교육을 실시하여야 한다.

(4) 학회·직능단체 차원의 검토사항

인턴 및 전공의를 대상으로 한 응급의료 관련 교육을 기관 차원에서 적절하게 시행하고 있는지에 대하여 협회 차원에서 교육 내용과 실시 여부 등을 관리하여야 한다. 또한 전문의 보수교육에 관련 내용의 프로그램을 개설하는 등 지속적인 교육을 위하여 노력하여야 한다.

▌참고자료▐   사건과 관련된 의학적 소견3)

1. 경직장초음파 전립선조직검사는 경직장 전립선 초음파를 이용하여 초음파 단자에 부착되는 보조장치를 통해 생검총(biopsy gun)으로 전립선 조직 내에 삽입되는 생검침을 삽입, 소량의 전립선 조직을 얻는 검사방법으로 조직검사시 전체 전립선에 걸쳐 12군데 이상의 조직을 얻는 것이 일반적이다.

2. 전립선은 혈관이 매우 풍부한 조직이며, 경직장 조직검사는 대변의 오염가능성이 있는 직장을 통한 검사이므로 시술 전 관장, 혐기성 세균과 호기성 세균감염에 대한 예방적 항생제의 사용이 요구되며 탐침이 요도나 방광을 찌르지 않도록 초음파로 탐침의 위치를 확인해가며 시술해야 한다.

3. 경직장초음파 전립선조직검사는 전립선암을 진단하는 표준적 검사로 대부분의 경우 시간이 지나면 사라지는 혈뇨와 통증 등의 경미한 합병증을 유발하는 비교적 안전하고 효율적인 검사로 알려져 있는데, 드문 합병증으로 급성 전립선염, 심각한 혈뇨, 패혈증, 혈관미주신경실신, 심각한 직장출혈 등이 있다. 혈변의 경우 출혈은 대부분 소량이고 1~2일 내에 소실되는 것이 원칙이나 입원을 요할 정도의 심각한 하부 소화기출혈 발병률은 0.09%~0.4%로 보고되어 있으며, 조직검사 후 출혈로 인한 치사율은 극히 낮다.

4. 조직검사 후 직장 출혈 등으로 혈변이 지속되는 경우 지혈을 위해 직장 내 압박 장치를 삽입하거나 거즈를 이용하여 지혈을 하고 출혈원인과 부위를 확인하기 위한 CT검사, 혈액검사 등을 시행하는 것이 일반적이며, 특히 혈액 소실로 인한 저혈압성 쇼크를 개선시키고 정도를 확인하기 위해 혈액검사 및 심전도 모니터, 혈액량 보충 등의 치료를 한다.

5. 전립선 악성 종양의 초기 선별검사는 PSA검사와 직장수지검사(DRE)가 있는데, PSA가 정상치보다 높거나, 직장수지검사에서 암조직을 의심하게 하는 무통성 경결이 만져질 경우 이 사건 조직검사를 시행하는데, PSA 정상범위는 4ng/dL 미만이고, 50대 한국 남성의 권장 정상범위는 2.5ng/dL이다.

---

3) 해당 내용은 판결문에 수록된 내용임.

판례 14. 풍선탐폰법 시행 후 경과관찰 소홀로 인한 저산소성 뇌손상 발생 사건_서울중앙지방법원 2013. 9. 11. 선고 2012가합 505315 판결

1. 사건의 개요

알코올성 간경화 진단을 받았던 환자가 토혈을 주증상으로 응급실에 내원하였다. 의료진은 식도정맥결찰술을 시도하였으나 섬유화 변성이 동반된 병변 부위의 상태로 인해 중단하고 풍선탐폰법을 시행하였다. 시행 후 환자는 호흡곤란과 구토 증상을 호소하였고, 환자에게 출혈을 원인으로 하는 대사성 산증이 발생하였다. 이후 환자의 병증이 심화되어 심정지가 발생하였고 의료진은 심폐소생술을 시행하였다. 이후 환자의 호흡은 돌아왔으나 의식은 돌아오지 않았고, 지속적인 식물상태가 되었다[서울중앙지방법원 2013. 9. 11. 선고 2012가합505315 판결]. 자세한 사건의 경과는 다음과 같다.

날짜	시간	사건 개요
2010. 5. 경		• 알코올성 간경화로 진단 받음(환자 성별, 나이 미상)
2011. 2. 경		• 고혈압 진단 받음
2011. 5. 31.	21 : 03	• 토혈을 주증상으로 119 구급차를 타고 피고 병원에 내원함 • 혈압 80/50mmHg, 맥박 126회/분, 의식은 혼돈상태였으나 자발운동이 있고 의사소통은 가능한 상태였음
	21 : 06	• 의사 L은 1시간 간격으로 활력징후 체크할 것을 지시함
	21 : 29	• 이산화탄소 분압 20.0으로 측정됨
	22 : 13	• 환자에 대하여 내시경을 시행하여 식도 정맥류 출혈 소견을 가지고 식도정맥결찰술을 시도하였으나 병변 부위에 섬유화 변성이 동반된 상태여서 중단함
	23 : 10	• 식도정맥결찰술 대신 Sengstaken–Blakemore tube를 이용한 풍선탐폰법을 시행함
	23 : 11	• 이산화탄소 분압 19.0으로 측정됨
	23 : 30	• 풍선탐폰법 시행 후 양쪽 팔, 다리가 억제대에 의하여 결박된 채 응급실 침상으로 돌아옴

날짜	시간	사건 개요
2011. 6. 1.	00 : 32	• 의사 L은 1시간 간격으로 활력징후 체크할 것을 지시함
	02 : 00	• 호흡곤란, 구토를 호소하면서 옆으로 눕게 해 달라고 요청함 • 출혈을 원인으로 하는 대사성 산증 발생
	02 : 02	• 이산화탄소 분압 17.0으로 감소함
	04 : 50	• 호흡이 멈춤 • 구강 흡인조치를 시행하고 기관 삽관함
	05 : 00	• 심정지 확인 후, 심폐소생술을 5분간 시행하고 인공호흡기를 부착함 • 심폐소생술 후 호흡이 돌아왔으나 의식은 돌아오지 않음 • 심정지 후 위보호제(Gaster)주사 처방함
2011. 6. 8.		• 뇌 CT 검사 시행
2011. 6. 9.		• 뇌 MRI 검사를 시행 = 저산소성 뇌손상
2011. 6. 11.	04 : 50	• 호흡을 멈춤 • S−B 튜브를 제거한 뒤에는 후두경의 조명이 어두워 교체한 후에 기관 삽관 완료
	05 : 00	• 심폐소생술 시행
이후		• 재활의학과에서 재활 치료 받음
현재		• 저산소성 뇌손상으로 사지운동마비, 전실어증 등의 지속적인 식물상태임

2. 법원의 판단

가. 시술 및 경과 관찰 상 주의의무 위반 여부: 법원 인정

(1) 환자 측 주장

식도 정맥류 출혈에 대한 풍선탐폰법은 시술 후 2시간 이내에 지혈되지 않는 경우 추가적으로 결찰술 또는 내시경 주사 경화요법을 시도하여야 하는데, 의료진은 풍선탐폰법만을 하였다. 또한, 이를 시행할 경우 기도 압박, 호흡곤란 등을 예방하기 위하여 기관을 삽관하거나 상체를 거상하는 등 기도 확보 조치가 필요함에도 이러한 조치를 취하지 않았으며 시술 후 환자가 호흡곤란을 호소하였음에도 2011. 6. 1. 2시경부터 4시 50분경까지 활력징후 등을 관찰하지 않았다. 이로 인하여 환자에게 심정지가 발생하여 저산소성 뇌손상으로 식물상태가 되었다.

(2) 법원 판단

의료진은 풍선탐폰법 후 2시간이 지나도 환자의 병변 부위의 출혈이 멈추지 않았음에도 내시경적 정맥류 경화요법 등 다른 수술을 고려하지 않았던 점, 기도 삽관 등 풍선탐폰법의 부작용 예방을 위한 기도 확보 조치가 미흡했던 점, 부작용의 위험성이 높고 일시적인 방법으로 고려되는 풍선탐폰법을 시술하였음에도 활력징후 측정에 소홀한 점 등으로 보아 의료진은 풍선탐폰법과 경과관찰에 있어 주의의무를 위반하였고, 이로 인하여 환자에게 호흡정지에 의한 저산소성 뇌손상이 발생하여 지속적인 식물상태에 빠진 것으로 보인다.

나. 응급조치의 지연 과실 여부: 법원 불인정

(1) 환자 측 주장

환자는 2011. 6. 11. 4시 50분경 호흡을 멈추었는데, 의료진은 S−B튜브의 제거 여부에 대하여 고민하고, 튜브를 제거한 뒤에는 후두경의 조명이 어두워 이를 교체한 후에야 기관 삽관을 완료하여 쇼크 발생 후 약 10분이 경과한 2011. 6. 11. 5시경에서야 심폐소생술을 지연하여 시행하였다.

(2) 법원 판단

S−B 튜브가 장착되어 있는 경우 상황에 따라 충분한 공간이 있는 경우 그 상태에서 기관 삽관이 가능하나, 공간이 없는 경우에는 튜브를 제거하고 기관 삽관을 해야 하는 것과 임상에서 기관 삽관 도중 후두경 교체는 종종 있는 일로 조명이 어둡거나 길이가 짧은 경우 주로 교체하는 사실, 응급의무 기록에 의하면 의료진은 2011. 6. 1. 4시 50분경 환자의 호흡이 멈추고 바로 구강 흡인조치를 시행하고 기관삽관을 완료한 것으로 기재되어 있으며, 이에 의료진은 5시경부터 약 5분간 심폐소생술을 하고 인공호흡기를 부착하여 환자의 호흡이 돌아온 사실을 인정할 수 있나. 이에 의료진은 환자의 호흡정지에 대하여 적절한 응급조치를 시행한 것으로 보이므로 의료진들의 응급조치에 관한 주의의무 위반 사실이 없다.

다. 다른 환자의 약물을 투여한 과실 여부: 법원 불인정

(1) 환자 측 주장

의료진은 2011. 6. 1. 환자의 심정지 후 다른 환자의 이름이 기재된 주사기를 이용하여 처방되지 않은 약물을 투여한 과실이 있다.

(2) 법원 판단

피고 병원 의사는 2011. 6. 1. 환자의 심정지 이후 위보호제(Gaster)주사를 처방한 사실과 소외 M은 2011. 5. 31. 20시 31분경 병원에 내원하여 진료를 받고 위보호제(Gaster) 주사를 처방받았는데, 이를 투약 받지 않아 위보호제가 담긴 주사기가 사용되지 않은 상태로 반납되었고, 2011. 6. 1. 9시 30분경 퇴원한 사실과 의료진은 2011. 6. 1. 9시 11분경 위와 같이 반납된 M의 주사기에 담긴 위보호제를 투약한 사실이 있다. 다른 사람의 이름이 기재된 주사기로 환자에게 투약한 것은 사실이나, 이는 같은 종류의 위보호제가 담긴 사용되지 않고 반납된 주사기를 이용한 것으로 적절하게 처방된 약을 투약한 것이므로 주의의무를 위반한 것으로 보기 어렵다.

라. 설명의무 위반 여부: 법원 인정

(1) 환자 측 주장

의료진은 환자에 대하여 풍선탐폰법을 사용하면서 이에 따른 식도 파열, 기도 압박, 흡인성 폐렴 등의 부작용에 대하여 구체적인 설명을 하지 않았다.

(2) 법원 판단

풍선탐폰법의 방법, 부작용 등에 대하여 충분히 환자에게 설명을 하였다는 사실을 인정하기 부족하고, 달리 의료진이 풍선탐폰법에 관하여 의료행위의 필요성과 내용 및 위험성에 대하여 설명하고 이에 대하여 환자와 보호자가 동의한 사실을 인정할 증거가 없다.

3. 손해배상범위 및 책임제한

가. 의료인 측의 손해배상책임 범위: 30% 제한

나. 제한 이유

(1) 환자는 풍선탐폰법을 시행하기 약 1년 전 알코올성 간경화 진단을 받았고, 3개월 전 고혈압 진단을 받은 자로서 토혈을 증상으로 병원 의료진에 내원한 점

(2) 내시경적 결찰술의 시술 중 병변 부위의 섬유화가 발견되어 중단하고 풍선탐폰법을 시행하게 된 점

다. 손해배상책임의 범위

(1) 청구금액: 776,657,480원

(2) 인용금액: 180,148,083원

  ① 재산상손해: 150,148,083원＝(일실수입＋기왕 치료비＋향후 치료비＋ 보조구＋개호비)×30%

  − 일실수입: 94,774,126원

  − 기왕 치료비: 29,465,230원

  − 향후 치료비: 76,031,306원

  − 보조 구비: 1,485,134원

  − 기왕 개호비 : 69,600,000원

  − 향후 개호비: 229,137,816원

  ② 위자료: 30,000,000원

4. 사건 원인 분석

이 사건에서는 일코올싱 간경화 진단을 받았던 환자가 토혈을 주증상으로 119 구급차를 타고 피고 병원에 내원하였다. 의료진은 환자에게 내시경 시행하여 식도 정맥류 출혈 소견을 가졌고, 이에 식도정맥결찰술을 시도하였으나 병변 부위에 섬유화 변성이 동반된 상태여서 중단하였다. 약 1시간 후 식도정맥결찰술 대신

Sengstaken-Blakemore tube를 이용한 풍선탐폰법을 시행하였으나 호흡곤란, 구토를 호소하였고 출혈을 원인으로 하는 대사성 산증이 발생하였다. 이후 이산화탄소 분압이 계속하여 감소하고 호흡이 멈춰 구강 흡인조치와 기관 삽관을 시행하였고 심정지를 확인한 후 심폐소생술을 시행하여 호흡이 돌아왔으나 의식은 돌아오지 않았다. 이후 재활의학과에서 재활 치료를 하였으나, 현재 환자는 저산소성 뇌손상으로 사지운동마비, 전실어증 등의 지속적인 식물상태인 사건이다. 이 사건과 관련된 문제점 및 원인을 분석해본 결과는 다음과 같다.

첫째, 처음 내원 시 환자의 혈압이 낮고 맥박수가 높으며 의식이 혼돈상태였음에도 의사는 1시간 간격으로의 활력징후 체크만을 지시하였다. 내원 시의 환자의 상태로 비추어 보아 즉각적인 지혈을 위한 조치가 이루어졌어야 한다고 생각한다.

둘째, 2011. 6. 1. 00시 32분부터 2시까지 환자에 대한 활력징후 측정 등 환자관찰이 소홀하였다. 피고 병원의 의사가 1시간 간격으로 활력징후를 확인할 것을 지시하였으나 이에 대해 법원에서는 활력징후 측정이 소홀하였다고 판단하여 경과관찰이 제대로 이루어지지 않았다고 판단한 바 있다. 법원의 판단과 마찬가지로 환자에게 풍선탐폰법을 시행하고 억제대를 적용하였다면 더욱 더 환자관찰에 주의를 기울여야 하였다고 생각한다. 자문위원은 2시경 호흡곤란 및 구토를 호소하면서 옆으로 눕게 해 달라고 요청하는 등의 증상을 보였을 때 문제가 발생하였음을 인지하여야 했으며, 환자가 식도정맥결찰술을 시도하다 중단하였고 풍선탐폰법을 시행한 점 등 위험요소를 지니고 있었으므로 더 주의깊은 경과관찰을 시행했어야 함을 지적하였다.

마지막으로, 풍선탐폰법 시행 후 호흡곤란과 구토를 호소하며 지혈이 제대로 되지 않아 환자에게 출혈을 원인으로 하는 대사성 산증이 발생하였음에도 이에 적절한 조치를 취하지 않았다. 이는 풍선탐폰법의 부작용을 예방하기 위한 조치가 미흡하였고, 환자에게 이상증세가 나타난 후에도 이에 대한 적절한 처치가 이루어지지 않았다고 생각한다(〈표 14〉 참조).

〈표 14〉 원인분석

분석의 수준	질문	조사결과
왜 일어났는가? (사건이 일어났을 때의 과정 또는 활동)	전체 과정에서 그 단계는 무엇인가?	－ 내원 시 치료처치 단계 － 시술 단계 － 시술 후 경과관찰 및 치료처치 단계
가장 근접한 요인은 무엇이었는가? (인적 요인, 시스템 요인)	어떤 인적 요인이 결과에 관련 있는가?	• 의료인 측 － 내원 시 치료처치 지연(내원 당시 환자 상태에 대한 치료가 지연됨) － 시술 중 부작용 발생에 대한 예방조치 미흡 － 시술 후 경과관찰 및 치료처치 미흡(수술 후 환자의 활력징후 측정 및 경과관찰 소홀, 지혈 이 되지 않았음에도 적절한 조치를 취하지 않음)
	시스템은 어떻게 결과에 영향을 끼쳤는가?	• 의료기관 내 － 의료인 교육 미흡(시술 방법 및 부작용 발생의 예방 조치에 대한 의료인 대상의 교육 미흡) • 법·제도 － 안전한 시술 방법에 대한 교육 미흡

5. 재발 방지 대책

〈그림 16〉 판례 14 원인별 재발방지 사항 제안

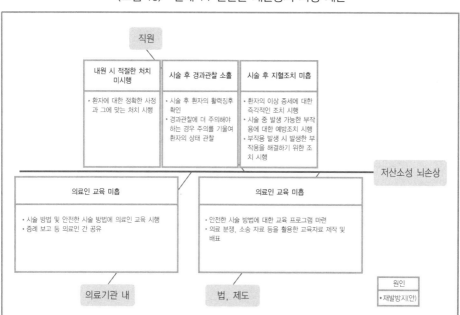

원인별 재발방지 대책은 〈그림 16〉과 같으며, 각 주체별 재발방지 대책은 아래와 같다.

(1) 의료인의 행위에 대한 검토사항

의료인은 내원할 당시의 환자의 상태에 대해 정확한 판단을 하여 그에 필요한 처치를 시행하여야 한다. 또한 시술 중에는 시술로 인해 발생 가능한 부작용을 예방하기 위한 조치를 취하여야 하며, 시술 후 환자의 이상 증세에 대하여 즉각적으로 이를 해결하기 위한 처치를 시행하여야 한다. 시술 후 환자의 상태를 주기적으로 관찰하여야 하며, 특히 더 주의를 기울여야 하는 경우에는 더욱 더 환자에 대한 경과관찰에 유의하여야 한다.

(2) 의료기관의 운영체제에 관한 검토사항

안전한 시술 및 수술의 방법에 대해 의료인을 대상으로 의료기관 차원에서 교육을 시행하여야 한다. 특히 난이도가 높거나 위험성이 큰 시술이나 수술일 경우에는 증례 보고 등을 통해 의료인 간에 서로 공유를 하여 경각심을 가질 수 있도록 해야 한다.

(3) 학회·직능단체 차원의 검토사항

안전한 시술 및 수술 방법에 대한 교육 프로그램을 마련하여 의료인 및 의료기관 측에서 활용할 수 있도록 하며, 의료 분쟁이나 소송 자료 등을 활용하여 교육 자료를 제작하여야 한다.

▌참고자료▐ 사건과 관련된 의학적 소견4)

1. 정맥류 출혈이 있는 경우 치료법으로는 혈관수축제, 풍선탐폰법, 내시경적 정맥류 결찰요법, 내시경적 정맥류 경화요법 등이 있다. 이용할 수만 있다면 내시경적 중재술이 급성 출혈을 억제하기 위한 첫째 치료방법으로 선택되어야 한다. 내시경적 정맥류 결찰술은 내시경 시행 시 내시경 선단에 작은 탄력성의 O-ring을 끼워서 정맥류를 결찰하고 묶는 것으로 급성 출혈의 90%까지 조절할 수 있다. 출혈이 너무 심하거나 내시경이 적당하지 않을 경우 풍선 탐폰법이 성공적이다.

2. 풍선탐폰법은 식도 풍선과 풍선을 가지고 있는 구멍이 세 개 있는 튜브(Sengstaken-Blakemore tube) 또는 네 개 있는 튜브(Minnesota)가 사용되는데, 결찰술이나 경화 용법 같은 결정적인 방법이 준비되기 전 단계의 보존적 또는 일시적인 방법으로 고려되고, 이를 시행한 후 2시간 이내에 지혈이 되지 않는 경우 다른 치료가 필요하다. 내시경 정맥 결찰술 이 기술적으로 불가능하거나 실패한 경우 내시경 주사 경화요법을 시도할 수 있다. 풍선탐 폰법은 기도 압박, 흡인성 폐렴 등과 같은 부작용이 있고, 합병증은 흔해서 환자의 15% 이 상에서 나타나며 흡인성 폐렴과 동시에 식도 파열이 생길 수 있다. 기도 흡입의 고위험성 때문에 풍선탐폰법을 시도하기 이전에 기관 내 삽관이 실시될 것이 권장되며 토혈로 인한 기도흡인을 방지하기 위해서는 상체 거상을 통하여 역류를 방지하여야 한다.

---

4) 해당 내용은 판결문에 수록된 내용임.

제5장

전원 관련 판례

제5장 전원 관련 판례

판례 15. 심근경색 환자 전원의무 위반으로 인한 사망 사건_수원지방법원 2014. 11. 7. 선고 2014나11243 판결

1. 사건의 개요

어머니의 진료를 위해 병원을 방문한 보호자가 구역질 증상을 보여 응급실에서 심전도 검사를 실시하였다. 검사 결과 응급혈관중재술이 필요한 전층심근경색 소견을 보였다. 이에 치료가 가능한 타병원으로 전원하게 하였는데, 전원 시 차량이 자동제세동기가 갖추어진 특수구급차가 아닌 일반 구급차였다. 구급차 이송 후 타병원에 도착하여 응급조치를 받았으나 심정지로 환자가 사망하였다. 심근경색 환자에 대한 전원의무 위반(필수장비 미비)으로 인해 위급상황이 발생했을 당시, 환자에게 적절한 조치를 하지 못하여 환자가 사망에 이른 사건[수원지방법원 2014. 2. 13. 선고 2012가단44729 판결, 수원지방법원 2014. 11. 7. 선고 2014나11243 판결]이다. 자세한 사건의 경과는 다음과 같다.

날짜	시간	사건 개요
		• 주위적 피고: A 의료기관 • 예비적 피고: 주식회사 B 구급센터 • 피고 병원은 2011. 10. 31. 환자이송업(구급차병원 임대업) 등을 목적으로 하는 주식회사(구급센터)와 사이에 임대료 월 1백만원, 계약 기간 2011. 11. 1.부터 2012. 10. 31.까지로 하는 특수구급차 임대계약을 체결함
2008. 6. 24 경		• 급성심근경색증 발생하여 병원에서 좌측 대동맥 왼쪽 아래의 관상동맥과 중앙 관상동맥 병변의 관상동맥조영술 및 경피관상동맥중재술 시행 (환자남자, 나이 미상)
2012. 1. 13.	12 : 20	• 어머니의 진료를 위하여 피고 병원 방문
	14 : 00	• 전날 술을 많이 마셨다고 하면서 바닥에 구토함
	14 : 10	• 구역질 증상(nausea sign) 보임
	14 : 25	• 병원의 연락을 받은 이혼한 전 부인이 병원을 찾아와 환자에게 진료를 권유하던 의사에게 환자가 심근경색의 병력이 있음을 알림
		• 병원 응급실에서 환자의 상태확인 = 심전도상 응급혈관중재술이 필요한 전층심근경색(ST 상승형 심근경색)의 소견 보임 • 피고 병원에서는 혈전억제제를 투여하는 것 외에 응급혈관중재술을 시행할 형편이 되지 않아, 환자의 치료경력이 있는 타병원으로 전원을 결정함
	14 : 49	환자의 이송을 위하여 출동한 피고 병원 구급센터의 직원은 구급차에 환자와 전 부인만을 태우고 병원을 출발함
	14 : 58	• 타병원 도착 • 도착 당시 혼수와 심정지 상태로 제세동기를 부착함. 심전도 상 심실세동 보임 = 기관 삽입 및 에피네프린 정맥주사를 포함한 전문적인 심장구조술 시행
		• 응급실 의료진에 의하여 반복적으로 제세동술의 시행을 받았으나 지속적으로 심실빈맥의 소견 보임
		• 관상동맥조영술과 경피관상동맥중재술 시행을 위해 혈관조영실로 옮김
		• 우심실 끝을 통한 우측 정맥 말단 부위에 일시적 인공심박동기가 삽입되었음에도 불구하고 심실의 반응이 없음 • 관상동맥을 통한 에피네프린 투약에도 반응이 없어 순환기계 중환자실에서 간호 받음
	21 : 00	• 선행사인 급성심근경색, 중간선행사인 심정지, 직접사인 심정지로 사망

2. 법원의 판단

가. 주위적 피고에 대한 환자의 주장

이 사건 구급차의 운용자인 피고병원은 환자를 구급차로 이송함에 있어 응급의료에 관한 법률 제48조[1])에 따라 반드시 의사나 간호사 또는 응급구조사를 탑승시켜야 함에도 불구하고, 이러한 의무를 이행하지 않았다. 피고병원의 의료진이 환자를 이송할 당시 심폐소생술을 즉시 시행할 수 있는 의료진이나 응급구조사를 동승시켰다면 충분히 환자의 생명을 구할 수 있었을 것으로 예상된다. 피고병원이 응급의료법에서 정한 구급차등의 운용자가 아니라고 하더라도 안전한 이송에 필요한 의료기구 및 인력을 제공할 의무가 있는 바, 환자가 이송을 위해 피고병원과 위탁계약을 맺은 129구급차를 기다리는 사이 이미 피고 병원에 환자를 이송하는 것을 끝내고 소방서로 복귀하기 위해 잠시 머무르던 119구급차가 비어 있는 채로 있었음에도 피고 병원은 자신들과 위탁계약을 체결한 129구급차로 이송하여야 한다며 시각을 지체하였다.[2])

---

1) 응급의료에 관한 법률 제48조(응급구조사 등의 탑승의무) 구급차등의 운용자는 구급차등이 출동할 때에는 보건복지부령으로 정하는 바에 따라 응급구조사를 탑승시켜야 한다. 다만, 의사나 간호사가 탑승한 경우는 제외한다.

2) 119구조·구급에 관한 법률 시행령 제20조(구조·구급 요청의 거절) ① 구조대원은 법 제13조 제3항에 따라 다음 각 호의 어느 하나에 해당하는 경우에는 구조출동 요청을 거절할 수 있다. 다만, 다른 수단으로 조치하는 것이 불가능한 경우에는 그러하지 아니하다.
   1. 단순 문 개방의 요청을 받은 경우
   2. 시설물에 대한 단순 안전조치 및 장애물 단순 제거의 요청을 받은 경우
   3. 동물의 단순 처리·포획·구조 요청을 받은 경우
   4. 그 밖에 주민생활 불편해소 차원의 단순 민원 등 구조활동의 필요성이 없다고 인정되는 경우
   ② 구급대원은 법 제13조 제3항에 따라 구급대상자가 다음 각 호의 어느 하나에 해당하는 비응급환자인 경우에는 구급출동 요청을 거절할 수 있다. 이 경우 구급대원은 구급대상자의 병력·증상 및 주변 상황을 종합적으로 평가하여 구급대상자의 응급 여부를 판단하여야 한다.
   1. 단순 치통환자
   2. 단순 감기환자. 다만, 섭씨 38도 이상의 고열 또는 호흡곤란이 있는 경우는 제외한다.
   3. 혈압 등 생체징후가 안정된 타박상 환자
   4. 술에 취한 사람. 다만, 강한 자극에도 의식이 회복되지 아니하거나 외상이 있는 경우는 제외한다.
   5. 만성질환자로서 검진 또는 입원 목적의 이송 요청자
   6. 단순 열상(裂傷) 또는 찰과상(擦過傷)으로 지속적인 출혈이 없는 외상환자
   7. 병원 의료진 간 이송 또는 자택으로의 이송 요청자. 다만, 의사가 동승한 응급환자의 병원 의료진 간 이송은 제외한다.

피고 병원과 이 사건 임대계약을 체결한 피고 구급센터는 피고 병원의 이행보조
자에 해당하므로, 피고 구급센터의 과실은 피고 병원의 과실로 보아야 한다. 의료법,
응급의료법 제11조 제2항에 의하면, 환자와 같은 환자를 이송함에 있어 구급차에 응
급구조사 등 응급조치를 할 수 있는 전문 의료진이 탑승하고 있는지 여부를 확인한
후 만일 응급구조사가 탑승하고 있지 않다면 의사 등을 동승시켜 안전하게 이송하도
록 조치를 취하였어야 했다. 그러나 피고 병원의 의사, 간호사, 직원들 중 어느 누구
도 환자의 안전한 이송 여부를 확인하지 않았다.

나. 법원 판단

(1) 피고 병원이 응급의료법에 정한 구급차등 운용자인지 여부: 법원 불인정(제1심, 항소심)

응급의료법 제44조 제1항[3]은 국가 또는 지방자치단체, 의료법 제3조에 따른 의
료기관, 다른 법령에 따라 구급차 등을 둘 수 있는 자 외에 응급환자가송업의 허가를
받은 자와 응급환자의 이송을 목적사업으로 하여 보건복지부장관의 설립허가를 받은
비영리법인을 독자적인 구급차 등의 운영자로 규정하고 있다. 같은 조 제2항에서 의
료기관은 구급차 등의 운용을 이송업의 허가를 받은 자 또는 비영리법인에게 위탁할

---

③ 구조·구급대원은 법 제2조 제1호에 따른 요구조자(이하 "요구조자"라 한다) 또는 응급환자가
구조·구급대원에게 폭력을 행사하는 등 구조·구급활동을 방해하는 경우에는 구조·구급활동을
거절할 수 있다.

④ 구조·구급대원은 제1항부터 제3항까지의 규정에 따라 구조 또는 구급 요청을 거절한 경우
구조 또는 구급을 요청한 사람이나 목격자에게 그 내용을 알리고, 총리령으로 정하는 바에 따라
그 내용을 기록·관리하여야 한다.

3) 응급의료에 관한 법률 제44조(구급차등의 운용자) ① 다음 각 호의 어느 하나에 해당하는 자 외
에는 구급차등을 운용할 수 없다.
1. 국가 또는 지방자치단체
2. 「의료법」 제3조에 따른 의료기관
3. 다른 법령에 따라 구급차등을 둘 수 있는 자
4. 이 법에 따라 응급환자가송업(이하 "이송업"이라 한다)의 허가를 받은 자
5. 응급환자의 이송을 목적사업으로 하여 보건복지부장관의 설립허가를 받은 비영리법인
② 의료기관은 구급차등의 운용을 제1항 제4호에 따른 이송업의 허가를 받은 자(이하 "이송업
자"라 한다) 또는 제1항 제5호에 따른 비영리법인에 위탁할 수 있다.
③ 제2항에 따라 구급차등의 운용을 위탁한 의료기관과 그 위탁을 받은 자는 보건복지부령으로
정하는 구급차등의 위탁에 대한 기준 및 절차를 지켜야 한다.

수 있다고 정하고 있는 반면, 국가 또는 지방자치단체나 다른 법령에 따라 구급차 등을 둘 수 있는 자의 경우에는 구급자 등의 위탁운용 근거를 두고 있지 않다. 응급의료법 제48조⁴⁾에 의하면, 응급구조사를 탑승시켜야 할 의무는 의료기관이 아니라 구급차 운영자가 부담하는 의무이며, 이 사건의 경우 구급차 등의 운용자는 피고 병원이 아니라 피고와 임대계약을 체결한 피고 구급센터라고 봄이 상당하다(피고 구급센터를 단순히 피고 병원의 이행보조자로 볼 수 없다).

나아가 이 사건 구급차에 응급구조사를 탑승시키지 않아 이송과정에서 환자에 대한 기본 심폐소생술과 자동제세동기를 이용한 규칙적 심박동의 유도 등 응급처치가 이루어지지 않았고, 이는 피고 구급센터의 주의의무위반이 환자가 사망에 이르게 된 하나의 원인으로 보이므로, 피고 구급센터는 위 불법행위로 인하여 환자가 입은 모든 손해를 배상할 책임이 있다(항소심).

(2) 피고 병원의 응급의료법에 정한 전원의무위반 인정 여부: 법원 인정(제1심, 항소심)

응급의료법 제11조 제2항⁵⁾에 의하면, 의료기관의 장은 같은 조 제1항에 따라 응급환자를 이송할 때에는 필요한 의료기구와 인력을 제공하여야 하며, 응급환자를 이송 받는 의료기관에 진료에 필요한 의무기록을 제공하여야 한다고 정하고 있는바 피고 병원의 의료인이 이송조치를 결정함에 있어 의료기관인 피고 병원의 장은 환자의 상태에 따라 적절한 이송수단을 제공하거나 알선하여야 할 의무가 있다. 그럼에도 환자를 이송함에 있어 응급구조사가 탑승하였는지 여부, 환자에게 필요한 자동제세

---

4) 응급의료에 관한 법률 제48조(응급구조사 등의 탑승의무) 구급차등의 운용자는 구급차등이 출동할 때에는 보건복지부령으로 정하는 바에 따라 응급구조사를 탑승시켜야 한다. 다만, 의사나 간호사가 탑승한 경우는 제외한다.

5) 응급의료에 관한 법률 제11조(응급환자의 이송) ① 의료인은 해당 의료기관의 능력으로는 응급환자에 대하여 적절한 응급의료를 할 수 없다고 판단한 경우에는 지체 없이 그 환자를 적절한 응급의료가 가능한 다른 의료기관으로 이송하여야 한다.
② 의료기관의 장은 제1항에 따라 응급환자를 이송할 때에는 응급환자의 안전한 이송에 필요한 의료기구와 인력을 제공하여야 하며, 응급환자를 이송받는 의료기관에 진료에 필요한 의무기록(醫務記錄)을 제공하여야 한다.
③ 의료기관의 장은 이송에 든 비용을 환자에게 청구할 수 있다.
④ 응급환자의 이송절차, 의무기록의 이송 및 비용의 청구 등에 필요한 사항은 보건복지부령으로 정한다.

동기가 갖추어진 특수구급차(응급의료법 시행규칙 별표 16 참조)[6]가 환자를 이송하게 될 것인지 등에 관하여 전혀 확인한 바 없는 등 응급의료법 제11조 제2항에 정한 응급환자의 안전한 이송에 필요한 의료기구와 인력을 제공할 의무를 이행하지 않았다. 이에 환자의 이송 도중부터 심폐소생술이 시행될 필요가 있었다는 점에서 피고 병원의 장이 응급환자인 환자를 응급구조사가 탑승하지 않은 일반구급차로 도착하였으므로 환자의 주장은 이유가 있다.

    (3) 피고들 손해배상책임의 관계 및 피고들에 대한 예비적 공동소송의 적법성에 관한 검토

    환자의 사망은 응급의료법 제11조 제2항의 의무를 다하지 않은 피고 병원의 장의 과실과 응급의료법 제48조 의무를 다하지 않은 피고 구급센터의 과실 등이 경합하여 발생하였다고 할 것이고, 피고들의 과실은 환자를 피고 병원에서 타병원으로 이송하는 일련의 과정에서 발생하여 시간적으로나 장소적으로 근접하여 객관적으로 보았을 때 피고들의 행위에 관련공동성이 있다고 할 것이므로, 피고들은 공동불법행위자로서 환자의 사망으로 인한 손해에 대하여 연대배상책임을 부담해야 한다.

3. 손해배상범위 및 책임 제한

가. 의료인 측의 손해배상책임 범위: 30% 제한

나. 제한 이유

    (1) 환자는 2008년경 발병한 심근경색으로 수술 및 치료를 받은 전력이 있는 점
    (2) 환자가 아니라 어머니의 보호자로 내원하였음에도 불구하고, 병원 의료진이 환자에게 적극적으로 진료를 권유하고 전원결정을 하였던 점
    (3) 환자의 주장에 의하더라도 심장 질환이 있는 환자가 이 사건 이송 전날 과음을 하였다는 점
    (4) 환자가 이 사건 이송 당시 당뇨, 고혈압으로 인한 투약경력이 있고, 흡연, 음주경력이 있는 점

---

6) 참고자료(p. 179) 응급의료에 관한 법률 시행규칙 별표 16 참조.

다. 손해배상책임의 범위

(1) 제1심, 항소심

① 청구금액: 77,878,616원

② 인용금액: 38,780,769원

－ 재산적 손해: 20780769원(일실 수입＋장례비)×30%

＝ 일실 수입: 66,296,233원

＝ 장례비: 3,000,000원

－ 위자료: 18,000,000원

4. 사건 원인 분석

이 사건에서 환자는 어머니의 진료를 위하여 피고 병원을 방문하였고 전날 술을 많이 마셨다고 하며 바닥에 구토하는 등 구역질 증상을 보였다. 병원 응급실에서 심전도를 실시하였는데 응급혈관중재술이 필요한 전층심근경색(ST 상승형 심근경색)의 소견을 보였으나 피고 병원에서는 혈전억제제를 투여하는 것 외에는 응급혈관중재술을 시행할 형편이 되지 않아, 치료 경력이 있는 타병원으로 전원을 결정하였다. 피고 구급센터의 직원은 구급차에 환자와 전 부인만을 태우고 피고 병원을 출발하였고 타병원에 도착하였을 당시 환자는 혼수와 심정지 상태로 제세동기를 부착하였다. 심전도 상 심실세동을 보였으며 응급실 의료진에 의하여 반복적으로 제세동술 시행을 받았으나 지속적인 심실빈맥 상태였고 우측 정맥 말단 부위에 일시적 인공심박동기를 삽입하였음에도 심실의 반응이 없었다. 이후 환자는 급성심근경색을 선행사로 한 심정지로 사망하였다. 이 사건과 관련된 문제점 및 원인을 분석해본 결과는 다음과 같다.

첫째, 피고 병원에서 타 병원으로 전원을 하는 과정에서 환자와 전 부인만을 태우고 피고 병원을 출발하였다. 응급의료에 관한 법률 제11조(응급환자 이송) 제2항에 의하면 의료기관의 장은 제1항에 따라 응급환자를 이송할 때에는 응급환자의 안전한 이송에 필요한 의료기구와 인력을 제공하여야 하며, 응급환자를 이송 받는 의료기관에 진료에 필요한 의무기록을 제공하여야 했다.[7] 그러나 피고 병원은 응급환자의 안전한 이송에 필요한 인력을 제공하지 않아 적절한 시기에 처치를 받을 수 없었다.

둘째, 피고 병원은 환자의 상태에 따라 적절한 이송수단을 제공하거나 알선하여야 할 의무가 있었음에도 환자를 이송함에 있어 환자에게 필요한 자동제세동기가 갖추어진 특수구급차(응급의료법 시행규칙 별표 16 참조)가 환자를 이송할 것인지 확인하지 않은 과실이 있다(〈표 15〉 참조). 피고 병원에서 환자를 타 병원으로 이송한 구급차는 일반 구급차로 환자가 구급차 내에서 심정지가 발생하였다고 하더라도, 일반 구급차에는 환자의 심정지에 대한 응급 처치를 시행할 제세동기와 같은 의료 장비가 없었다.

〈표 15〉 원인분석

분석의 수준	질문	조사결과
왜 일어났는가? (사건이 일어났을 때의 과정 또는 활동)	전체 과정에서 그 단계는 무엇인가?	– 전원 단계
가장 근접한 요인은 무엇이었는가? (인적 요인, 시스템 요인)	어떤 인적 요인이 결과에 관련 있는가?	• 의료인 측 – 적절한 의료기구 및 장비가 비치된 특수 구급차가 환자를 이송할 것인지 확인하지 않음 – 응급구조사와 같은 적절한 의료 인력이 탑승하였는지 확인하지 않음
	시스템은 어떻게 결과에 영향을 끼쳤는가?	• 의료기관 측 – 적절한 의료기구 및 장비가 비치된 특수 구급차가 환자를 이송할 것인지 확인하지 않음 – 응급구조사와 같은 적절한 의료 인력이 탑승하였는지 확인하지 않음

---

7) 응급의료에 관한 법률 제11조(응급환자의 이송) ① 의료인은 해당 의료기관의 능력으로는 응급환자에 대하여 적절한 응급의료를 할 수 없다고 판단한 경우에는 지체 없이 그 환자를 적절한 응급의료가 가능한 다른 의료기관으로 이송하여야 한다.
② 의료기관의 장은 제1항에 따라 응급환자를 이송할 때에는 응급환자의 안전한 이송에 필요한 의료기구와 인력을 제공하여야 하며, 응급환자를 이송 받는 의료기관에 진료에 필요한 의무기록(醫務記錄)을 제공하여야 한다.
③ 의료기관의 장은 이송에 든 비용을 환자에게 청구할 수 있다.
④ 응급환자의 이송절차, 의무기록의 이송 및 비용의 청구 등에 필요한 사항은 보건복지부령으로 정한다.

5. 재발 방지 대책

〈그림 17〉 판례 15 원인별 재발방지 사항

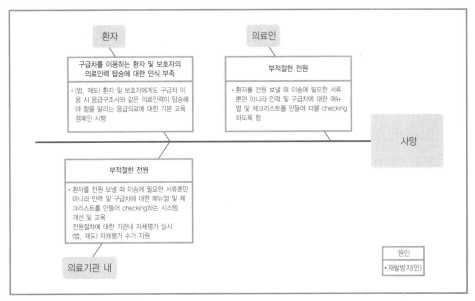

원인별 재발방지 대책은 〈그림 17〉과 같으며, 각 주체별 재발방지 대책은 아래와 같다.

(1) 의료인의 행위에 대한 검토사항

의료인은 전원 과정에서 응급환자의 안전한 이송에 필요한 인력 및 의료장비가 갖춰진 구급차 등을 확인해야 할 의무가 있다(응급의료에 관한 법률 제11조(응급환자의 이송)). 하지만 관련 서류나 구급차등을 확인하는 데 있어 서류가 누락되거나 환자에게 필요한 의료장비가 갖춰진 구급차가 아닌 구급차가 환자를 이송하는 상황이 일어날 수 있다. 그렇기 때문에 이에 대비하여 전원 시 필요한 서류뿐 아니라 인력 및 구급차에 대한 매뉴얼 및 체크리스트를 만들어 여러 단계로 확인함으로써 의료인 스스로 실수를 막는 것이 필요하다.

(2) 의료기관의 운영체제에 관한 검토사항

의료기관 또한 의료인과 마찬가지로 응급환자의 안전한 이송에 필요한 인력 및 의료장비가 갖춰진 구급차 등을 확인하고 제공해야 할 의무가 있다. 의료기관은 환자를 전원 보낼 때 이송에 필요한 서류뿐만 아니라 인력 및 구급차에 대한 매뉴얼 및 체크리스트를 만들어 여러 단계로 확인하는 시스템으로 개선하고 교육하는 것이 필요하다. 더불어 전원절차에 대한 기관 내 자체평가를 실시하는 것을 통해 의료기관 스스로 안전한 이송을 위해 노력해야 한다.

(3) 국가·지방자치단체 차원의 검토사항

국가·지방자치단체 차원에서는 구급차를 이용하는 환자 및 보호자의 의료 인력 탑승에 대한 인식 부족을 해결하기 위해, 구급차 이용 시 응급구조사와 같은 의료 인력이 탑승해야 함을 알리는 응급의료에 대한 기본 교육 캠페인 시행이 필요하다.

┃ 참고자료 ┃

응 급 의 료 에 관 한 법 률 시 행 규 칙

[별표 16] 〈개정 2015. 1. 8.〉

구급차등에 갖추어야 하는 의료장비·구급의약품 및 통신장비의 기준

(제38조 제2항 관련)

1. 특수구급차

구분	내용
의료장비	가. 후두경 등 기도삽관장치 나. 외상처에 필요한 기본장치 다. 휴대용 간이인공호흡기 라. 산소호흡기 및 흡입기 마. 쇼크방지용 하의(MAST) 바. 부목 및 기타 고정장치[철부목(Wire－Splint), 경부·척추보호대(Cervical, Spine－Protector)] 사. 자동제세동기 아. 휴대용 산소포화농도 측정기
구급의약품	가. 수액제제(인공혈액제제 등)로서 비닐팩에 포장된 것 나. 리도카인 다. 아트로핀 라. 주사용 비마약성진통제 마. 주사용 항히스타민제 바. 소독제(과산화수소, 알콜 및 포비돈액) 사. 니트로글리세린(설하용) 아. 흡입용 기관지확장제
통신 장비	다음 각 목의 어느 하나를 갖추어야 한다. 다만, 「119구조·구급에 관한 법률」에 따른 119구조대 및 119구급대의 구급차에 대해서는 소방관계 법령에서 따로 정할 수 있다. 가. 「응급의료에 관한 법률」 제15조에 따라 보건복지부가 구축한 응급의료무선통신망 나. 「전파법」에 따라 할당받은 주파수를 사용하는 기간통신서비스의 이용에 필요한 무선단말기기

2. 일반구급차

구분	내용
의료장비	가. 산소호흡기 및 흡입기 나. 외상처치에 필요한 기본장비 다. 기도확보장치
구급의약품	가. 수액제제(인공혈액제제 등)로서 반드시 비닐팩에 포장된 것 나. 아트로핀

3. 선박 및 항공기에 갖추어야 하는 의료장비·구급의약품 및 통신장비의 기준은 보건복지부장관이 따로 정하여 고시한다.

판례 16. 심근효소 검사 미실시 및 전원의무 위반으로 인한 사망 사건_ 부산지방법원 2013. 1. 30. 선고 2011가합10672 판결

1. 사건의 개요

갑자기 발생한 흉통과 30분간 지속되는 약간 조이는 느낌, 구토 등의 증상으로 응급실에 내원한 환자에게 의료진은 심근효소 검사 및 심전도 검사를 실시하였다. 의료진은 검사 결과를 토대로 급성관상동맥증후군으로 진단하고 다음 날 다시 검사를 하기로 하였다. 환자는 흉통을 지속적으로 호소하며 구토와 호흡곤란 증상을 보였고 심전도 검사에서 비정상 심전도가 나타났다. 이후 환자가 묻는 말에 대답하기 힘들어 하자 심근효소검사를 실시하였으나, 환자의 상태가 악화되자 타병원으로 전원하였다. 전원 후 환자는 병원에서 관상동맥조영술을 시행받은 뒤 중환자실에서 치료를 받다 사망하였다. 심근효소 검사를 지속적으로 실시하지 않고 전원의무도 위반하여 환자를 사망에 이르게 한 사건[부산지방법원 2013. 1. 30. 선고 2011가합10672 판결]이다. 자세한 사건의 경과는 다음과 같다.

날짜	시간	사건 개요
2011. 4. 29.	09 : 30	• 목욕하고 나오다가 갑자기 흉통이 발생함(환자 여자, 40세 이상) • 답답하고 막힌 듯하며 약간 조이는 느낌이 30분간 지속되며 숨쉬기가 힘들고 구토 2회 하였다는 증상 호소
	10 : 45	• 가슴통증을 이유로 응급실 내원
	11 : 03	• 혈액 채취하여 심근효소 검사 실시
	11 : 35	• 심근효소 검사 결과 	심근효소	결과/(참고치)	 |---|---| 	마이오글로빈(myoglobin)	500ng/㎖/(0~107ng/㎖)	 	CK(creatine kinase)−MB	5.4ng/㎖/(0~4.3ng/㎖)	 	troponin−I	0.13ng/㎖/(0~0.4ng/㎖)	
	12 : 00	• 피고에게 흉부 불편감 호소 • 환자를 직접 진료하면서 급성관상동맥증후군에 대해 설명함
	12 : 11	• 심전도 검사 실시 =ST 분절의 하강이 정상화됨

날짜	시간	사건 개요
2011. 4. 29.		• 혈액·심전도 검사 결과를 토대로 급성관상동맥증후군으로 진단
	12 : 27	• 산소, 헤파린, 카소딜 투여 시작
	13 : 10	• 흉부 불편감이 다소 진정됨
	14 : 05	• 흉통 호소
	14 : 20	• 흉통이 계속되자 카소딜 투여량을 시간당 5cc에서 10cc로 증량하도록 지시
	16 : 00	• 흉통이 다소 나아짐
	17 : 00	• 흉통 약간 있음 • 산소 2L/분으로 투여
	18 : 00	• 피고가 당일 마지막 진료를 하면서 심전도 추적 관찰 시행 • 다음날 심근효소 검사를 실시하도록 지시 • 가슴이 약간 답답하다는 증상 호소
	20 : 00	• 구토 1회, 약간의 호흡곤란 증상을 보임
	20 : 17	• 심전도상 저전압 QRS, 격벽 경색 등의 비정상 심전도가 나타남
	20 : 30	• 심전도상 저전압 QRS, 격벽 경색, 측방 손상형태 등의 비정상 심전도가 나타남
	20 : 37	• 심전도상 조기심방수축 동박절, 저전압 QRS, 격벽 경색 등의 비정상 심전도가 나타남
	21 : 00	• 흉통 호소
	21 : 15	• 수축기혈압 90mmHg • 전화로 보고받은 피고는 카소딜 투여량을 시간당 10cc에서 15cc로 증량하도록 지시
	22 : 00	• 피고는 전화로 환자가 불면증을 호소할 경우 수면제인 할시온(halcion)을 투여할 것을 지시
	22 : 30	• 가슴 조이는 듯한 불편감 호소 • 혈압 87/69mmHg, 심박동수 98회 측정 • 피고에게 전화보고 후 카소딜 용량을 그대로 유지, 네빌렛 투여
2011. 4. 30.	00 : 00 ~ 00 : 30	• 호흡곤란 증상 호소

시간	산소포화도
00 : 00	82%
00 : 10	84~86%
00 : 15	89~93%
00 : 30	86~87%

날짜	시간	사건 개요
2011. 4. 30.	00 : 10	• 산소 10L/분으로 증가 투여
	00 : 30	• 흉통호소 및 묻는 말에 대답하기 힘들어 함
	01 : 00	• 할시온 투여
	01 : 30	• 피고는 전화로 수축기 혈압 80-90mmHg, 산소포화도 80-90% 보고 받은 후 당일 예정된 심근효소 검사 실시를 지시
	01 : 34	• 심전도 상 동성빈맥, 심근경색(전방)등의 비정상 심전도가 나타남
	01 : 40	• 혈액을 채취하여 심근효소검사 실시
	02 : 00	• 산소포화도 87% 측정됨
	02 : 10	• 피고가 직접 진료 • 보호자에게 3차 의료기관으로의 전원 권유

| 02 : 25 | • 산소포화도 및 혈압, 심박동수 측정 결과 |

시간	산소포화도 및 혈압, 심박동수
02 : 25	산소포화도 72%
02 : 27	산소포화도 84%
02 : 30	산소포화도 90%, 혈압 95/58mmHg, 심박동수 130회/분

| 02 : 38 | • 심근효소검사 시행 결과 |

심근효소	결과/(참고치)
묘글로빈(myoglobin)	498ng/mℓ/(0~107ng/mℓ)
CK(creatine kinase)−MB	80ng/mℓ/(0~4.3ng/mℓ)
troponin−I	14.9ng/mℓ/(0~0.4ng/mℓ)

날짜	시간	사건 개요
	03 : 10	• 산소포화도 84%, 혈압 93/44mmHg, 심박동수 138회/분으로 저혈압, 저산소증, 빈맥, 트로포닌(troponin)−I 수치 상승 등으로 환자의 상태가 악화됨 • I 병원으로 전원
	04 : 30	• 관상동맥조영술 시행 ＝왼쪽 관상동맥 기시부의 자발적인 박리로 인한 급성심근경색 진단 • 좌전하행지부터 좌관상동맥 기시부까지 경피적 관상동맥 중재술 시행
이 후		• 혈압이 유지되지 않아 경피적 체외순환보조장치 부착 후 중환자실에서 치료를 받음
2011. 5. 08.	13 : 30	• 심부전증 악화로 사망

2. 법원의 판단

가. 진단상 과실 유무: 법원 불인정

(1) 환자 측 주장

초기 심전도 및 심근효소 검사결과에 비추어 환자를 급성 심근경색증으로 진단하여야 함에도 급성관상동맥증후군으로 잘못 진단한 과실이 있다.

(2) 법원 판단

① 비ST분절상승 심근경색증은 불안정형 협심증의 임상양상과 더불어 심근괴사의 증거로서 CK-MB, 트로포닌(troponin)의 수치가 상승하는 점에서 차이가 있는 점, ② 갑자기 발생한 흉통이 30분 이상 지속되는 등 불안정형 협심증의 증상을 보인 환자는 내원 직후인 10시 42분경 실시한 심전도 검사에서 ST분절의 상승은 없었으나 심근허혈을 시사하는 ST분절의 하강이 나타났고, 11시 3분경 시행한 심근효소 검사에서 묘글로빈(myoglobin)과 CK-MB 수치가 모두 정상범위를 초과한 500ng/㎖ 및 5.4ng/㎖으로 나타나기도 하였으므로 비ST분절상승 심근경색증으로 진단될 수 있었던 것으로 보이는 점, ③ 같은 날 12시 11분경 실시한 심전도 검사에서는 초기에 나타난 ST분절의 하강이 정상화되었고, 11시 3분경 시행한 심근효소 검사에서도 심근특이도가 가장 높은 것으로 알려진 트로포닌-I 수치가 정상범위 내로 나타남, 이에 피고로서는 심근괴사 여부 및 그 정도를 정확히 판별하기 어려웠던 것으로 보이며 그에 따라 불안정형 협심증과 비ST분절상승 심근경색증의 정확한 구별을 유보한 채 두 가지 질환을 포함하는 급성관상동맥증후군으로 진단한 것으로 보이는 점, ④ 불안정형 협심증과 비ST분절상승 심근경색증은 모두 초기에 침습적 치료보다는 보존적 치료가 우선적으로 권고되므로 그 치료방법에 있어서 별다른 차이가 있다고 볼 수 없고, 실제 피고는 위와 같은 심전도 및 심근효소 검사결과를 토대로 환자에 대하여 항혈전제 및 항허혈제를 이용한 보존적 치료를 실시한 점 등을 고려하여 피고가 환자를 비ST분절상승 심근경색증으로 바로 진단하지 않고 급성관상동맥증후군으로 진단하였다고 하여도 이를 오진이라고 보기는 어렵다.

나. 설명의무 위반 여부: 법원 불인정

(1) 환자 측 주장

환자 및 그 보호자에게 심근경색증의 위험성, 관상동맥조영술 및 관상동맥중재술 등과 같은 추가 검사 및 처치의 필요성, 당시 피고 병원의 여건상 그와 같은 추가 검사 및 처치를 할 수 없다는 점 등에 대하여 설명하지 않았다.

(2) 법원 판단

피고는 2011월 4월 29일 12시경 환자를 직접 진료하면서 급성관상동맥증후군에 대해 설명하였고, 일단 입원하여 보존적 치료를 받은 뒤 증상이 악화될 경우 3차 의료기관으로 전원 하여 검사할 필요성이 있음을 알려주자 환자의 보호자인 환자 A가 이에 동의한 사실을 인정하여, 피고가 설명의무를 위반하였다고 보기 어렵다.

다. 추가적인 심근효소 검사의 불이행 여부: 법원 인정

(1) 환자 측 주장

불안정형 협심증과 심근경색증을 구별하기 위하여 내원 당일 11시 3분 경 심근효소 검사를 실시한 뒤 4~6시간 이내에 다시 심근효소 검사를 실시하여야 함에도 환자의 증상이 악화된 2011년 4월 30일 오전 1시 40분경이 되어서야 뒤늦게 실시함으로써 환자의 증상을 제때에 확인하지 못한 과실이 있다.

(2) 법원 판단

① 내원 직후 실시한 심전도 검사에서 심근허혈을 시사하는 ST분절의 하강이 나타났고, 11시 3분경 채취한 혈액에 대한 심근효소 검사에서 묘글로빈(myoglobin)과 CK−MB 수치가 모두 정상범위를 초과한 것으로 11시 35분경 보고되었으나 12시 11분경 다시 실시한 심전도 검사에서는 ST분절의 하강이 정상화되었고, 위 심근효소 검사에서 심근특이도가 가장 높은 트로포닌(troponin)−I 수치는 정상범위 내로 나타났다.

② 피고는 위와 같은 검사결과만으로는 불안정형 협심증과 비ST분절상승 심근경색증을 구별하기 어려워 이를 모두 포괄하는 급성관상동맥증후군으로 진단하기에

이른 점, 심근괴사 여부를 확진하기 어려운 상태였다.

③ 트로포닌(troponin)의 상승은 사망률과 직접적인 연관이 있는 것으로 알려질 정도로 그 위험성이 높은데 초기 심근효소 검사에서 유독 트로포닌(troponin) 수치만 정상범위 내로 나타났으므로 그 변화 추이를 확인할 필요성이 있었으며, 약물치료에도 불구하고 계속적으로 흉통을 호소하는 환자에 대하여 심근괴사 여부 및 그 정도를 확인하기 위하여서라도 초기 심근효소 검사로부터 6~9시간이 지난 뒤에는 다시 검사를 실시할 필요성이 있었던 것으로 보임에도, 초기 심근효소 검사를 실시한 뒤 6~9시간 정도 지나 급격하게 악화된 2011년 4월 30일 오전 1시 40분경이 되서야 비로소 심근효소 검사를 실시한 결과 2011년 4월 29일 오전 11시 3분경 채취한 혈액에 대한 초기 심근효소 검사결과와 비교하여 일부 심근효소 수치가 크게 상승한 점 등 인정된다. 종합하여 볼 때, 피고로서는 환자에 대해 초기 심근효소 검사를 실시한 뒤 6~9시간 정도 지난 시점에서 다시 심근효소 검사를 실시하여 심근괴사 여부의 확진 및 증상의 악화 여부를 조기에 확인하였어야 했다.

라. 심전도검사 불이행의 과실: 법원 불인정

(1) 환자 측 주장

지속적으로 환자의 심전도를 확인하지 않은 과실이 있다.

(2) 법원 판단

일반적으로 흉통이 있는 급성관상동맥증후군의 환자에게는 계속적인 심전도 측정이 권고되고 있는 사실, 피고는 내원당일 12시 11분경 심전도 검사를 확인한 후 약물치료를 시작하면서부터 심전도 모니터링이 이루어지기까지 더 이상 환자에 대한 심전도를 확인하지 않은 사실은 인정된다. 그러나 환자의 경우 내원당일 12시 11분경 실시된 심전도 검사에서 초기에 나타난 ST분절의 하강 증상이 일단 정상화된 상태였던 점, 병원 의료진은 18시경 회진시 환자에 대하여 심전도 모니터링을 다시 지시하였으며 그에 따라 20시 17분경, 20시 35경, 20시 37경, 다음날 01시 34경 환자에 대한 심전도가 기록된 점, 18시경 심전도 모니터링을 실시할 때까지 병원 의료진은 매시간 단위로 환자의 상태를 확인하였던 것으로 비추어보아, 내원당일 12시 11경부터 18시 00경까지 환자의 심전도를 확인하지 않았다고 하여 환자의 증상을 파악하기 어려울 정도로 심전도 검사를 게을리 한 과실이 있다고 보기는 어렵다.

마. 활력징후측정 불이행의 과실: 법원 불인정

(1) 환자 측 주장

환자의 활력징후를 주기적으로 측정하지 않은 과실이 있다고 주장했다.

(2) 법원 판단

피고 병원 의료진은 환자에 대해 응급실 내원 당시인 10시 45분경, 그리고 12시 10분경 혈압, 심박동수, 호흡, 체온 등을 측정하였고, 이후에도 혈압 및 심박동수, 다음날 2시 30분경, 3시 10분경에도 혈압, 심박동수, 호흡, 체온 등을 각 측정한 사실 및 환자의 증상 및 변화, 치료내역, 심전도 등 다른 검사내역 등에 비추어 위와 같은 활력징후 측정이 환자의 증상을 제때 파악하기 어려울 정도로 주기적으로 이루어지지 않은 것이라고 보기는 어렵다.

바. 산소포화도측정 및 기관삽관 불이행의 과실: 법원 불인정

(1) 환자 측 주장

호흡곤란 증상을 보인 환자에 대하여 제때 산소포화도를 측정하지 않았고, 저산소증이 확인되었음에도 기관삽관을 실시하지 않은 과실 있다.

(2) 법원 판단

① 환자가 병원에 내원할 당시 긴급하게 수술적 치료를 받아야 할 상황은 아니었고, 그럼에도 병원 의료진은 처음 처방 때부터 환자에게 계속적으로 분당 2L의 산소를 투여하도록 하였을 뿐만 아니라 병원 의료진은 2011년 4월 30분 00시 00분경 환자에게 호흡곤란 증상이 나타나자 바로 산소포화도를 모니터링하면서 산소량을 증가하기 시작한 점, ② 저산소증에 대한 병원 의료진의 위와 같은 조치는 그 시기 및 방법에 있어 적절한 것으로 보이는 점, ③ 환자가 I병원에 전원 되었을 당시 혈압 90/60mmHg, 심박동수 141회/분, 호흡 26회/분으로 자발호흡이 유지되고 있었으므로 기관삽관이 반드시 필요하였던 상황이라고 보이지는 않은 점으로 보아 병원 의료진이 기관삽관을 실시하지 않은 과실이 있다고 보기는 어렵다.

사. 약물처치상 과실: 법원 불인정

(1) 환자 측 주장

환자에게 저혈압 및 호흡곤란 등의 증상이 나타났음에도 병원 의료진은 혈관확장제인 카소딜과 수면제인 할시온을 투여하여 환자의 상태를 악화시킨 과실이 있다.

(2) 법원 판단

① 일반적으로 질산염제인 카소딜은 수축기혈압 90mmHg 미만(참고치 120mmHg)인 중증의 저혈압 환자에게는 투여하지 말고 그 외 저혈압 환자에게는 신중히 투여하도록 권고되어 있으나, 항허혈치료에 있어서는 중요한 역할을 담당하고 있는 점, ② 환자가 비록 전반적으로 저혈압 상태에 있기는 하였으나 2010년 4월 29일 21시 15분경 카소딜 투여량을 시간당 10cc에서 15cc로 증량한 이후에도 23시 00경 수축기 혈압이 104mmHg으로 측정되기도 하는 등 카소딜 투여가 환자의 심근경색을 악화시켰다고 볼만한 자료는 찾아보기 어려운 점, ③ 급성관상동맥증후군 환자는 입원 초기에 불안과 수면장애로 인한 심박동수의 증가로 증상이 악화될 수도 있어 의료진의 관찰 하에 할시온과 같은 수면제의 사용이 필요하기도 한 점 등을 종합하면 카소딜과 할시온을 투여한 병원 의료진에게 약물처치상의 과실이 있다고 보기는 어렵다.

아. 응급처치 후 전원의무 위반 여부: 법원 불인정

(1) 환자 측 주장

환자에 대한 초기 심전도 및 심근효소 검사에서 심근경색증이 나타났으므로 병원 의료진은 응급치료 후 즉시 환자를 관상동맥조영술 및 관상동맥중재술 등을 실시할 수 있는 3차 의료기관으로 전원 하였어야 한다.

(2) 의료인 측 주장

환자의 증상 및 검사 결과에 비추어 일단 약물치료를 실시하면서 증상을 관찰하기로 한 것은 적절하였다.

(3) 법원 판단

급성관상동맥증후군의 환자 중 심전도 검사에서 ST분절의 상승이 동반되지 않는 경우 응급으로 혈관재개통술을 실시하기보다는 약물을 이용한 보존적인 치료가 우선적으로 권고된다. 환자의 심전도 검사에서 ST분절의 상승이 나타나지 않았을 뿐만 아니라 심근허혈을 시사하는 ST분절의 하강이 나타났다가 다시 정상화되기도 하였으므로, 의료진이 환자에 대해 우선 약물을 이용한 보존적 치료를 실시하면서 예후를 관찰한 뒤 상태가 악화될 경우 3차 의료기관으로 전원하기로 결정한 것은 적절하였다.

자. 치료과정에서의 전원의무 위반 여부: 법원 인정

(1) 환자 측 주장

병원 의료진이 환자에 대해 약물치료 후 경과를 관찰하면서 3차 의료기관으로 전원 할 계획이었다고 하더라도 약물치료에도 증상이 호전되지 않은 즉시 전원 하였어야 함에도 이를 지체한 과실이 있다.

(2) 의료진 측 주장

환자의 증상이 악화되자 즉시 환자를 I병원으로 전원 하였으므로 과실이 없다.

(3) 법원 판단

환자에게는 약물치료에도 불구하고 재발한 협심증, 트로포닌-I 수치의 상승, 새롭게 나타난 ST분절의 하강, 혈압의 저하, 심실빈맥 위험성의 증가 등과 같은 증상이 나타났는데 이는 조기 침습적 치료가 필요한 것으로 알려진 고위험군 환자의 증상에 부합할 뿐만 아니라 환자는 더 이상 약물치료에 의하여 증상이 안정되기 어려운 상태에 있었다고 보이므로, 병원 의료진은 심전도 검사에서 ST분절의 하강이 새롭게 나타난 2011년 4월 29일 20시 17분경 또는 늦어도 호흡곤란 증상까지 나타난 2011년 4월 30일 00시 00분경에는 환자를 관상동맥조영술 및 관상동맥중재술 등을 실시할 수 있는 3차 의료기관으로 전원 하였어야 함에도 이를 지체한 과실이 있다.

차. 전원과정에서의 과실 유무: 법원 불인정

(1) 환자 측 주장

병원 의료진은 전원과정에서 I 병원 의료진에게 환자에 대한 정확한 정보를 제공하여 즉시 응급처치를 할 수 있도록 하여야 할 의무가 있음에도 혈액채취 및 검사 일시를 삭제한 혈액검사지를 송부하는 등 정확한 정보를 제공하지 않은 과실이 있다.

(2) 법원 판단

① 병원 의료진은 전원 당시 인턴 의사로 하여금 응급차에 동승하도록 하면서 혈액 및 심전도 검사결과지 등 검사내역과 진료의뢰서를 함께 보낸 점, ② 혈액검사 결과지에 혈액채취 및 검사 일시가 누락된 것은 병원 의료진에서의 일시적인 출력오류로 인해 발생한 것으로 보이는 점, ③ I 병원 의료진은 부산응급의료정보센터를 통하여 환자의 증상에 대한 정보를 얻은 뒤 전원을 받았으나 일반적으로 전원을 받더라도 정확한 진단 및 처치를 위하여 다시 자체적인 검사를 실시하므로, 피고 병원에서 보낸 혈액검사지에 일부 오류가 있다고 하여 그로 인해 I병원에서의 진단 및 처치가 지연되었다고 보기는 어려운 점 등을 고려하여 병원 의료진이 환자에 대한 정보를 제대로 제공하지 않은 과실이 있다고 보기는 어렵다.

3. 손해배상범위 및 책임 제한

가. 의료인 측의 손해배상책임 범위: 30% 제한

나. 제한 이유

(1) 환자의 심근경색증은 관상동맥 자연박리에 의한 것으로 그 발생빈도가 낮아 조기에 원인을 발견하기는 쉽지 않은 것으로 보일 뿐만 아니라 초기 사망률도 비교적 높은 질환인 점

(2) 환자의 초기 증상 및 검사결과에 비추어 병원 의료진의 진단 및 치료 자체는 적절하였던 것으로 보이는 점

(3) 환자가 조기에 3차 의료기관으로 전원 되었더라도 그 생존가능성이 높지는 않았을 것으로 보이는 점

다. 손해배상책임의 범위

(1) 청구금액: 270,550,435원

(2) 인용금액: 67,123,342원

　　① 재산상 손해: 37,123,342원(161,114,405원＋3,000,000원)×30%

　　　－ 일실수입: 161,114,405원

　　　－ 장례비: 3,000,000원

　　② 위자료: 30,000,000원

4. 사건 원인 분석

　이 사건에서 환자는 갑자기 발생한 흉통과 30분간 지속되는 약간 조이는 느낌, 구토 등의 증상으로 응급실에 내원하였다. 응급실 의료진은 환자의 혈액을 채취하여 심근효소 검사를 실시하였으며, 마이오글로빈(myoglobin)과 creatine kinase(CK)－MB 정상치를 초과하였으나 심근특이도가 높은 트로포닌(troponin)－I는 정상치를 보였다. 환자는 흉부 불편감을 호소하였으며 심전도 검사를 실시하였는데 ST 분절의 하강이 정상화되어 의료진은 혈액과 심전도 검사 결과를 토대로 급성관상동맥증후군으로 진단하였다. 이후 환자는 흉통을 지속적으로 호소하였으며 산소, 헤파린, 카소딜 투여를 하면 흉통이 다소 진정되는 양상을 보였으나 지속적인 흉통이 있었다. 의사는 다음날 다시 심근효소 검사를 실시하도록 지시하였고 이후 환자는 구토와 약간의 호흡곤란 증상을 보였으며 심전도 검사 시 비정상 심전도가 나타났다. 이후에도 환자의 수축기혈압은 87mmHg까지 떨어졌으며 지속적으로 가슴 조이는 듯한 불편감과 호흡곤란 증상을 호소하였다. 호흡곤란 증상을 호소한 시간인 2011년 4월 30일 새벽 0시부터 30분간 측정된 산소포화도는 82%~93%(참고치: 95~97%)이었다. 환자는 묻는 말에 대답하기 힘들어 하는 모습을 보였으며, 새벽 1시 40분에 혈액을 채취하여 심근효소검사를 실시하였다. 트로포닌(troponin)－I 수치 상승 등으로 환자의 상태가 악화되었고 의료진은 I 병원으로 환자를 전원하기로 하였다. I 병원에서 환자는 관상동맥조영술을 시행하였으나 이후 혈압이 유지되지 않아 경피적 체외순환보조장치 부착 후 중환자실에서 치료를 받아오다 심부전증 악화로 사망하였다. 이 사건과 관련된 문제점 및 원인을 분석해본 결과는 다음과 같다.

먼저, 의료진은 환자의 응급실 내원 당시 11시 3분경 실시한 심근효소 검사에서 마이오글로빈(myoglobin)과 CK-MB 수치가 정상범위를 초과하였으나 심근특이도가 가장 높은 트로포닌(troponin)-I의 수치만 정상범위를 유지하였기에 이후에도 수치에 대한 변화 추이를 살펴볼 필요성이 있었다. 또한 응급실 내원 후 약물 투여에도 불구하고 지속적으로 흉통을 호소하는 환자이기에 심근 괴사 여부 및 정도를 확인하기 위해 의료진은 초기 심근효소 검사 이후 4시간 정도가 지난 뒤에는 다시 검사를 실시할 필요가 있었다. 그러나 의료진은 환자의 상태가 급격하게 악화된 2011년 4월 30분 오전 1시 40분경이 되어서야 비로소 심근효소 검사를 실시하였고, 이는 4시간보다 그 이후인 약 13시간이 지나서 실시한 것으로 병원 의료진은 환자를 지속적으로 관찰하지 않은 과실이 있었다. 더불어 의료진은 조기 약물 치료로 증상이 안정되기 어려운 상태에 처한 환자에 대하여 관상동맥조영술을 실시할 수 있는 3차 의료기

〈표 16〉 원인분석

분석의 수준	질문	조사결과
왜 일어났는가? (사건이 일어났을 때의 과정 또는 활동)	전체 과정에서 그 단계는 무엇인가?	- 환자 관찰, 치료 단계 - 전원 단계

가장 근접한 요인은
무엇이었는가?
(인적 요인,
시스템 요인)
	어떤 인적 요인이
	결과에 관련
	있는가?
		• 환자 측
		- 흉통의 경우, 119에 연락해 전문심장센터가
		  있는 기관을 방문해야 함을 인지하지 못함
		• 의료인 측
		- 불안정형 협심증과 비ST분절상승 심근경색
		  을 구별하기 어려워 이를 모두 포괄하는 급
		  성관상동맥증후군으로 진단함
		- 심근효소 검사를 시행한 이후 4시간 이후에
		  는 재검사를 했어야하나 지체하여 실시함
		- 관상동맥조영술을 실시할 수 있는 3차 의료
		  기관으로의 전원을 지체함

	시스템은 어떻게 결과에 영향을 끼쳤는가?	

관으로의 전원을 지체한 과실이 있다. 적어도 심전도 검사에서 ST분절의 하강이 나타난 2011년 4월 29일 20시 17분경 또는 늦어도 호흡곤란 증상까지 나타난 2011년 4월 30일 00시 00분경에는 환자를 전원 시켰어야 하였다(〈표 16〉 참조).

5. 재발 방지 대책

〈그림 18〉 판례 16 원인별 재발방지 사항

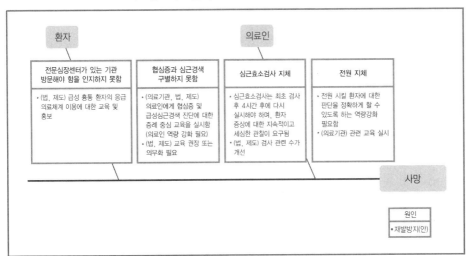

원인별 재발방지 대책은 〈그림 18〉과 같으며, 각 주체별 재발방지 대책은 아래와 같다.

(1) 의료인의 행위에 대한 검토사항

(가) 심근효소검사 후 환자에 대한 의료인의 세밀한 관찰

심근효소검사는 혈액 내로의 효소 유출이 일어난 시간을 위해 검사 후 4시간 정도 후에 다시 실시해야 한다. 환자 증상에 대한 지속적이며 세심한 관찰이 요구되는 검사이기에 의료인은 심근효소검사를 실시할 경우 환자에 대한 세심한 관찰을 기울여야 한다.

(나) 전원 시킬 환자 판단에 대한 의료인의 역량강화

의료인은 환자에 대한 판단을 정확하게 하고 환자에게 필요시 되는 검사가 해당 기관에서 실시 할 수 없는 검사라면 검사가 가능한 타 의료기관으로의 전원을 신속

하게 결정하여야 한다(〈참고자료 1〉 참조). 또한, 환자의 상태가 악화되기 전에 전원을 하여 환자가 검사나 치료 및 처치를 받지 못하는 경우가 없도록 의료인의 환자 판단에 대한 역량을 강화하여야 한다.

(2) 의료기관의 행위에 대한 검토사항

(가) 전원 시킬 환자 판단에 대한 의료인의 역량강화를 위한 교육

의료기관에서는 전원 시킬 환자에 대한 판단을 정확하게 할 수 있도록 의료인의 역량을 강화시키기 위하여 전원과 관련한 교육을 실시하는 것이 필요하다.

(나) 의료인 대상으로 진단에 대한 증례 중심의 교육 실시

의료기관은 불안정형 협심증과 비ST분절상승 심근경색을 구별하는 것을 어렵기 때문에 이를 정확하게 구분할 수 있도록 의료인에게 협심증 및 급성심근경색 진단에 대한 증례 중심의 교육을 실시하여 의료인의 역량을 강화시켜야 한다.

(3) 국가 및 지방자치단체에 대한 검토사항

흉통이 발생한 경우, 119에 연락해 전문심장센터가 있는 기관을 방문하도록 급성 흉통 환자뿐만 아니라 고위험군 환자 등 환자 및 보호자를 대상으로 응급의료체계 이용에 대한 교육실시와 홍보가 필요하다.

국가 및 지방자치단체는 법, 제도적으로 의료기관이 의료인에게 협심증 및 급성심근경색 진단에 대한 증례 중심의 교육을 실시하도록 권장하거나 의무화시키도록 하여야 개선하여야 할 필요가 있다. 또한 검사와 관련하여 후속검사에 대한 수가, 현장검사(Point-of-Care Test)에 대한 수가 등에 대한 개선이 필요하다.[8]

---

8) 건강보험요양급여비용 2015년 3월판. 제2장 검사료. 제1절 검체 검사료

분류번호	코드	분류	점수
나-394		트로포닌 Troponin	
	C3941	가. 트로포닌 T Troponin T	162.75
	C3942	나. 트로포닌 I Troponin I	164.34
너-277		트로포닌 [현장검사] Troponin [Point-of-Care Test] 주: 이차적인 후속검사를 실시하지 아니한 경우에 산정한다.	
		가. 정성 Qualitative	
	CY277	트로포닌 I Troponin I	87.88
	CY278	(2) 트로포닌 T Troponin T	88.69
		나. 정량 Quantitative	
	CY279*	(1) 트로포닌 I Troponin I	147.91

┃참고자료 1┃ 실시간 정보상황판[9]

'응급의료포털 E-Gen' 홈페이지의 '응급실' 메뉴에서 '실시간 정보상황판'을 클릭하면 〈그림 19〉와 같은 정보가 조회 가능하다.

〈그림 19〉 실시간 정보상황판

♀ 삼성서울병원 서울특별시 강남구 일원로 81, (일원동)   전송일시 : 2015-09-23 14:23:02

응급실	수술실	입원실	신경중환자실	신생중환자실	흉부중환자실	일반중환자실	CT	MRI	조영촬영기	인공호흡기	응급실당직의	응급실연락처
26	10	384	2	2	8	6	Y	Y	Y	Y	심**	02-3410-2062

내과중환자	외과중환자	외과입원실(성형외과)	신경과입원실	신경외과중환자실	약물중환자실	화상중환자실	외상중환자실	인공호흡기소아가용	인큐베이터가용
6	12	26	12	2			가	가	

응급실	뇌출혈수술	뇌경색의재관류	심근경색의재관류	복부손상의수술	사지접합의수술	응급내시경	응급투석	조산산모	정신질환자	신생아	중증화상
가능	가능	가능	가능	가능		가능	가능	가능		가능	

♀ 한림대학교강남성심병원 서울특별시 영등포구 신길로 1, (대림동, 강남성심병원)   전송일시 : 2015-09-23 14:23:50

응급실	수술실	입원실	신경중환자실	신생중환자실	흉부중환자실	일반중환자실	CT	MRI	조영촬영기	인공호흡기	응급실당직의	응급실연락처
16	4	86	0				Y	Y	Y	Y	김**	02)829-5119

내과중환자	외과중환자	외과입원실(성형외과)	신경과입원실	신경외과중환자실	약물중환자실	화상중환자실	외상중환자실	인공호흡기소아가용	인큐베이터가용
2	0						가	가	

응급실	뇌출혈수술	뇌경색의재관류	심근경색의재관류	복부손상의수술	사지접합의수술	응급내시경	응급투석	조산산모	정신질환자	신생아	중증화상
가능	가능	가능	가능	가능	가능	가능	가능	가능	가능		가능

응급실 메세지	기계점검으로 인해 cardiac marker, amylase, BNP, lipase검사 불가능으로 cardio 환자 수용불가능

┃참고자료 2┃ 사건과 관련된 의학적 소견[10]

1. 심근효소 검사는 내원 당시에 실시하고 6-9시간 후에 다시 실시함으로써 혈액 내로 효소의 유출이 확실하게 이루어진 시간을 확인할 필요성 있는 것으로 알려져 있다.

---

9) 응급의료포털 E-Gen e-gen.or.kr
10) 해당 내용은 판결문에 수록된 내용임.

판례 17. 농약 음독 환자 전원의무 위반으로 사망에 이른 사건_의정부 지방법원 2012. 8. 29. 선고 2010가합7758 판결

1. 사건의 개요

환자는 술에 취한 상태로 살충제인 농약을 음독하여 응급실로 후송되었다. 의료진은 환자를 유기인제에 의한 약물중독으로 진단하고 관련 치료 및 심전도를 측정하였으나 별다른 이상을 발견하지 못하였다. 의료진은 환자를 중환자실에 입원시킨 후 경과 관찰을 하여야 한다고 판단하여, 상급종합병원으로 전원을 권유하여 응급차량을 이용하여 환자를 타병원으로 이송하였다. 상급병원 도착 당시 환자는 혼수상태였으며 호흡과 산소포화도가 측정되지 않아, 의료진은 환자에게 심폐소생술을 시행하였다. 이후 환자는 저산소성 뇌손상 의증 진단을 받고 보전적 치료를 지속하였으나 약 반년 후 사망하였다[의정부지방법원 2012. 8. 29. 선고 2010가합7758 판결]. 자세한 사건의 경과는 다음과 같다.

날짜	시간	사건 개요
2009. 6. 30.	00 : 30	• 주거지에서 술에 취한 상태로 농작물의 해충 박멸을 위해 사용하는 유기인산 성분의 살충제인 농약을 약 100ml 음독함(환자 남자, 사고 당시 46세 11개월)
		• 부인이 구급대에 신고
	01 : 41	• 119 구급대원이 도착
	01 : 51	• 병원 응급실로 후송 • 후송 중 계속 구토를 함
		• 피고 병원 내원 • 의식상태 명료, 혈압 183/113mmHg, 맥박 104회/분, 호흡수 20회/분, 체온 37.7℃, 산소포화도 96% • 유기인제에 의한 약물중독으로 진단
		• 5,000ml 정도의 물로 위세척 시행 • 활성탄소 70ml 투여
	02 : 15	• 심전도 측정 = 별다른 이상 증상 없음

날짜	시간	사건 개요
2009. 6. 30.		• 의식상태와 활력징후가 정상범주로 돌아왔으나 환자의 상태에 비추어 중환자실 입원 후 경과관찰이 필요하다고 판단. 가족들에게 상급병원으로 전원할 것을 권유함
	02 : 30	• 병원이 운용하는 응급차량을 이용하여 I병원 응급실 도착
	02 : 33	• 글라스고 혼수척도(Glasgow coma scale)는 개안반응 1점, 운동반응 1점, 언어반응 1점 합계 3점으로 혼수상태임 • 혈압 104/74mmHg, 맥박 120회/분, 호흡수 0회/분, 체온 36℃, 산소포화도 측정되지 않음
	~ 02 : 45	• 앰부배깅 시행 • 활력징후와 부정맥 여부를 지속적으로 관찰하기 위해 다용도모니터와 제세동기를 부착하는 등 응급처치를 위한 준비를 수행
		• 제세동기 부착 = 심실세동과 심정지 관찰됨
		• 200J로 제세동 시행하였으나 자발순환이 회복되지 않음
		• 지속적으로 흉부압박 시행 • 에피네프린 5mg, 아트로핀 3mg 정맥주사 등 심폐소생술 시행
	02 : 50	• 간호사가 환자에게 Calciem gluconate 2g 투약
	02 : 52	• 자발순환 회복 • 심폐소생술 종료
	02 : 55	• 12극 사지유도 심전도 촬영 시행 = 심전도에서 심실세동은 관찰되지 않았으나 동성빈맥이 관찰됨
	02 : 56	• 동맥혈 가스분석 검사 시행
	02 : 57	• 기관 내 삽관 시행
		• 지속적으로 중독증상인 발작과 구토 증상 보임
	03 : 10	• L−tube 삽입, 활성탄소 투약 지시
	03 : 15	• 유기인제의 해독제인 아트로핀 0.5mg, 100앰플, 팜12,000mg을 각각 수액에 혼합하여 정맥주사함
2009. 7. 1.		• 활력징후 정상, 간헐적으로 근육간대경련 증상 보임
		• 저산소성 뇌손상 의증 진단 • 경련진정제 투약하면서 인공호흡기를 계속 부착한 상태로 보전적인 치료를 지속함

날짜	시간	사건 개요
2009. 7. 30.		• 환자 상태 호전의 가망이 없다고 판단 • 보전적 치료를 위해 N병원으로 전원
2010. 1. 3.	03 : 00	• 선행사인 저산소성뇌증, 중간선행사인 폐렴, 직접사인 패혈증으로 사망

2. 법원의 판단

가. 의료인 측 주장에 대한 판단: 법원 불인정

(1) 의료인 측 주장

환자를 I 병원으로 이송하는 데에 걸린 시간은 약 20분에 불과하고 이송 당시 응급상황도 아니었다. 환자가 I병원에 도착한 시각은 오전 2시 45분경에서 오전 2시 50분경으로 오전 2시 55분경 실시된 심폐소생술 결과를 보더라도 환자의 맥박은 정상적이었기 때문에 응급상황의 발생은 이송과정에서가 아니라 I병원에 도착한 후 I병원 의료진들의 미비한 조치로 일정시간 동안 환자가 방치되어 발생한 것이다.

(2) 법원 판단

① 차량운행일지는 나중에 가필까지 되어 있고, 출발·도착 시간을 운전자가 직접 기재하지 않은 것으로 보아 그 시각이 정확히 기재된 것이라고 믿기 어려운 점, ② 환자의 부인이 진료비를 결제한 후 피고 병원에서 응급차가 출발하였고 부인이 응급차를 바로 뒤따라 간 것이라면 운전자가 I병원 의료진에서 환자를 인계하는 동안 환자의 부인을 만나지 못하였을 리가 없고, 오히려 운전자가 I병원에서 머무른 시간을 고려하면 응급차량이 먼저 I병원으로 출발하였고 환자의 부인은 진료비를 결제하고 I병원으로 출발하여 그 사이 약 5~6분이 경과되어 운전자가 환자의 부인을 만나지 못한 것이라고 판단되는 점, ③ 병원에서 마지막으로 심전도를 측정한 오전 2시 15분경부터 I병원에 도착한 것으로 기재된 오전 2시 30분경 사이의 15분 동안 약 15km의 거리를 새벽에 시속 70~90km로 달렸을 경우 10분 내외면 충분히 도착할 수 있다고 보이는 점, ④ 환자들이 I병원 의료진에 대하여는 책임을 묻고 있지 않은 상황에서 I병원 의료진이 임의적으로 의료기록 등을 조작할 이유와 사정이 있다고

보기 어려운 점, ⑤ I병원의 의사지시기록에 기재된 최초 시각은 오전 2시 57분 29초인데 초 단위까지 입력되어있는 것으로 보아 이는 전산에 입력한 시간으로 보이고, 간호일지나 투약기록 등에 기재된 시간도 처치 후에 기재한 것이므로 실제 처치시간과는 차이가 있을 수밖에 없어 최초 지시 시간이 오전 2시 57분경이라고 기재되어 있는 사정만으로 이전에는 환자에게 아무런 문제가 발생하지 않았거나 I병원 의료진에서 아무런 의료적인 지시나 처치를 하지 않았다고 판단할 수는 없는 점, ⑥ 의사 지시기록에는 내용이 없으나 투약기록에는 오전 2시 50분경 Calcium gluconate가 투약된 것으로 기재되어 있어 최초 의사 지시기록에 그 전에 수행한 모든 처치과정이 기재된 것이 아니라 이미 완료되어 문제가 없는 부분 중 일부는 굳이 새롭게 그 지시내용을 기재하지 않은 것으로 보이는 점, ⑦ 유기인산의 중독증상이 환자에게 지속적으로 나타나고 있어 I병원 의료진으로서는 이를 해소하기 위한 조치 중의 하나로서 활성탄소 주입 등의 조치를 취한 것으로 볼 수 있고 혼수 상태에서의 L−tube 삽입이 절대적으로 금지된다거나 활성탄소 투입이 위험을 초래한다고 단정하기엔 부족한 점, ⑧ 운전자는 환자의 상태를 직접 확인하거나 환자와 대화를 나눈 적이 없어 운전자는 운전에 집중하고 있었고 운전자가 들은 소리가 환자가 코를 고는 소리였다거나 이송과정에서 환자가 숨을 쉬고 있었다고 단정할 수 없는 점 등을 고려하면 환자는 I병원의 의료기록에 기재되어있는 바와 같이 2009년 6월 30일 오전 2시 33분경 I병원에 내원하였고, I병원으로 이송되는 과정 중에 호흡이 정지되어 혼수상태에 빠졌다고 보인다.

나. 안전한 이송에 필요한 인력을 제공하지 않은 과실 유무: 법원 인정

(1) 환자 측 주장

병원 의료진은 환자가 응급차로 이송되는 과정에서 약물중독에 따른 호흡곤란, 심장박동정지 등의 응급사태가 발생할 것을 대비하여 응급의료에 관한 법률[11])에 따라 응급차량에 전문 의료진이나 응급구조사 등을 동승시켜 산소호흡기 착용, 심장박

---

11) 구 응급의료에 관한 법률 제48조(응급구조사 등의 탑승의무) 구급차등의 운용자는 구급차등이 출동하는 때에는 보건복지가족부령이 정하는 바에 의하여 응급구조사를 탑승시켜야 한다. 다만, 의사나 간호사가 탑승한 경우에는 그러하지 아니하다. 시행 2008. 6. 15. 법률 제8852호, 2008. 2. 29., 일부개정

동 체크 등의 필요한 조치를 취할 주의의무가 있었음에도 응급차량에 운전자와 환자 이외에 아무도 동승시키지 않고 필요한 조치를 전혀 취하지 않은 상태로 환자를 방치하였다.

(2) 법원 판단

응급의료에 관한 법률 제11조[12])에 따르면 환자는 유기인산 중독으로 피고 병원에 내원하여 필요한 응급조치를 받았으나 병원 의료진은 유기인산 중독의 경우 중추신경계 억제, 호흡근 마비 등으로 진행될 가능성이 있어 중환자실 입원 후 경과관찰이 필요하다는 판단 하에 환자를 상급병원인 I병원으로 전원하기로 하였으므로 피고 병원은 I병원으로의 안전한 이송에 필요한 의료기구 및 인력을 제공해야 할 의무가 있다. 의료진은 운전자로 하여금 응급차량을 운전하여 환자를 I병원으로 이송하도록 조치를 취하긴 하였으나 운전에 전념하여야 할 운전자 이 외에 응급상황에 대처할 수 있는 의사나 간호사, 응급구조사를 동승하게 하지 않아 환자의 안전한 이송에 필요한 인력을 제공하였다고 보기 어려워 피고 병원은 전원조치 의무를 제대로 이행하지 못한 과실이 있다.

다. 전원조치상의 과실: 법원 인정

(1) 환자 측 주장

응급환자인 환자를 I병원으로 이송하는 과정에서 I병원 의료진이 환자를 전원받아 적절한 조치를 취할 수 있도록 하여야 함에도 이송과정에서 환자에 대하여 아무런 보호 조치를 취하지 않았고, I병원 의료진에도 단순히 응급환자라고만 말하여 환자의 상태에 대한 일체의 전달을 하지 않은 채 인계하는 등의 전원조치상의 과실

---

12) 구 응급의료에 관한 법률 제11조(응급환자의 이송) ① 의료인은 응급환자에 대하여 당해 의료기관의 능력으로는 그 환자에 대하여 적정한 응급의료를 행할 수 없다고 판단한 때에는 지체없이 그 환자를 적정한 응급의료가 가능한 다른 의료기관으로 이송하여야 한다.
② 의료기관의 장은 제1항의 규정에 의하여 응급환자를 이송하는 경우에는 응급환자의 안전한 이송에 필요한 의료기구 및 인력을 제공하여야 하며, 응급환자를 이송받는 의료기관에 진료에 필요한 의무기록을 제공하여야 한다.
③ 의료기관의 장은 이송에 소요된 비용을 환자에게 청구할 수 있다.
④ 응급환자의 이송절차, 의무기록의 이송 및 비용의 청구 등에 관하여 필요한 사항은 보건복지가족부령으로 정한다.
시행 2008. 6. 15. 법률 제8852호, 2008. 2. 29., 일부개정

이 있다.

(2) 법원 판단

① 피고 병원 의료진이 I병원 의료진 측에 미리 응급환자의 이송이나 전원 가능 여부를 확인하였다면 환자가 I병원에 도착하였을 당시 곧바로 I병원 의료진들이 환자를 인계받았을 수 있었을 것이나 약 7분여 동안 아무런 인계절차를 밟지 못한 것으로 보아 사전에 환자의 이송에 대한 연락조차 취하지 않았던 것으로 보이는 점, ② 환자의 보호자가 도착할 때까지 I병원 의료진에게 환자에 대한 진료 기록 등이 전혀 전달되지 못한 점, ③ 환자와 유일하게 동승하였던 운전자조차 환자의 상태를 확인하지 않았고, 환자가 I병원 의료진이나 환자의 보호자에게 적절하게 인계되도록 아무런 조치를 취하지 않은 점 등을 고려하면 피고 병원은 환자를 I병원으로 전원하면서 환자에 대한 보호 의무를 소홀히 하고 전원에 필요한 조치를 취하지 않은 과실이 있다.

3. 손해배상범위 및 책임 제한

가. 의료인 측의 손해배상책임 범위: 30% 제한

나. 제한 이유

(1) 환자는 자살하려고 유기인산 살충제를 음독하였고 이전에도 1회 그러한 전력이 있는 점

(2) 의료진의 응급조치와 전원 조치 자체는 비교적 신속하게 이루어진 점

(3) 환자의 음독량이 소량이었다고는 하나, 유기인제 중독의 경우 중추 신경계 억제, 기관지 수축, 과도한 기관지 분비물, 호흡근 마비 등으로 인하여 사망에 이르는 경우도 있으므로 환자가 이송과정에서 응급조치를 받았다고 하더라도 그러한 위험에서 완전히 벗어날 수 있었다고 단정할 수는 없는 점

다. 손해배상책임의 범위

(1) 청구금액: 264,693,027원

(2) 인용금액: 79,427,889원

　　① 재산상 손해: 55,427,890원＝일실수입×30%

　　　－ 일실수입: 184,795,635원

　　② 위자료: 24,000,000원

4. 사건 원인 분석

　이 사건에서 환자는 술에 취한 상태로 유기인산 성분의 살충제인 농약을 음독하여 119를 통해 응급실로 후송되었다. 의료진은 환자를 유기인제에 의한 약물중독으로 진단하여 위세척과 활성탄소 투여를 시행하였고 심전도를 측정하였으나 별다른 이상증상이 없었다. 의식상태와 활력징후 또한 정상범주로 돌아왔으나 환자의 상태에 비추어 중환자실 입원 후 경과관찰이 필요하다고 판단하여 상급병원으로의 전원을 권유하였다. 하여 병원이 운용하는 응급차량을 이용하여 타 병원 응급실에 도착하였고 도착 당시 환자는 혼수상태이며 혈압 104/74mmHg, 맥박 120회/분, 호흡수와 산소포화도가 측정되지 않았다. 하여 앰부배깅과 응급처치 및 제세동을 시행하고 흉부압박 등 심폐소생술 등을 시행하여 자발순환이 회복되었다. 심전도에서 심실세동은 관찰되지 않았으나 동성빈맥이 관찰되었고 이후 지속적으로 환자는 발작과 구토 증상을 보였다. 환자는 저산소성 뇌손상 의증 진단을 받았고 보전적 치료를 지속하였으나 상태 호전에 가망이 없다고 판단하여 보존적 치료 위해 N병원으로 전원하였고 약 반년 후에 사망한 사건이다. 이 사건과 관련된 문제점 및 원인을 분석해본 결과는 다음과 같다.

　첫째, 사건 발생 당시의 응급의료에 관한 법률 제48조에 의하면 구급차가 출동할 경우에는 응급구조사 등의 인력이 동승하여야 함에도 안전한 이송에 필요한 인력을 제공하지 않았다. 환자의 상태가 이송되기 전에는 의식과 활력징후가 양호하였으나 전원 받은 병원에 도착 당시 혼수상태인 점을 보아 전원 과정에서 상태가 악화되었다고 생각된다. 응급의료에 관한 법률 제48조[13])에 의하면 이송 시에는 항상 응급구조사나 의사, 간호사를 동승시켜야 하며, 피고 병원 의료진은 이송 전 환자의 심전도 검사 결과 이상증상이 없고 의식상태와 활력징후가 정상범주였음에도 환자의 상태에 비추어 중환자실 입원 후 경과관찰이 필요하다고 판단한 바 있다. 그럼에도 전원시에는 환자의 상태를 관찰할 수 있는 인력을 동승하게 하지 않았다.

둘째, 전원을 받을 의료기관에 적절한 인계를 하지 않았다. 일반적으로 환자 이송 시 사전에 이송 받을 의료기관에 전원 할 환자의 상태, 인적사항, 치료내용, 도착

〈표 17〉 원인분석

분석의 수준	질문	조사결과
왜 일어났는가? (사건이 일어났을 때의 과정 또는 활동)	전체 과정에서 그 단계는 무엇인가?	– 전원 단계
가장 근접한 요인은 무엇이었는가? (인적 요인, 시스템 요인)	어떤 인적 요인이 결과에 관련 있는가?	• 의료인 측 – 전원 조치 미흡(전원 전 전원받을 병원 의료 진에 연락 미시행, 환자의 진료 기록 동봉 및 전문 인력이 동승하지 않음)
	시스템은 어떻게 결과에 영향을 끼쳤는가?	• 의료기관 내 – 의료인 교육 미흡(전원 절차에 대한 의료인 교육 미흡) • 법·제도 – 전원 지침의 활용 미흡 – 전원절차에 대한 교육프로그램 부재 – 전원절차에 대한 국민 인식 향상을 위한 노 력 미흡 – 안전한 이송 절차에 대한 재정적 지원 미흡

13) 구 응급의료에 관한 법률 제48조(응급구조사 등의 탑승의무) 구급차등의 운용자는 구급차등이 출동하는 때에는 보건복지가족부령이 정하는 바에 의하여 응급구조사를 탑승시켜야 한다. 다만, 의사나 간호사가 탑승한 경우에는 그러하지 아니하다. 시행 2008. 6. 15. 법률 제8852호, 2008. 2. 29., 일부개정
구 응급의료에 관한 법률 시행규칙 제39조(응급구조사의 배치) 구급차등의 운용자는 응급환자를 이송하거나 이송하기 위하여 출동하는 때에는 법 제48조의 규정에 따라 그 구급차등에 응급구조사 1인 이상이 포함된 2인 이상의 인원이 항상 탑승하도록 하여야 한다. 다만, 의료법에 의한 의사 또는 간호사가 탑승한 경우에는 응급구조사가 탑승하지 아니할 수 있다. 시행 2008. 6. 15. 보건복지가족부령 제19호, 2008. 6. 13., 일부개정

예정시간 등을 통보하고 의무기록 등을 동봉하여야 함(보건복지부, 2013)에도 피고 병원 의료진은 환자의 보호자에게 환자에 대한 진료소견서를 교부하였고, 이로 인하여 환자의 보호자가 수납을 마치고 출발하여 도착할 때까지 환자가 병원 의료진에 도착한지 약 7분여동안 아무런 인계절차를 밟지 못하였다(〈표 17〉 참조).

5. 재발 방지 대책

〈그림 20〉 판례 17 원인별 재발방지 사항 제안

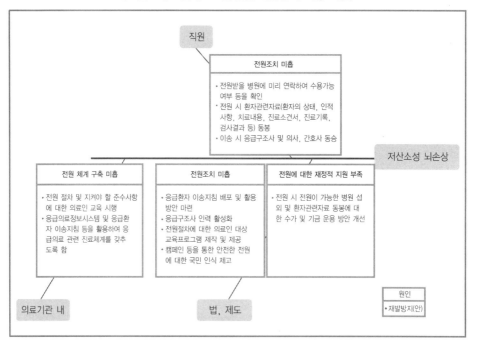

원인별 재발방지 대책은 〈그림 20〉과 같으며, 각 주체별 재발방지 대책은 다음과 같다.

(1) 의료인의 행위에 대한 검토사항

환자를 타 병원에 전원 보낼 시 전원을 받을 병원에 미리 연락하여 환자의 수용 가능 여부를 미리 확인하여야 한다. 또한 전원 시 환자의 상태, 치료내용, 도착예정 시간 등을 미리 알리고 진료소견서, 진료기록, 검사결과 등의 환자 관련 자료를 동봉하여야 한다. 이송 시에는 이송 중 환자의 상태 악화에 대비하여 안전한 이송에 필요한 응급구조사나 의사 및 간호사가 동승하여야 한다.

(2) 의료기관의 운영체제에 관한 검토사항

전원 시 시행하여야 할 사항 및 절차에 대해 의료인을 교육하여야 한다. 또한 국가적 차원에서 제공하는 응급의료정보시스템 및 응급환자 이송지침 등을 활용하여 응급의료 관련 진료체계를 갖추도록 하여야 한다.

(3) 국가·지방자치체 차원의 검토사항

응급환자 이송지침을 각 의료기관에서 활용할 수 있도록 배포하여야 하고 의료인을 대상으로 한 전원절차 및 규정에 대한 교육 프로그램 마련 및 시행, 응급구조사 인력 운용 활성화를 위한 지원 및 정책을 마련하여야 한다. 안전한 전원을 위해 필요한 사항에 대해 환자 및 보호자를 포함한 대중을 대상으로 캠페인, 교육 프로그램 등을 마련 및 활용하여 인식을 제고할 수 있도록 해야 한다. 이를 통해 환자 및 보호자 측에서도 전원 시 안전한 전원을 위한 조치를 취하였는지 주의를 기울일 수 있도록 해야 한다. 또한 전원 시 전원이 가능한 병원 의료진을 섭외하고, 환자의 의무기록, 진료소견서 등 환자관련자료 동봉 등의 인계, 환자 및 보호자에 대한 설명 등 전원과 관련하여 해야 하는 업무에 비하여 인력이 부족한 상황이므로, 안전한 이송을 위해 필요한 사항에 대해 응급수가 및 응급의료기금을 활용하여 이에 대한 재정적인 지원을 할 수 있도록 한다.

┃참고자료┃ 사건과 관련된 의학적 소견14)

1. 유기인제 중독

유기인산은 체내의 신경전달물질인 아세틸콜린을 분해하는 아세틸콜린에스테라제의 작용을 방해하여 아세틸콜린이 신경계에 축적됨으로써 신체 증상을 발현시킨다. 급성기 증상은 침, 눈물, 땀, 기도 분비물 증가, 동공축소, 서맥, 기관지수축, 근력약화, 근육연축, 빈맥, 고혈압, 의식저하, 경련, 호흡중추 억제, 심혈관 중추 억제 등이고 중추 신경계 억제, 기관지 수축, 과도한 기관지 분비물, 호흡근 마비 등으로 인하여 사망에 이를 수도 있다.

2. 심실세동

심실세동은 돌연사를 유발할 수 있는 치명적인 부정맥의 일종으로 심실세동 상태에서는 심장이 정상적으로 수축하지 못하고 지속적인 잔떨림이 있어 뇌, 심장, 간, 신장 등의 주요 장기들로 혈액이 공급되지 못하며 임상적으로는 사망상태로 취급한다.

---

14) 해당 내용은 판결문에 수록된 내용임.

판례 18. 과다한 전원조치로 인해 뇌출혈 및 사지마비 발생 사건_대구 지방법원 2013. 12. 12. 선고 2011가합3989 판결

1. 사건의 개요

환자는 터질 듯한 두통으로 피고1 병원 응급실에 내원하였고, 검사 결과 뇌내출혈, 경막하출혈, 지주막하 출혈을 진단받았다. 의료진은 보호자에게 3차 병원 전원을 설명하고 1339 응급의료정보센터에 응급수술이 가능한 병원 정보를 의뢰하였다. 의뢰받은 피고2 병원은 EMR 시스템이 가동되지 않는 이유로 수락하지 않았으나, 피고1 병원은 환자를 피고2 병원으로 전원하였다. 이후 피고2 병원은 약 1시간 후 환자를 피고3 병원으로 전원하였다. 전원된 환자는 피고3 병원에서 다시 검사를 받은 뒤, 또 다른 병원 W로 전원되었다. 환자는 W병원에서 수술을 받았다. 두 달 후 환자는 뇌출혈 및 사지마비 진단을 받았고, 6개월 후에는 준 식물인간 상태가 되었다[대구지방법원 2013. 12. 12. 선고 2011가합3989 판결]. 자세한 사건의 경과는 다음과 같다.

날짜	시간	사건 개요
2011. 1. 1. (토)	08 : 30	• 집에서 아침식사를 하려는데 갑자기 터질 듯한 두통이 발생(환자 여자, 나이 미상)
	09 : 11	• 자녀가 119에 신고
	09 : 15	• 119 도착
	09 : 25	• 피고1병원에 도착
	09 : 27	• 피고1병원 건물 안으로 119구조대와 환자가 들어옴 • 의식은 명료(alert)하고 글라스고우 혼수 등급(GCS)은 15점, 동공은 오른쪽 4mm, 왼쪽 3mm, 뇌 CT상 뇌내출혈(ICH), 경막하출혈 (SDH), 지주막하출혈(SAH)으로 진단 • 119카트에 누워있는 환자는 양손으로 머리를 쥐고 있다가 다리를 굽힘 • 119카트에서 침대로 옮겨짐
	09 : 28	• 누워서 의사1과 대화를 나눔
	09 : 29	• 의사1이 팔과 다리를 들어보라고 지시하자 그대로 이행함. 환자가 팔을 들어 자신의 머리를 짚음

날짜	시간	사건 개요
2011. 1. 1.	09 : 31	• 왼팔을 들어 간호사를 부름. 간호사가 오자 오른팔을 들어 자신의 머리를 짚음
	09 : 32	• 119구조원이 환자와 대화한 후 피고1병원을 떠남
	09 : 33	• 신고한 환자의 자녀가 피고1병원 도착
	09 : 35	• 다리를 굽혔다가 다시 내려놓음 • 환자가 누워있는 침대를 간호사와 환자의 자녀가 함께 밀어 뇌 CT 촬영실로 이동함
	09 : 44	• 의사1이 누군가에게 전화를 걸어 약 2분 30초간 통화를 함 • 환자가 누워있는 침대를 간호사와 환자의 자녀가 함께 밀며 다시 병실 안으로 들어옴 • 신경과 과장 의사L은 환자가 뇌출혈을 일으켰음을 인지함
	09 : 46	• 의사1이 환자의 침대 머리맡에서 환자의 자녀에게 검사 결과를 설명하고 3차 병원으로 전원해야 한다고 함
	09 : 48	• 의사Z가 환자의 상태를 확인하고 환자의 자녀와 대화를 나눔
	09 : 49	• 1339 응급의료정보센터로 응급수술이 가능한 병원을 찾아달라고 의뢰함
	09 : 50	• 구급차 예약(사유: 정밀검사 및 치료, 도착예정시각: 10 : 20)
	09 : 53	• 1339 응급의료정보센터는 피고2병원에 연락하였으나 EMR 시스템이 가동되지 않는다는 이유로 미수락 처리함
	09 : 54	• 환자가 팔을 들었다가 놓음
	09 : 55	• 1339 응급의료정보센터에서 피고2 병원에 연락하였으나 중환자실 부족으로 미수락 처리함
	09 : 57	• 환자는 팔을 들었다가 놓고, 다리를 굽혔다가 펴는 행동을 반복함
	10 : 01	• 1339 응급의료정보센터에서 A병원에 연락하였으나 수술실 부족으로 미수락 처리함 • 의사1이 환자의 자녀에게 전원동의서에 관한 설명을 하였고 서명을 받음 • 환자가 팔을 들었다가 놓음 • 간호사가 모르핀 3mg 주사
	10 : 11	• 1339 응급의료정보센터에서 B병원에 연락을 하였으나 이 병원은 피고1병원에 직접 연락하기로 함
	10 : 14	• 10 : 05에 나타난 새로운 카트를 병실로 옮겨 환자를 새로운 카트에 옮김

날짜	시간	사건 개요
2011. 1. 1.		• 인턴M이 환자를 옮기는 과정을 지켜보다가 도와줌
	10 : 15	• 환자의 가슴 아래 부분은 이불로 덮여있고 환자는 왼손으로 자신의 얼굴을 감싸고 있었음
	이후	• 환자의 상체는 CCTV에서 확인할 수 없고 하체는 큰 움직임을 보이지 않음
	10 : 20	• 환자의 왼쪽 팔은 가슴 위에 놓여 있고 환자의 자녀와 인턴M이 환자가 누워있는 카트와 함께 피고1병원을 떠남
	10 : 40	• 환자가 누워있는 카트가 피고2병원 분류소로 들어옴 • 이미 동공이 확대되고 반사작용 테스트에서도 일부 자극에만 반응하고 대화할 수 없을 정도로 혼미(stupor) 또는 반혼수(semi-coma) 상태임 • 환자의 왼쪽 팔은 가슴 위에 놓여있는데, 피고1병원을 떠날 때보다 손의 위치가 아래로 조금 내려옴
	10 : 41	• 인턴M이 의사3에게 서류를 건네주고 인턴M과 의사3이 데스크에 무엇인가를 설명함 • 남자 간호사가 환자의 상체를 덮은 이불을 들추고 환자의 오른팔을 들어 무엇인가를 물어보지만 환자는 별다른 반응을 보이지 않음 • 남자간호사가 환자의 왼쪽 팔을 통해 혈압을 체크함
	10 : 42	• 남자간호사가 환자의 왼쪽 팔에 집게를 고정하는 동안 의사4가 와서 환자에게 대화를 건네지만 별다른 반응을 보이지 않음 • 의사6이 환자에게 대화를 건네고 환자의 흉부를 살짝 흔들어보지만 별다른 반응을 보이지 않자 데스크로 감
	10 : 43	• 환자분류소 데스크의 모니터 앞에서 인턴M과 의사2가 대화를 나눔
	10 : 44	• 의사2가 환자에게 다가가 대화를 건네지만 별다른 반응을 보이지 않음 • 인턴M이 데스크에 CT촬영 사진, 전원의뢰서를 건넴
	10 : 45	• 환자가 누워있는 카트가 환자분류소에서 소생실 쪽으로 이동함
	10 : 46	• 소생실 입실 • 의사7이 함께 소생실에 들어감
	10 : 50	• 여자간호사가 환자에게 와서 두부 거상을 하게하고 정맥로 확보 등의 조치를 취함 • 의사S가 혈압, 호흡수, 체온 등을 체크, 산소공급 및 포화도 체크, 심전도 검사 등을 시행

날짜	시간	사건 개요
2011. 1. 1.		• 환자의 양손은 배 위에 가지런히 놓여 있었으나 41~46초에 양손이 조금 움직임
	10 : 53	• 의사7이 소생실 안으로 들어가고 마스크를 낀 남자 의사가 장비를 밀며 소생실 안으로 들어감
	10 : 59	• 의사S가 신경외과 1년차 전공의T에게 연락함 • 의사2와 T와 신경외과 2년차 전공의U와 함께 소생실로 감 • 환자에 대하여 두부 거상, 기도 확보, 바이탈 체크, 뇌압을 떨어뜨리기 위한 만니톨 투여 등의 응급조치를 취함
	11 : 06	• 피고2병원이 visit 등록15)이 정상화됨
	11 : 43	• 도뇨관 삽입 시행
	11 : 45	• 피고3병원의 카트가 소생실 앞에 도착
	11 : 46	• 도뇨관 삽입 완료
	11 : 47	• 피고3병원의 카트로 환자를 옮기고 카트는 소생실에서 나옴
	11 : 58	• 피고3병원에 도착 • 의식은 혼미(stupor)하며, 동공반사는 오른쪽 2mm(반응 있음), 왼쪽 5mm(반응 없음)임 • 운동은 우측 반신부전마비(hemiparesis, 편측마비) 등급 1, 좌측 두정엽 자발성 뇌내출혈, 뇌동정맥기형 파열 의증
	12 : 07	• CT촬영실로 이동
	12 : 09	• CT촬영 시작
	12 : 28	• CT촬영실에서 응급실로 이동 • 혈액검사, EKG 검사 시행
	12 : 31	• CT촬영 영상에 대한 판독 시작 =뇌동정맥 기형성 출혈로 진단 • 의사V가 전원 결정

---

15) 응급실에 환자가 도착하면 일단 응급의학과로 접수를 한 후에 응급의학과에서 환자를 진료할 수 있는 해당 진료과 의사를 호출하게 되고, 해당 진료과 의사가 시스템에 visit 등록을 하면 위 의사가 환자의 담당의사가 되는 것을 말한다. 뇌수술을 함에 있어서는 2차 CT 촬영, 자기공명영상 촬영, 혈관조영술 등의 검사 결과를 수술방에서 화면으로 띄우는 것이 필요한데, visit 등록이 되지 않으면 위 검사결과를 수술방 화면에 띄울 수 없게 된다. 따라서 visit 등록이 되지 않는 경우 뇌수술이 불가능한 것은 아니지만, 원활하게 진행될 수는 없는 것으로 보인다.

날짜	시간	사건 개요
2011. 1. 1.	11 : 46	• 도뇨관 삽입 완료
	11 : 47	• 피고3병원의 카트로 환자를 옮기고 카트는 소생실에서 나옴
	11 : 58	• 피고3병원에 도착 • 의식은 혼미(stupor)하며, 동공반사는 오른쪽 2mm(반응 있음), 왼쪽 5mm(반응 없음)임 • 운동은 우측 반신부전마비(hemiparesis, 편측마비) 등급 1, 좌측 두정엽 자발성 뇌내출혈, 뇌동정맥기형 파열 의증
	12 : 07	• CT촬영실로 이동
	12 : 09	• CT촬영 시작
	12 : 28	• CT촬영실에서 응급실로 이동 • 혈액검사, EKG 검사 시행
	12 : 31	• CT촬영 영상에 대한 판독 시작 　= 뇌동정맥 기형성 출혈로 진단 • 의사V가 전원 결정
	12 : 39	• 간호사가 만니톨(이뇨제) 20% 100ml 주사, 메치솔주(부신호르몬제) 125mg 주사 오더를 시행
	12 : 46	• 피고3병원에서 C병원으로 이송 시작
	13 : 00	• C병원 도착
	13 : 09	• 간호사가 CT 및 뇌졸중 체크를 함
	13 : 50	• 수술실로 이동
	14 : 00	• 마취 시작
	19 : 00	• 수술 종료 • 간호경과일지 기록 내용 　= 의식은 혼미(stupor), 동공반사는 오른쪽 2mm(반응 없음), 왼쪽 5mm(반응 없음), 지시이행은 반응 없음, 운동반응은 최대 G3/G3, 최소 G2/G2
	19 : 24	• 의식: 무의식, 동공크기 비대칭, 및 반좌 좌우 무반응, 지남력은 없으며 정서상태는 의사소통이 불가능함. 통증 사정결과 통증 없음
2011. 1. 2.		• 간호정보조사지 기록 내용 　= 운동반응: all G2 → G1 　= 동공반사: 3mm(반응 없음)/5mm(반응 없음) → 4mm(반응 없음) → 7mm(반응 없음)

날짜	시간	사건 개요
2011. 1. 3.		• 경과일지 기록 내용 = 의식상태: 반혼수(semi-coma), 동공반사: 3mm(반응 없음)/6mm (반응 없음), 운동반응 G3/G1
2011. 3. 11.		• 뇌출혈, 사지마비 진단
2011. 9. 19.		• 준 식물인간 상태로서 외부 자극에 대해 미약한 반응을 보일 뿐 자 신의 의사를 표현하지 못하는 상태임

※ 병원 2의 의료진에 대한 형사재판 및 행정처분

피고2병원 소속 응급의료종사자 의사2가 정당한 사유 없이 환자를 피고3병원에 전원조치하여 응급의료를 거부 또는 기피하였다는 이유로 지방검찰청 검사는 2012. 5. 9. 벌금 5,000,000원의 약식 명령을 청구하였고, 같은 이유로 지방법원은 2012. 5. 24. 벌금 5,000,000원의 약식 명령을 발령하였으나 피고2병원은 2012. 6. 5. 정식 재판을 청구하였다.

1심 법원은 의사2가 2011. 1. 1. 11 : 36 이전에는 피고2병원의 visit 등록이 정상화되었다는 사실을 알지 못하였던 점과 이후의 여러 가지 사정을 고려하여 의사2가 환자를 피고3병원으로 이송한 데 대하여 정당한 사유가 없다고 볼 수 없다고 판단하여 무죄선고를 하였다.

검사는 이에 불복하여 항소를 하였으나 항소심 법원 역시 같은 이유로 항소를 기각하여 위 판결이 확정되었다.

한편, 피고2병원은 응급의료에 관한 법률 및 같은 법 시행규칙에 의해 권역응급의료센터로 지정되었다. 또한 2010. 11. 21. 발생한 소아응급환자 사망사건과 관련하여 피고2병원에 과태료 처분, 정책적 제재, 피고2병원 소속 의사 2명에 대해 면허정지 처분이 이루어졌을 뿐 환자와 관련하여 피고2병원 또는 소속의사가 행정처분을 받은 사실은 없다.

2. 법원의 판단

가. 피고2병원으로 전원을 한 피고1병원의 과실 유무: 법원 인정

(1) 환자 측 주장

피고1병원 응급의학과 과장은 시스템 교체로 인해 피고2병원이 적정한 응급의료가 가능한 상태가 아니었음에도 환자를 피고2병원으로 전원을 한 과실이 있다.

(2) 의료인 측 주장

피고2병원으로 이송될 경우 다른 병원으로 또다시 전원될 수 있다는 점을 의사1이 환자에게 미리 알려주었는데도 환자의 자녀가 환자를 피고2병원에 이송하는 것에 동의하였으므로 과실이 없다.

(3) 법원 판단

① 구 응급의료에 관한 법률 제11조[16]와 피고2병원은 EMR시스템으로의 변경을 위해 2010. 12. 31. 1339 응급의료정보센터에 일주일 동안 응급환자 이송을 자제해달라고 요청한 점, ② 1339 응급의료정보센터가 2011. 1. 1. 09 : 53 피고2병원에 환자의 이송을 요청하였을 때 EMR 시스템 변경을 이유로 거절한 점, ③ 피고1병원 의사1은 자신의 후배인 피고2병원 의사2에게 전화하여 피고2병원에 환자를 이송하겠다고 하였고, 피고2가 EMR 시스템 변경을 이유로 거절하다가 의사1이 재차 요구하자 다른 병원으로의 전원 가능성을 조건으로 승낙한 점, ④ 피고2병원의 EMR 시스템에 오류가 발생하여 visit 등록이 정상적으로 이루어지지 않아 피고2병원은 환자에 대해 즉시 응급수술을 할 수 있는 상황이 아니어서 결국 피고3병원으로 환자를 또다시 이송시킨 점 등을 고려하면 피고1병원은 피고2병원이 환자에 대하여 적정한 응급의료를 행할 수 없음에도 환자를 피고2병원으로 이송을 한 과실을 인정할 수 있다.

---

16) 구 응급의료에 관한 법률(법률 제22004호로 2011. 8. 4. 개정되기 전의 것) 제11조(응급환자의 이송)
① 의료인은 응급환자에 대하여 당해 의료기관의 능력으로는 그 환자에 대하여 적정한 응급의료를 행할 수 없다고 판단한 때에는 지체없이 그 환자를 적정한 응급의료가 가능한 다른 의료기관으로 이송하여야 한다.

환자의 자녀는 당시 만 16세의 고등학생에 불과하며, 응급환자의 생명과 건강을 보호하고 국민의료를 정정하게 함을 목적으로 하는 응급의료법의 취지에 비추어 볼 때 비록 환자의 자녀가 동의를 하였다고 하더라도 피고1병원에 위와 같은 과실이 없다고 볼 수 없어 피고의 주장은 이유 없다.

나. 피고1병원의 응급수술을 시행하지 않은 과실 여부: 법원 불인정

(1) 환자 측 주장

피고1병원에서 응급환자인 환자를 직접 수술하였어야 함에도 환자를 피고2병원으로 전원조치 한 과실이 있다.

(2) 법원 판단

피고1병원 의료진들이 환자에 대한 응급수술을 할 수 있었음에도 이를 하지 않았다는 과실이 있다고 인정하기에 부족하다. 다만, 피고1병원에서의 환자의 상태와 피고2병원에 도착한 직후의 환자의 상태는 전혀 다른 양상을 보이고 있어, 피고1병원에서 피고2병원까지의 이송하는 데에 동승한 피고1병원의 인턴M은 피고2병원의 의료진에게 구급차 안에서의 환자의 상태변화에 대한 정보를 제공할 의무가 있다. 그럼에도 인턴M이 이러한 의무를 다하였는지 의문이 있으나 원고들이 이와 관련된 주장을 하지 않고 조사가 이루어진 바가 없어 이에 대해서는 판단하지 않았다.

다. 피고2병원의 응급환자에 대한 24시간 상시 진료가 가능한 시스템을 구축하지 않은 과실 여부: 법원 불인정

(1) 환자 측 주장

피고2병원은 응급환자에 대해 24시간 상시 진료가 가능하도록 시스템을 구축하였어야 함에도 이를 게을리 한 과실이 있다.

(2) 법원 판단

구 응급의료에 관한 법률 제26조[17]와 제31조의2,[18] 그리고 2011. 1. 1. 피고2

---

17) 구 응급의료에 관한 법률(법률 제22004호로 20118. 4. 개정되기 전의 것) 제26조(권역응급의료센터의 지정)
① 보건복지부장관은 응급의료에 관한 다음 각 호의 업무를 행하게 하기 위하여 시·도지사와 협

병원의 EMR시스템 변경과 관련하여 visit 등록에 장애가 생긴 사실은 인정하나 피고
2병원이 응급환자에 대한 상시 진료가 가능한 시스템을 구축하지 않은 과실이 있다
고 인정하기엔 부족하다.

① 피고2병원은 OCS에서 EMR 시스템으로의 교체 중 장애가 발생할 수 있을
것에 대비하여 2010. 12. 31. 1339 응급의료정보센터에 연락하여 일주일간 응급환자
이송을 자제해달라고 부탁한 점, ② 피고2병원의 visit 등록에 장애가 생겨 EMR 시
스템에 원활한 운영은 되지 않았으나 수기로 진료기록을 작성하거나 수술준비를 할
방법은 마련되어 있었던 점, ③ 피고2병원의 의사Z는 피고1병원의 의사1로부터 환자
의 상태가 명료하다고 들었고 달리 환자의 상태가 응급 뇌수술을 하여야 할 정도로
위중한 것을 알지 못한 상태에서 전원을 허락하였으며 의사1에게 피고2병원의 전산
장애 상황을 미리 설명한 점, ④ 피고2병원은 2011. 1. 1. 06 : 00부터 11 : 06까지
전산상 장애가 생긴 사실 외에 달리 시스템 교체를 이유로 환자들을 진료하지 않거
나 방만히 진료한 사정이 없어, 결국 진료시스템 교체 과정에서 발생한 어쩔 수 없는
전산상 장애라고 본다.

라. 피고2병원의 성실한 치료를 하지 않은 과실 여부: 법원 불인정

(1) 환자 측 주장

응급환자인 환자에 대해 아무런 조치 없이 응급실에 방치하는 등 환자를 성실히
진료하지 않은 과실이 있다.

(2) 법원 판단

피고2병원 의료진이 원고들에게 '오지말라고 했는데 왜 왔냐'는 식으로 대응하

의하여 시·도에 소재하는 종합병원 중에서 권영응급의료센터를 지정할 수 있다.
1. 응급환자의 진료
2. 대형 재해 등의 발생시의 응급의료지원
3. 권역 안의 응급의료종사자에 대한 교육·훈련
4. 기타 보건복지부장관이 정하는 권역 안의 응급의료관련업무
18) 구 응급의료에 관한 법률(법률 제22004호로 20118. 4. 개정되기 전의 것) 제31조의2(응급의료기
관의 운영)
응급의료기관은 응급환자에 대하여 24시간 상시 진료할 수 있도록 응급의료기관의 지정기준에
따라 시설, 인력 및 장비 등을 유지하여 운영하여야 한다.

고 별다른 진료를 하지 않았다는 원고들의 주장을 인정할 증거가 없고 오히려 피고2 병원의 환자분류소에서 의사2, 의사6, 남자간호사 등 여러 의료진의 환자의 상태를 확인하고 환자가 소생실로 들어간 후에도 여러 의사가 환자의 상태를 확인하면서 두부 거상, 기도 확보, 바이탈 체크, 도뇨관 삽입, 만니톨 투여 등의 응급조치를 취한 사실을 인정할 수 있다.

마. 즉시 환자를 다른 병원으로 전원조치 하였어야 함에도 시간을 지체한 피고2병원의 과실 여부: 법원 인정

(1) 환자 측 주장

시스템이 불안정한 상태라면 환자를 즉시 다른 병원 의료진으로 전원조치 하였어야 함에도 시간을 지체한 과실이 있다.

(2) 법원 판단

환자가 피고2병원에 도착하였을 때 환자는 이미 의사소통을 할 수 없는 혼미 또는 반혼수 상태였으므로 피고1병원을 출발할 때와 전혀 다른 상태였으며, EMR 시스템 불안정으로 인해 응급 수술을 할 수 있는 상태가 아니었으므로 시스템이 안정되기를 기다릴 것이 아니라 즉시 1339 응급의료정보센터 또는 다른 병원의 응급실에 연락하여 환자를 전원조치할 필요가 있었다고 판단하여 시간을 지체한 과실이 있다.

바. 응급환자 이송에 필요한 의료기구, 인력을 제공하지 않은 피고2병원의 과실 여부: 법원 인정

(1) 환자 측 주장

응급환자 이송에 필요한 의료기구, 인력을 제공할 의무가 있음에도 이를 제공하지 않아 피고3병원으로부터 구급차가 오게 하여 이송수단을 제공하지 않은 과실이 있다.

(2) 의료인 측 주장

응급의료법 시행규칙 별표5[19]에 의해 위탁계약을 체결한 경우 피고2병원이 직

---

19) 응급의료에 관한 법률 시행규칙 별표 5 권역응급의료센터의 지정기준(제13조 제2항 관련)
   2. 개별기준

접 환자를 피고3병원으로 이송할 의무가 면제된다.

(3) 법원 판단

권역응급의료센터의 경우 특수구급차 1대, 일반구급차 1대를 소유하고 이를 구내 주차장에 주차하여야 하는 것을 원칙으로 하되, 다만 구급차의 운용을 위탁한 경우에는 위와 같은 소유 의무를 면제하는 것에 불과할 뿐 구급차가 주차되어야 할 장소를 구내주차장이 아닌 다른 곳으로 지정할 수 없다고 보아야 한다.

피고2병원과 환자이송을 위한 구급차 위탁 운용 계약을 체결한 AA 사이의 계약서 제5조에 의하면 'AA는 환자이송업무를 신속히 처리하기 위하여 피고2병원이 지정하는 장소에 인력과 차량을 상시 대기시켜야 한다.'고 기재되어있고, 시방서 제4조에 의하면 '구급차는 24시간 환자의 이송업무를 위하여 본원의 지정 장소에 항시 대기한다고 기재되어 있다. 이에 피고2병원으로서는 AA로 하여금 피고2병원의 구내주차장 중 구급차 대기 장소에 AA의 구급차를 상시 대기시키도록 하여야 하고 이를 확인·지시할 의무도 있다. 그럼에도 피고2병원은 환자를 피고3병원으로 이송하여야 할 무렵 AA의 구급차가 피고2병원에 도착하기까지 약 10분이 소요된다는 사실을 인정하고 있으므로 권역응급의료센터의 시설기준을 지키지 않아 결국 응급환자에 필요한 의료기구, 인력을 제공하지 않은 과실이 있다.

사. 환자에게 즉시 응급치료를 시행할 수 없는 피고3병원으로 전원한 피고2병원의 과실 여부: 법원 불인정

(1) 환자 측 주장

환자가 즉시 응급치료를 받을 수 없는 피고3병원으로 전원한 과실이 있다.

(2) 법원 판단

피고1병원의 의사1이 피고2병원의 의사2에게 환자가 뇌동정맥 기형일 수 있다

가. 시설기준
• 주차장: 구급차 2대를 포함한 4대 이상이 차량이 동시에 주차할 수 있는 공간을 확보할 것
  (주) 위의 개수·단위면적 및 총면적 기준은 최소기준임
다. 장비기준
• 구급차: 특수구급차 1대, 일반구급차 1대, 다만, 법 제44조 제2항의 규정에 따라 구급차의 운용을 위탁한 경우에는 이를 갖추지 아니할 수 있다.

는 설명을 하였다고 진술된 증인신문조서의 기재를 믿기 어렵고 달리 의사2가 원고의 상태를 충분히 알 수 있었음에도 피고3병원으로 전원하였다는 점을 인정할 증거가 없다. 오히려 의사2는 의사1로부터 환자가 고혈압성 뇌출혈을 일으킨 것으로 보인다는 설명을 들었고 비록 환자가 피고2병원으로 이송되어 오는 과정에서 의식상태가 더욱 불량하여진 점은 있으나, 뇌동정맥 기형의 확률은 매우 적고, visit 등록이 불가능하고 EMR 시스템이 불안정하여 추가 검사가 곤란했던 점을 고려하면 피고1병원에서 보내온 CT 촬영 사진과 의사1의 설명만으로 환자가 피고3병원에서 충분한 치료를 받을 수 있을 것이라 판단하여 피고3병원으로 전원시킨 것으로 판단했다.

아. 환자의 상태를 구체적으로 파악하지 않은 상태에서 전원요청에 응한 피고3병원의 과실 여부: 법원 불인정

(1) 환자 측 주장

환자의 상태를 구체적으로 파악한 후에 전원요청에 응해야 함에도 피고3병원의 의사는 환자의 상태를 구체적으로 파악하지 않은 상태에서 전원요청에 응하여 시간을 지체하게 한 과실이 있다.

(2) 법원 판단

피고3병원의 신경외과 전문의V는 피고2병원으로부터 상세불명의 뇌내출혈 환자가 전원 온다는 연락을 받았고, 피고3병원에서는 뇌출혈 환자에 대한 많은 수술 경험이 있어 V는 위와 같은 설명을 듣고 환자의 상태를 파악한 후 전원을 허용할 것인지의 여부를 결정하면 되는 것이지, 이에 더 나아가 상세불명으로 판단한 근거가 무엇인지에 관하여 구체적이고 추가적인 질문을 하여 환자의 상태를 더 구체적으로 정확하게 파악한 후에 전원을 허용할 것인지의 여부를 결정하여야 할 주의의무가 있다고 보기는 어렵다. 오히려 V는 환자가 피고3병원으로 이송된 후에야 피고1병원에서 촬영한 CT사진을 확인할 수 있었는데, 통상적으로 고혈압성으로 출혈이 되는 부위가 아닌 부위에서 출혈이 있음을 확인하고 두부 CT 혈관조영촬영을 시행한 사실을 인정할 수 있다.

3. 손해배상범위 및 책임 제한

가. 의료인 측의 손해배상책임 범위: 재산적 손해 불인정

나. 인과관계 불인정 사유

(1) 환자는 좌측 대뇌에 뇌동정맥기형을 가지고 있었고 그것이 자발성 뇌내출혈이 원인이 되어 피고1병원에서 환자는 의료진에게 고통을 호소하기도 하고, 의사들과 대화를 할 수 있는 정도였으나 피고2병원에 도착한 후에는 의료진의 문진과 촉진에 별다른 반응을 보이지 않았던 점, 의식상태 및 동공상태 등에 비추어 볼 때, 이송과정 또는 응급실에서 대기하는 과정에서 재출혈이 일어났을 것으로 보이는 점

(2) 뇌동정맥기형은 수술 전 뇌혈관 조영술 등 특수검사를 통하여 정확한 혈관의 병태생리를 이해하여야 하고, 이러한 준비가 잘 되어있다고 하더라도 수술 후 신경학적 장애 및 사망률이 낮지 않은 질환에 속하는 점

(3) 환자에 대한 정확한 진단이 이루어져 적절한 의료기관에서 면밀한 준비과정을 거쳐 수술을 진행할 수 있게 된다고 하더라도 수술준비에만 약 3~5시간이 걸리는 점

(4) 지주막하 출혈의 경우 첫 번째 출혈을 일으킨 환자의 1/3이 사망하고 나머지 1/3은 심각한 장애가 남는 상태로 생존하며, 나머지 1/3만이 출혈로부터 회복되며 또한 재출혈 시 사망률은 70~90%인 점

다. 손해배상책임의 범위

(1) 청구금액: 351,602,016원
(2) 인용금액: 19,000,000원(위자료)

4. 사건 원인 분석

이 사건에서 환자는 갑자기 터질 듯한 두통이 발생하여 119를 통해 피고1병원에 내원하였다. 내원 당시 환자의 의식은 명료하였고, 뇌 CT검사 결과 뇌내출혈, 경막하출혈, 지주막하 출혈로 진단하여 환자의 자녀에게 검사 결과를 설명하고 3차 병

원으로 전원 해야함을 설명하였다. 1339 응급의료정보센터에 응급수술이 가능한 병원을 찾아달라고 의뢰하였으나 의뢰를 받은 피고2병원은 EMR 시스템이 가동되지 않는다는 이유로 미수락처리를 하였다. 그럼에도 피고1병원은 피고2병원으로 전원하였고 도착 당시 환자는 혼미 또는 반혼수 상태로 소생실로 입실하였고 피고2병원 의료진은 응급조치를 시행하였다. 약 1시간 10분 후 피고3병원으로 전원하였고 CT촬영을 시행한 결과 뇌동정맥 기형성 출혈로 진단하여 C병원으로 다시 전원하여 수술을 시행하였다. 약 두 달 후 환자는 뇌출혈, 사지마비 진단을 받았고 그로부터 6개월 후에는 준 식물인간 상태가 된 사건이다. 이 사건과 관련된 문제점 및 원인을 분석해본 결과는 다음과 같다.

첫째, 피고1병원은 피고2병원이 응급수술이 불가능한 상태이었음에도 환자를 피고2병원으로 전원한 과실이 있다. 피고2병원은 OCS에서 EMR으로의 시스템 변경으로 인해 원활한 뇌수술을 위한 visit 등록이 제대로 되지 않아 응급수술이 불가능한 상태였다.

둘째, 피고2병원은 응급수술이 가능한 상태가 아니었음에도 신속하게 다른 병원으로 전원을 하지 않는 등 적절한 조치를 취하지 않았다. 피고2병원은 피고1병원으로부터 전원을 받은 후 환자에게 만니톨 투여 등의 응급조치 시행, 도뇨관 삽입 외 별다른 조치를 취하지 않다가 환자가 내원한지 약 1시간 만에 피고3병원으로 전원하였다.

셋째, 피고2병원은 전원 시 안전한 응급환자 이송에 필요한 의료 기구 및 인력을 제공하지 않았다. 피고2병원으로부터 전원을 받은 피고3병원의 구급차가 피고2병원에 도착하기까지 약 10분정도 소요됨에도 피고3병원의 구급차를 피고2병원에 오게 하여 전원을 시행하였다. 이에 대해 피고2병원에서는 구급차의 운용에 대해 위탁계약을 체결한 경우에는 환자를 직접 이송할 의무가 면제된다고 주장하였다. 법원에서는 응급의료에 관한 법률 시행규칙 별표 5 권역응급의료센터의 지정기준(제13조 제2항 관련)에 의해 권역응급의료센터의 경우 특수구급차와 일반구급차를 소유하고 구내 주차장에 주차하여야 하는 것을 원칙으로 하되, 구급차의 운용을 위탁한 경우에는 소유의무만을 면제할 뿐 구급차를 구내 주차장에 주차하여야 하는 의무는 부담한다고 판단하였다. 하여 이는 피고2병원에서 응급의료에 관한 법률 등의 관련 규정에 대한 이해가 부족하여 발생한 것으로 생각된다(〈표 18〉 참조).

〈표 18〉 원인분석

분석의 수준	질문	조사결과
왜 일어났는가? (사건이 일어났을 때의 과정 또는 활동)	전체 과정에서 그 단계는 무엇인가?	– 전원 단계
가장 근접한 요인은 무엇이었는가? (인적 요인, 시스템 요인)	어떤 인적 요인이 결과에 관련 있는가?	• 의료인 측 – 전원 조치 미흡(응급수술이 불가능한 의료기 관으로 전원 시행, 신속한 전원 미시행, 의료 기구 및 전문인력 미제공)
	시스템은 어떻게 결과에 영향을 끼쳤는가?	• 의료기관 내 – 전원 조치 미흡(응급의료 관련 규정에 대한 의료인의 이해도 부족, 의료기구 및 전문인 력 미제공) • 법·제도 – 전원 지침의 활용 미흡 – 전산시스템 구축에 대한 지원 미흡

5. 재발 방지 대책

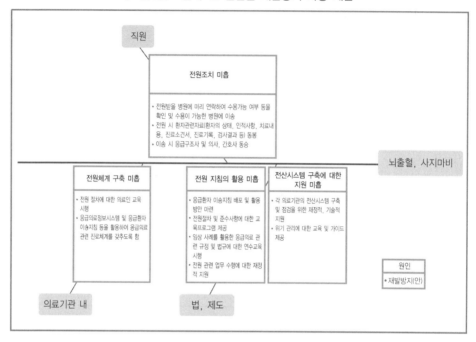

〈그림 21〉 판례 18 원인별 재발방지 사항 제안

원인별 재발방지 대책은 〈그림 21〉과 같으며, 각 주체별 재발방지 대책은 아래와 같다.

(1) 의료인의 행위에 대한 검토사항

환자의 상태 및 의료기관의 치료처치 가능 여부에 따라 전원이 필요한 상황여부에 대해 신속하게 파악하여 전원 조치를 취하여야 한다. 전원을 결정하였을 경우에는 전원 받을 의료기관에 미리 연락하여 환자의 수용 가능 여부를 확인하고 환자에 대한 치료처치가 가능한 의료기관에 전원을 하여야 한다. 전원시에는 환자의 상태, 인적사항, 치료내용, 진료기록 등 환자 관련 자료를 모두 동봉하며 응급구조사 및 의사, 간호사가 동승하도록 하여야 한다.

(2) 의료기관의 운영체제에 관한 검토사항

전원[20] 시 취해야 할 조치에 대해 의료인을 대상으로 교육하고 적절한 응급의료 진료체계를 갖추어야 한다. 응급의료에 관한 법률 등의 관련 규정에 대한 이해도를 높여 전원 시 필요한 장비와 인력을 제공하여야 한다. 또한 응급 수술이 불가능한 경우 등 위기 관리에 대한 훈련 및 이에 대한 가이드를 마련하여야 하며, 응급 수술이 가능할 수 있도록 이에 대비한 시설 및 장비 등을 갖추어야 한다.

(3) 학회·직능단체 차원의 검토사항

각 응급의료 관련 기관을 대상으로 준수하여야 할 사항 및 규정에 대한 교육을 시행하여야 한다. 이와 관련하여 연수 교육 시행 시에 임상 사례를 활용하여 교육을 할 수 있다. 또한 각 의료기관에서 응급 수술이 불가능한 경우에 대비한 위기관리에 대한 교육과 가이드를 제공하여야 한다.

---

20) 응급의료에 관한 법률 제11조(응급환자의 이송) ① 의료인은 해당 의료기관의 능력으로는 응급환자에 대하여 적절한 응급의료를 할 수 없다고 판단한 경우에는 지체 없이 그 환자를 적절한 응급의료가 가능한 다른 의료기관으로 이송하여야 한다.
　② 의료기관의 장은 제1항에 따라 응급환자를 이송할 때에는 응급환자의 안전한 이송에 필요한 의료기구와 인력을 제공하여야 하며, 응급환자를 이송받는 의료기관에 진료에 필요한 의무기록(醫務記錄)을 제공하여야 한다.
　③ 의료기관의 장은 이송에 든 비용을 환자에게 청구할 수 있다.
　④ 응급환자의 이송절차, 의무기록의 이송 및 비용의 청구 등에 필요한 사항은 보건복지부령으로 정한다.
　응급의료에 관한 법률 시행규칙 제4조(응급환자의 이송절차 및 의무기록의 이송) ① 의료인은 법 제11조에 따라 응급환자를 다른 의료기관으로 이송하는 경우에는 이송받는 의료기관에 연락하고, 적절한 이송수단을 알선하거나 제공하여야 한다.
　② 의료인은 제1항에 따라 이송받는 의료기관에 대한 연락이나 준비를 할 수 없는 경우에는 법 제27조 제1항에 따른 응급의료정보센터(이하 "정보센터"라 한다)나 「119구조·구급에 관한 법률」 제10조의2에 따른 119구급상황관리센터를 통하여 이송받을 수 있는 의료기관을 확인하고 적절한 이송수단을 알선하거나 제공하여야 한다.
　③ 제1항과 제2항에 따라 응급환자를 이송하는 경우에 제공하여야 하는 의무기록은 다음 각 호와 같다.
　1. 별지 제2호서식의 응급환자진료의뢰서
　2. 검사기록 등 의무기록과 방사선 필름의 사본 그 밖에 응급환자의 진료에 필요하다고 판단되는 자료
　[전문개정 2014. 5. 1.]

(4) 국가·지방자치체 차원의 검토사항

전원과 관련하여 업무를 수행할 인력에 대한 재정적 지원이 필요하다. 또한 각 의료기관에서 전산시스템의 구축 및 점검이 가능하도록 기술적, 재정적인 지원이 이루어져야 한다.

| 참고자료 | 사건과 관련된 의학적 소견[21]

1. 동정맥기형

(1) 정의 및 병태 생리

가. 뇌 발생과정에서 동맥과 정맥 사이에 정상적으로 발생해야 할 모세혈관이 생기지 않고, 뇌동맥에서 뇌정맥이 바로 연결되어 혈관덩어리를 형성하는 선천성 질환이다. 뇌혈관 기형 사이사이에 정상적인 기능을 하는 뇌조직이 없고, 비정상적인 혈관이 복잡하게 얽혀 있는 덩어리로 존재하게 된다.

나. 뇌동정맥 기형은 유입동맥－동정맥기형 핵－유출정맥으로 구성된다.

다. 정상 뇌조직에서는 모세혈관이 말초저항을 증가시켜 혈류 압력을 낮추지만, 뇌동정맥기형은 말초저항을 정상적으로 감소시키는 모세혈관 구조가 없어서 동맥혈의 압력이 직접 정맥으로 전달된다. 과도한 혈류로 인해 2차적으로 혈관이 확장되고 늘어나서 구불구불한 모양을 가진다. 우회배출이 잘 되지 않거나 혈관내벽의 변성이 심해지면 혈관파열로 뇌출혈이 발생하게 된다.

(2) 역학 및 증상

가. 뇌동정맥기형은 인구의 약 0.01~1%가 가지고 있으며 동맥류 발생 빈도의 1/10~1/7을 차지한다.

나. 뇌동정맥기형의 약 50%가 뇌출혈을 일으키며 지주막하출혈 형태가 많고 뇌내출혈 형태를 취하는 경우도 있다. 약 30%의 환자는 뇌출혈 이전에 뇌전증(구, 간질) 발작을 일으켜 발견된다. 동맥혈이 뇌조직으로 흐르지 않고 바로 정맥을 통해 빠져나가는 단락 현상으로 인하여 뇌동정맥 기형 주변의 뇌조직에 허혈이 유발되고 뇌기능에 이상이 와서 간질 발작을 하게 된다. 약 10~20%의 환자는 두통을 호소하여 진단된다. 두통은 허혈에 의해 유발되기도 하고 뇌동정맥 기형을 통한 동맥압에 의해 생기기도 하는데 갑자기 생긴 심한 두통은 뇌출혈을 의심해야 한다.

(3) 진단

뇌출혈이 발생하여 응급상황이 되면 뇌 컴퓨터 단층촬영으로 출혈부위와 출혈양을 확인한다. 자기공명영상으로 진단이 가능하고 위치와 주변 구조물을 세밀하게 확인할 수 있다. 혈관

---

21) 해당 내용은 판결문에 수록된 내용임.

조영술을 통해 뇌혈관의 작은 분지까지 선명하게 확인할 수 있는데 혈관조영술을 통해 뇌동정맥기형을 확인하면 유입동맥은 정상 동맥보다 굵고 유출정맥은 확장되어있다.

(4) 치료

약물치료는 없으며, 동정맥 기형의 제거가 유일한 치료법이다. 뇌동정맥 기형을 제거하는 세 가지 방법은 ① 미세 수술적 제거, ② 혈관 내 색전술, ③ 감마나이프 방사선 수술이다.

2. 지주막하 출혈

(1) 정의

사람의 뇌 실질을 감싸고 있는 뇌막은 경막, 지주막, 연막의 3종으로 구분되는데, 이 중 중간에 있는 막이 마치 거미줄 모양과 같다고 해서 지주막 또는 거미막이라 하고, 가장 안쪽에 있는 연막과의 사이에 있는 공간이 지주막하 공간이다. 이 지주막하 공간은 비교적 넓은 공간으로, 뇌의 혈액을 공급하는 대부분의 큰 혈관이 지나다니는 통로인 동시에 뇌척수액이 교통하는 공간이 된다. 그래서 뇌혈관에서 출혈이 생기면 가장 먼저 지주막하 공간에 스며들게 되는데 이렇게 어떤 원인에 의해 지주막하 공간에 출혈이 일어나는 질환을 뇌 지주막하 출혈이라 하며, 대부분의 경우 뇌동맥류 파열과 같은 심각한 원인이 있을 수 있고, 이 외에도 뇌혈관의 기형이나 외상 등에 의해서 지주막하 공간에 출혈이 발생하는 모든 경우를 말한다.

(2) 원인

지주막하 출혈의 원인은 뇌동맥류의 파열에 의한 것이 전체의 65%를 차지할 정도로 가장 많다.

지주막하 출혈은 크게 자발성 출혈과 외상성 출혈로 나눌 수 있는데, 자발성 출혈은 나이를 가리지 않고 발생하며, 뇌혈관에 꽈리 모양의 주머니를 형성하는 선천적인 뇌동맥류나 기타 뇌혈관 기형이 있다가 우연한 기회에 터져 뇌출혈을 일으키는 경우가 대부분이다. 자발성 지주막하 출혈의 원인으로는 뇌동맥류의 파열, 뇌동정맥 기형의 출혈, 추골 동맥의 박리, 뇌혈관염, 혈액응고 이상 등 여러 가지가 있지만, 이 중에서 뇌동맥류 파열에 의한 지주막하 출혈이 80%로서 지주막하 출혈이 있을 때 가장 먼저 의심하게 된다.

(3) 증상

갑작스러운 심한 두통, 심한 구역질과 구토 등의 의식이 있는 경우에서부터 실신이나 의식이 소실되는 경우까지 그 증상이 다양하나, 무엇보다도 특징적인 증상으로는 갑작스럽고 머리를 망치로 맞아 깨질 것 같은 정도의 극심한 두통이다. 이 외에도 안구의 운동이나 동공의 움직임을 지배하는 동안 신경의 마비에 의해 안검하수(윗 눈꺼풀이 늘어지는 현상) 및 복시(사물이 이중으로 보이는 현상), 빛을 싫어하게 되는 광선 공포증이나 목이 뻣뻣해지는 등 전형적인 수막 자극 증상이 나타나며, 경련과 같은 발작을 일으키는 경우도 있다. 때로는 의식장애가 심하고, 혼수상태에서 깨어나지 않은 채 죽는 경우도 있는데, 대체적으로 뇌동맥류 파열 후 3분의 1의 환자가 그 자리에서 즉사하고, 그 외 3분의 1은 병원 의료진에 이송 도중 또는 병원 의료진에서 사망하게 되며, 나머지 환자만이 치료를 받는 것으로 알려져 있다.

(4) 진단 및 검사

환자가 갑자기 두통이나 구토와 함께 의식저하 등의 신경학적 장애가 보일 때는 곧바로 뇌전산화 단층촬영이나 뇌 자기공명영상과 같은 검사를 통하여 뇌출혈의 정확한 진단과 적절한 치료를 받아야 한다. 경우에 따라 혈관조영술을 시행하는 방법도 이용된다.

(5) 치료

동맥류 파열에 의한 지주막하 출혈의 경우 재출혈 방지를 위한 여러 치료 방법 중 가장 이상적인 방법은, 개두술을 하여 동맥류 경부를 동맥류 클립으로 묶음으로써, 정상적인 혈류를 유지하되 동맥류로 혈류가 공급되지 않게 체순환계로부터 완전히 분리시키는 동맥류 경부 직접 결찰술이다. 그러나 경우에 따라서는 경부 직접 결찰이 곤란한 경우가 있으며, 이러한 경우 포착, 근위동맥 결찰, 포장, 우회술 등이 실시된다. 최근에는 환자의 상태 및 담당 의사의 소견에 따라 수술 없이 특수합금으로 만들어진 코일을 뇌혈관 조영술과 같은 방법으로 뇌동맥류로 접근시켜 뇌동맥류를 막는 방법도 있다.

(6) 임상경과와 합병증

가. 약 절반 정도의 환자에서 신경학적 후유증이 남으며, 약 3분의 1 정도에서 출혈 이전과 같은 정도의 삶의 질을 누릴 수 있는 것으로 알려져 있다.

나. 합병증으로 ① 재출혈, ② 뇌혈관 연축, ③ 수두증이 대표적이다.

재출혈시 사망률은 20~90%로 뇌동맥류 파열 환자의 가장 심각한 합병증이다. 첫 24시간 내에 가장 많고(4.1%, 그중에서도 출혈 후 첫 6시간이 가장 많음), 이후 하루 1.5%정도로 발생하며, 6개월 이내에 약 50% 발생함. 조기 재출혈은 임상등급이 낮은 환자에게서 더 빈번하다.

3. 내뇌출혈

두개 내에 출혈이 있어 생기는 모든 변화를 말하는 것으로 출혈성 뇌졸중이라고도 한다. 뇌출혈은 여러 가지 방법으로 구분하고 있으나 크게 외상에 의한 출혈과 자발성 출혈로 구분할 수 있다.

자발성 뇌출혈이란 다음과 같은 질환 중에 뇌출혈을 일으킨 것을 말한다(고혈압성 뇌출혈, 뇌동맥류, 뇌동정맥 기형, 모야모야병, 뇌종양 출혈 등). 고혈압성 뇌출혈은 뇌졸중 가운데 약 10%를 차지한다. 뇌동맥류에 의한 출혈은 90%정도가 뇌지주막하출혈로 발생한다.

외상에 의한 출혈에는 두개골 내면과 경막(dura) 사이 어느 위치에서 출혈이 생기는지와 언제 생기는지를 기준으로 급성 경막하 출혈, 만성 경막하 출혈, 경막외 출혈로 구분할 수 있다.

4. 의식상태

(1) 의식상태는 일반적으로 ① 의식이 정상인 명료(alert) 상태, ② 졸음이 오는 상태로서 주의력의 결핍과 혼돈을 보여 대화를 지속적으로 유지하기가 어렵지만, 자극을 주면 느리지만 적절히 반응하는 기면(drowsy) 상태, ③ 통증이나 밝은 광선 등 강한 자극에 반응을 보이는 혼비(stupor) 상태, ④ 표재성 반응 외에는 자발적 움직임이 거의 없고 고통스러운 자극을 주었을 경우 어느 정도 이를 피하려는 반응을 보이는 반혼수(semi-coma) 상태, ⑤ 모든 자극에 반응이 없고 아주 고통스러운 자극에 지연된 반사 반응이 단편적으로 나타나기도 하는 혼수(coma) 상태 등 5단계로 분류할 수 있다.

(2) 최근에는 의식상태를 글라스고우 혼수계수(Glasgow coma scale, GCS)로 표시하는 것이 권장된다.

가. E(eye opening, 개안반응): 눈을 뜨지 않는 경우(1점)부터 자발적 개안(4점)

나. V(verbal response, 언어반응): 소리를 전혀 못내는 경우(1점)부터 정상(5점)

다. M(motor response, 운동반응): 무운동(1점)부터 지시에 따른 운동(6점)

관찰반응	반응	점수
개안반응	통증자극에도 전혀 눈을 뜨지 못한다	1
	통증자극에 눈을 뜬다	2
	불러서 눈을 뜬다	3
	자발적으로 눈을 뜬다	4
언어반응	통증자극에도 전혀 소리를 내지 않는다	1
	자극에 의미가 없는 소리를 낸다(신음소리 등)	2
	문장으로 이야기하지 못하고 부정확한 단어를 사용한다	3
	말을 하지만 정확하지 않은 말을 한다	4
	정확한 의사표현을 한다	5

관찰반응	반응	점수
운동반응	통증자극에도 전혀 움직임이 없다	1
	통증자극에 통증부위와 상관없이 팔을 쭉 편다	2
	통증자극에 통증부위와 상관없이 팔을 구부린다	3
	통증자극에 통증 부위를 피하려 한다	4
	통증자극에 정확한 통증부위를 찾아 뿌리치려 한다	5
	지시에 따라 팔다리를 움직이는 상태	6

* 3개 항목의 합산 점수

1~8점: 중증 뇌손상, 9~12점: 중등도 뇌손상, 13~15점: 경증 뇌손상

제6장

기 타

판례 19. 낙상으로 인한 사망 사건_서울중앙지방법원 2012. 5. 15. 선고 2011가합41920 판결

1. 사건의 개요

급성 골수성 백혈병이 의심되어 내원한 환자가 병동에 빈 병상이 없어 응급실에 입원하였다. 환자의 보호자는 간호사에게 양해를 구하여 귀가하였고, 환자는 새벽시간에 검사 및 처치를 받던 중 낙상하여 사망하였다[서울중앙지방법원 2012. 5. 15. 선고 2011가합41920 판결]. 자세한 사건의 경과는 다음과 같다.

날짜	시간	사건 개요
2011. 2. 26.		• C대학교 산부인과에 내원하였다가 혈액검사결과 급성 골수성백혈병이 의심된다는 소견을 들음(환자 여자, 사고 당시 40세)
2011. 2. 28.	10 : 50	• 피고 병원으로 전원하여 내원함
	13 : 10	• 병동에 빈 병상이 없어 응급실로 입원함
	13 : 24	• 영상의학과 검사 및 심전도 검사 시행, 수액 공급 처방함
	14 : 28	• 검사실로 이동하여 골수조직 검사 시행함
	14 : 40	• 항생제와 vesanoid[ATRA(all transretinoic acid)] 등을 포함한 약제들을 투약함

날짜	시간	사건 개요
2011. 2. 28.	15 : 53	• 검사실에서 응급실로 돌아옴
	17 : 12	• 백혈구제거 혈소판성분 혈액을 수혈함
	17 : 38	
	20 : 22	
	21 : 00	• 발열과 골수검사 부위에 통증을 호소하여 진통제를 주사함
2011. 3. 1.	01 : 00	• 보호자가 병원 간호사의 허락을 받고 귀가함
	02 : 00	• 신선냉동혈장을 수혈함
	03 : 00	• 환자에게 소변량을 측정하고 기록하는 방법을 교육함
	04 : 20	• 채혈한 후 혈액검사 시행함
	05 : 30	• 간호사가 주변 환자의 보호자로부터 호출을 받고 침대에서 떨어져 쓰러져 있는 환자를 발견함 • 우측 광대뼈 부위에 혈종이 관찰되었고 1회 구토함 • 즉시 심전도, 혈압, 맥박, 산소포화도를 측정하고 뇌CT 검사를 시행함 ＝뇌출혈이 확인됨 • 혈소판성분 혈액 및 신신동결혈장을 수혈하도록 처방함
	06 : 56	• 중환자실로 이송 • 기도삽관 및 인공호흡기 치료 시행
	07 : 30	• 혈압 및 맥박이 저하되어 응급심폐소생술 시행
	07 : 39	• 신선동결혈장을 수혈함
	07 : 55	• 사망

2. 법원의 판단

가. 낙상을 방지하지 못한 과실여부: 법원 인정

(1) 환자 측 주장

환자는 낙상 발생의 고위험군에 해당하는 환자이므로 병원 의료진은 환자와 그 보호자에게 낙상 사고의 위험성에 대해 교육해야 하고 보호자가 곁에 있어야 한다는 사실을 알려주어야 할 의무가 있다. 또한 환자의 보호자인 환자가 병원 의료진의 허락 하에 귀가하여 보호자가 없는 상태였으므로, 환자에게 낙상을 예방하기 위한 교육을 하고 환자를 주의 깊게 관찰하여야 하며 침대 난간을 올려놓아야 했다. 그러나 병원 의료진은 환자 및 보호자에게 이와 같은 교육을 하지 않았고 보호자가 귀가하는 것을 허락하였으며 환자를 주의 깊게 관찰하지 않고, 침대 난간 또한 올려놓지 않는 등 낙상 사고 방지를 위한 적절한 조치를 취하지 않은 과실로 인하여 환자의 사망이 발생하였다.

(2) 법원 판단

환자는 2010년 3월 1일 오전 4시 20분경부터 오전 5시 30분경 사이에 침대에서 떨어진 것으로 보이며, 병원 의료진이 채혈을 한 후 환자의 침대 난간을 올려놓지 않았다고 볼 증거가 없고, 환자에게 소변량을 측정하는 방법을 교육하였다고 하여 혼자 화장실을 다녀오라고 하였다고 보기는 어렵다. 또한 일반 병동에서는 4－6시간 간격으로 활력징후를 측정하는 것을 기본으로 하며 그 외에는 수시로 병실을 순회하면서 환자의 상태를 관찰하는 것이 일반적으로, 현실적으로 의료진이 24시간 동안 환자를 곁에서 관찰하는 것은 불가능하기에 병원 의료진이 환자에 대한 주의 및 관찰을 게을리 하였다거나 침대 난간을 올리지 않은 과실이 있다고 보기 어렵다.

그러나 ① 환자는 병원에 입원한 후 여러 검사를 받고 항암제 등을 투약 받았으며 수혈을 받는 것으로 인한 피로감, 백혈병 증상인 쇠약감, 빈혈 등으로 보호자 없이 혼자 침대에서 내려오면서 넘어지거나 어지럼증으로 정신을 잃고 쓰러지는 등, 낙상 사고가 발생할 가능성이 상당히 있어 보이고 낙상 사고로 뇌출혈이 발생하면 치명적일 수 있다는 면에서 낙상 고위험군 환자로 보이는 점, ② 병원 의료진은 환자의 보호자가 자리를 비운 후 환자에게 비상시 호출벨을 사용하고 소변량을 체크하는 방법에 대하여만 교육하였을 뿐, 환자와 보호자에게 환자가 낙상 고위험군 환자이므로 특히 낙상 사고를 주의하여야 한다는 점과 낙상 사고를 예방하는 방법 등에 관하여 교육하였다거나 낙상 위험에 대한 안내문을 교부하였다고 보이지 않는 점 등에 비추어 보아, 병원 의료진은 환자를 낙상 고위험군 환자로 분류하고 환자와 보호자에게 낙상사고의 위험성, 낙상 사고를 예방하는 방법과 만일의 상황에 대비하여 보호자에게 환자의 곁을 떠나지 않을 것을 교육하여야 함에도 낙상 사고 예방을 위한 조치를 취하지 않고 만연히 보호자의 귀가를 허락한 과실이 있기 때문에 병원 의료진의 과실과 낙상 사고 발생으로 인한 환자의 사망 사이에는 인과관계가 있다.

나. 환자의 낙상을 조기에 발견하지 못한 과실 여부: 법원 불인정

(1) 환자 측 주장

환자가 2011년 3월 1일 오전 5시 30분에 의료진이 아닌 다른 환자의 보호자에 의하여 발견되었으므로 환자의 낙상 사고는 같은 날 오전 5시 30분보다 훨씬 이전에 발생하였을 가능성이 높아 의료진으로서는 환자와 같이 낙상 고위험군 환자의 경우 환자의 상태를 확인하기 위해 수시로 환자를 찾아가 상태를 관찰할 필요가 있음에도 같은 날 오전 4시 20분부터 오전 5시 30분경 사이에 환자의 상태를 살피지 않아 낙상을 조기에 발견하기 못한 과실이 있고 이로 인하여 환자의 상태를 악화시켜 사망에 이르게 하였다.

(2) 법원 판단

일반적으로 일반 병동에서는 4−6시간 간격으로 환자의 활력징후를 측정하고 환자의 상태가 위중한 경우 2−4시간 간격 또는 수시로 활력징후를 측정하며, 응급실의 경우 보통 환자의 중증도에 따라 공간이 구분되어 환자의 상태에 따라 활력징후를 측정한다. 환자의 경우 4시간 간격으로 활력징후를 측정한 것으로 보이고, 의료진이 2011년 3월 1일 오전 3시경 및 같은 날 오전 4시 20분경 환자의 상태를 확인한 결과 이상 소견은 없었다. 또한 낙상 사고가 발생한 것으로 추정되는 같은 날 오전 4시 20분경부터 같은 날 오전 5시 30분경까지는 환자들이 보통 잠을 자 움직임이 적은 시간이기 때문에 의료진이 같은 날 오전 4시 20분경부터 같은 날 오전 5시 30분경까지 약 1시간 10분 동안 환자의 상태를 관찰하지 않았다고 하더라도 이와 같은 사정만으로는 의료진에게 환자에 대한 주의 및 관찰의무를 게을리 하였다고 보기는 어렵다. 또한 이와 같은 과실이 인정되더라도 낙상 사고의 발생 시각을 알 수 없어 환자의 낙상이 뒤늦게 발견되었다고 단정하기 어려워 이러한 과실과 환자의 사망 사이에 인과관계가 있다고 보기 어렵다.

3. 손해배상범위 및 책임 제한

가. 의료인 측의 손해배상책임 범위: 30% 제한

나. 제한 이유

(1) 낙상 사고가 발생하기 이전에 환자에게 특별히 이를 예측할 만한 징후가 없었던 점

(2) 환자의 급성 전골수성백혈병의 특성에 따라 낙상 사고 발생 이후 환자의 상태가 더욱 급격히 악화된 점

다. 손해배상책임의 범위

(1) 청구금액: 225,677,766원

(2) 인용금액: 80,541,659원

　　① 재산적손해: 52,541,659원(일실수입＋장례비)×30%

　　　－ 일실수입: 172,138,864원

　　　－ 장례비: 3,000,000원

　　② 위자료: 28,000,000원

4. 사건 원인 분석

본 사건은 급성 골수성백혈병이 의심되어 내원한 환자가 병동에 자리가 없어 응급실로 입실하여 검사 및 처치를 받던 중 새벽시간(보호자는 간호사의 허락을 받고 귀가함)에 낙상하여 사망한 사건이다. 사건과 관련된 문제점 및 원인을 분석해본 결과는 다음과 같다.

본 사건의 환자는 입원 후 여러 검사를 받고 항암제 등을 투약 받았으며 수혈로 인한 피로감, 백혈병 증상인 쇠약감, 빈혈 등으로 낙상 고위험군 환자였다. 그럼에도 불구하고 의료진은 환자와 보호자에게 낙상 사고를 주의하여야 한다는 점과 낙상 사고를 예방하는 법 등에 관한 교육, 낙상 주의 안내문 교부 등 낙상과 관련된 활동을 실시하지 않았다(〈표 19〉 참조).

〈표 19〉 원인분석

분석의 수준	질문	조사결과
왜 일어났는가? (사건이 일어났을 때의 과정 또는 활동)	전체 과정에서 그 단계는 무엇인가?	− 치료처치 단계
가장 근접한 요인은 무엇이었는가? (인적 요인, 시스템 요인)	어떤 인적 요인이 결과에 관련 있는가?	• 환자 측 − 낙상 고위험군 • 의료인 측 − 낙상 관련 활동 미실시(낙상 고위험군 환자 대상 교육 미실시, 낙상 안내문 미교부 등)
	시스템은 어떻게 결과에 영향을 끼쳤는가?	• 의료기관 내 − 낙상 관련 활동 미실시 − 응급환자 보호자 상주 정책 미흡

5. 재발 방지 대책

〈그림 22〉 판례 19 원인별 재발방지 대책

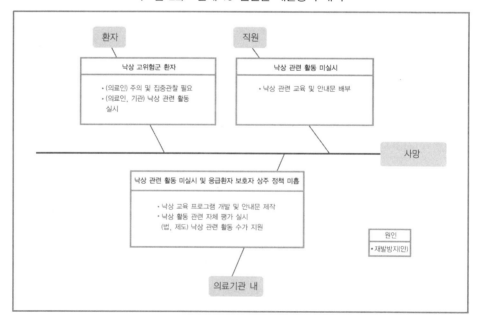

원인별 재발방지 대책은 〈그림 22〉와 같으며, 각 주체별 재발방지 대책은 아래와 같다.

(1) 환자 측 요인에 대한 검토사항

낙상 고위험군 환자인 경우 낙상 관련 활동을 실시하여야 하며, 집중관찰이 필요하다.

(2) 의료인의 행위에 대한 검토사항

환자 및 보호자를 대상으로 낙상 관련 교육을 실시하여야 하며, 낙상 사고를 예방하는 방법이나 주의사항 등에 대한 안내문을 교부하여야 한다. 특히 응급실의 경우에는 인력 부족, 예측 불가능한 응급상황의 빈번한 발생 등 다양한 위험요소가 존재하므로 환자와 보호자(보호자가 바뀌는 경우 등도 고려하여야 함)를 대상으로 계속적으로 낙상에 대한 위험을 인식시키고 교육을 실시하여야 한다.

(3) 의료기관의 운영체제에 관한 검토사항

기관 내 상황에 적합한 낙상 교육 프로그램을 개발하고 안내문을 제작하여 의료인들이 사용할 수 있도록 배부하여야 한다. 기관 내 낙상 관련 활동을 실시하고 이에 대한 자체 평가를 실시하여야 한다. 또한 응급환자의 경우 보호자 상주와 관련된 정책이 필요하며, 낙상 방지를 위한 방안으로 의료기관에서 운영 중인 자원봉사자 제도 등을 활용할 수 있다.

(4) 국가·지방자치체 차원의 검토사항

낙상 관련 활동에 대한 수가를 지원하여야 한다.

┃참고자료 1┃ 병원 의료진별 자원봉사활동

1. 신촌 세브란스

• 위치안내: 환자에 대한 진료절차 설명 및 위치 안내

• 처방전 발행: 무인 처방전 발행기(KIOSK) 발급 대행

• 물품제작 지원: 진료용 거즈 등과 같은 진료재료 준비 지원

• 응급진료센터: 응급진료센터에서 환자 및 가족을 도움

• 수술실 앞 대기실: 수술실 앞 대기 가족을 도움

• 음료 봉사: 내원 환자와 보호자에게 무료로 음료를 나누어 드림

• 안내 동행: 어르신 및 아동에 어려움을 겪는 고객에 대한 원내 이동서비스 지원

• 프로그램 지원: 환자를 위한 영화상영 봉사, 행사 지원, 기타 도움이 필요한 곳에서 활동

2. 서울아산병원

• 외래 봉사활동

　－ 안내 봉사: 동·서·신관 1층, 2층에서 병원 의료진 위치안내, 진료절차안내, 검사실 안
　　내 등 병원 의료진 이용에 대한 전반적인 안내

　－ 외래 진료실 봉사: 외래 진료과 신체계측실, 문진대 등

　－ 음료서비스 봉사: 외래 진료 및 검사를 위해 대기하는 내원객들에게 음료서비스를 제공

　－ 진료비 수납기: 각 구역에 위치한 진료비 수납기에서 진료비 수납 및 약처방전 발행, 내
　　원객 차량 등록 등

　－ 통역서비스: 외국인 환자들을 위한 통역봉사 시행(영어, 일어, 중국어, 러시아어, 몽골
　　어 등)

　－ 암병원 의료진: 발반사 마사지, 명상요법, 노래교실, 웃음치료 등

　－ 어린이 병원 의료진: 신관 어린이병원 의료진 로비에서 페이스 페인팅, 그림그리기 등

• 병동 봉사활동

　－ 병동, 중환자실, 응급실: 병상시트, 환의 교환, 병동업무 지원, 보호자 안내 등

　－ 어린이병원 의료진학교: 학습지도, 구연동화, 이동도서 등

• 기타 봉사활동

　－ 도서열람실: 입원환자, 보호자, 내원객들이 원내 교양열람실을 편안히 사용할 수 있도록

　도서대출, 회수 포장, 분류 등

　− 음악봉사: 점심시간에 "신관 로비에서 열리는 음악회"에 직접참여 및 지원

3. 삼성서울병원

• 안내(본관 주출입구, 별관, 암병원 의료진 주출입구, 암병원 의료진 2층) 등

　− 원내 위치안내 및 입원환자 병실안내

• 신체계측(외래 진료부서)

　− 혈압측정 및 신체계측

• 의학정보센터(이동문고, 잡지 비치, 오디오북 서비스)

　− 입원환자 도서대출 및 반납

　− 도서대출 대장정리 및 통계작성/도서추천

　− 잡지 비치(외래, 병동)

　− 잡지대 정리

　− 입원환자 오디오북 대출 및 반납

• 영상의학과(흉부촬영, 소화기초음파, 심장초음파, CT, MRI 검사)

　− 검사순서 및 강의실 안내, 타 검사실 위치 안내

　− 검사 진행안내

• 보호자 대기실(수술실)

　− 수술실, 회복실의 보호자 면회 안내

　− 보호자 대기실 정리, 위치안내

　− 보호자 대기실 이용안내

• 소아청소년과(외래)

　− 진료대기 환아를 위한 그림 색칠하기

　− 종이접기 등 놀이재료 대여 및 도우미

• 고객상담실

　− 고객의 소리 수거 및 입력

• 응급실

　− 응급실 안내

　− 환자 검사실 동반

　− 검사실 물품 이동 등

- 재활의학과
  - 휠체어 정리
  - 위치 안내
  - 잡지대 정리
- 교육실(당뇨교육실, 영양교육실, 암교육센터)
  - 소식지 우편 발송
  - 교육자료 준비, 파일 정리
  - 교육프로그램 진행 도우미
  - 도서정리, 암교육센터 안내지 비치
- 약국
  - 혈압측정 및 신체계측
- 원무과
  - 무인수납기 안내 및 주차등록
- 멘토 봉사(간이식, 신장이식, 유방암, 위암, 인공와우)
  - 간이식, 신장이식 환자와 보호자 상담
  - 유방암, 위암, 인공와우 환자와 보호자 상담
- 특기봉사
  - 요가
- 병원 의료진행사 보조
  - 행사장 안내도우미 등
  - 사탕목걸이 만들기(어린이날 행사 지원)
  - 원내 공중전화 메모지 및 볼펜 보충
  - 암병원 의료진 통합교육 프로그램 안내지 접기

4. 서울대학교병원

- 외래안내 봉사: 병원 의료진을 방문한 환자나 보호자에게 병원 의료진 이용에 대한 진료절차, 부서 위치 등을 안내
- 동반안내 봉사: 초진고객을 대상으로 해당 진료실까지 동행서비스를 제공
- 약제팀 봉사: 원활한 약공급을 위해 약품을 정리
- 무인수납기 봉사: 무인수납기를 이용한 수납 및 처방전 발급 절차 안내
- 건강증진센터 봉사: 건강증진센터를 이용하는 고객에게 검사실 안내, 검체운반 등 보조

• 암정보 교육센터 봉사: 암정보교육센터 환자응대 및 업무 보조

• 암정보 오픈서가 봉사: 암병원 의료진 오픈서가의 도서대출 및 반납

• 소아신체계측 봉사: 소아병동에서 키, 몸무게 등 신체계측 보조

• 제중원서재 봉사: 서재에서 환자의 도서대출 및 반납 도움

• 국제진료센터 봉사: 외국인환자 진료실 안내, 동행 서비스

• 주사 치료실: 환자 응대 및 환자의 주사약 수령 보조

• 주간치료실 봉사: 정신과 프로그램 보조 진행

┃ 참고자료 2 ┃ 사건과 관련된 의학적 소견[1]

1. 급성 골수성백혈병(acute myeloid leukemia)

혈액이나 골수, 그 외 조직에서 골수모세포의 클론성 증식으로 생기는 혈액종양이고 그 중 급성 전골수성백혈병은 비정상적인 전골수가 증식하는 경우이다. 급성 골수성백혈병의 증상으로 빈혈, 백혈구 증가 또는 감소와 혈소판 감소, 병원 의료진 및 쇠약감과 식욕부진, 체중감소, 발열 등 감염소견과 점상출혈, 반상출혈 등 출혈증상이 관찰될 수 있다.

급성 전골수성백혈병은 특히 초기 증상의 발현과 진단 및 치료의 과정 중에 파종성혈관내응고(disseminated intravascular coagulation)를 잘 동반하고 이로 인하여 출혈성 경향이 다른 급성 골수성백혈병에 비하여 심한 것이 특징이다. 급성 전골수성백혈병 환자에게 뇌출혈이 발생하면 대개의 경우 의식의 소실이 동반되고 보통의 환자와 달리 환자의 백혈병이라는 특수성으로 인해 내과적 혹인 외과적 치료에 불응하고 사망하게 된다. 급성 전골수성백혈병의 치료방법으로는 ATRA, 안트라싸이클린을 이용한 관해유도 항암 화학요법과 이를 통해 관해가 이루어진 경우 공고요법 및 약 2년간의 관해유지 항암요법을 시행하는 것이 일반적이다. 특히 ATRA라는 약제는 급성 전골수성백혈병의 병인으로 알려진 전골수세포 분화를 유도함으로써 전골수성백혈병에서 흔히 볼 수 있는 파종성혈관내응고로 인한 출혈성 경향을 다소 줄일 수 있는 것으로 알려져 있다. 급성 전골수성백혈병의 예후는 환자의 나이에 따라 가장 큰 경향을 받고 백혈병세포가 가지고 이는 유전자적 변형에 따라 예후가 결정되기도 하는데 생존율은 80% 정도로 예후가 좋은 편이다.

---

1) 해당 내용은 판결문에 수록된 내용임.

판례 20. 응급실 당직의 부재로 인한 사망 사건_광주지방법원 2011. 10. 13. 선고 2010가합10803 판결

1. 사건의 개요

교통사고로 복부손상을 입고 응급실로 후송된 환자는 범발성 복막염, 췌장두부 손상, 저혈량성 쇼크로 진단받았다. 약 1시간 후에 당직의사가 도착하여 환자의 검사결과를 확인하였고, CT 검사 결과 범발성 복막염으로 진단하여 환자에게 검사결과 및 대학병원 전원의 필요성을 설명하였다. 그러나 환자의 병증이 심화되어 의료진이 심폐소생술을 시행하였으나 환자는 사망하였다[광주지방법원 2011. 10. 13. 선고 2010 가합10803 판결]. 자세한 사건의 경과는 다음과 같다.

날짜	시간	사건 개요
2009. 5. 24.	02 : 45	• 중앙선을 침범하여 발생한 교통사고로 인하여 복부손상(장파열 및 췌장두부 손상) 등을 입음(환자 남자, 사고 당시 27세 10개월)
	03 : 05	• 119 구조대에 의하여 응급실로 후송됨 • 범발성 복막염, 췌장두부 손상, 저혈량성 쇼크로 진단 • 수축기 혈압 70mmHg, 맥박 68회/분, 호흡 24회/분, 체온 36℃로 혈압이 낮은 상태였음 • 구토 증상과 복통을 호소함 • 간호사는 생리식염수 2000ml를 투여하고 병리검사용 혈액을 채취함 • 맥박산소포화도를 측정하려 하였으나 측정기가 읽히지 않았음 • 컴퓨터 단층(CT)촬영, X-ray 촬영계획을 세우고 당직의사에게 보고함
	03 : 35	• 방사선사가 CT 촬영실에서 환자의 복부 및 뇌 부위에 대한 CT촬영 시행
	04 : 05	• 당직의사는 병원에 도착하여 환자의 병리검사결과를 확인함 = 백혈구 16,100㎣, 간효소수치 SGOT/SGPT 428/307, 혈중 요소질소 20/1.4, 아밀라아제/리파아제 242/329
	04 : 15	• CT 촬영결과 범발성 복막염으로 진단 • 보호자에게 검사결과 수술이 필요하고 예후가 안 좋을 수 있으며, 대학병원으로 전원할 필요성이 있음을 설명함

날짜	시간	사건 개요
2009. 5. 24.	04 : 20	• 호흡곤란을 호소 • 기관지 내에 관을 삽입하여 가압식 인공호흡을 실시함, 하트만 수액 1,000ml 투여함
	04 : 25	• 생리식염수 500ml와 도파민 800ml 및 에피네프린, 아트로핀 투여함 • 농축적혈구 1파인트 수혈하고 심폐소생술 시행함
	04 : 30	• 심전도 그래프상 심장 부정맥이 체크되자 제세동을 위해 전기충격을 가하고, 에피네프린 1앰플을 투여함
	04 : 33	• 심폐소생술을 시행하면서 에피네프린 2앰플씩 투여함
	04 : 35	• 심폐소생술을 시행하면서 에피네프린 2앰플씩 투여함
	04 : 38	• 심폐소생술을 시행하면서 에피네프린 2앰플씩 투여함 • 심전도 그래프상 심장 부정맥 소견 보여 심폐소생술을 시행하다가 제세동을 위해 전기 충격을 가함
	04 : 39	• 심폐소생술을 시행하다가 제세동을 위해 전기 충격을 가함
	04 : 40	• 심폐소생술을 시행하면서 에피네프린 2앰플씩 투여함
	05 : 18	• 계속하여 심폐소생술을 시행하였으나 사망 = 선행사인: 교통사고에 의한 복부손상(장파열 및 췌장두부 손상) = 중간 선행사인: 저혈량성 쇼크 = 직접사인: 심폐부전

2. 법원의 판단

가. 피고 병원이 비상진료체계를 갖추지 않은 과실: 법원 인정

(1) 환자 측 주장

피고는 사건 당일 피고 병원의 당직의사임에도 불구하고 피고 병원에 근무하지 않다가 환자가 응급실에 도착한 때로부터 1시간 이상 경과한 04 : 15경에야 병원에 출근하여 환자에 대한 응급조치를 시작하였다. 환자는 피고 병원에 후송된 즉시 응급조치가 필요한 상황이었음에도 피고가 병원에서 당직 근무를 하지 않고, 다른 의사가 피고를 대신하여 당직 근무를 하고 있지도 않는 등 응급의료기관인 피고 병원이 비상진료체계를 갖추고 있지 않는 바람에 환자는 적절한 응급조치를 받지 못하고, 적절한 응급조치를 받을 수 있는 다른 의료기관으로 전원 되지도 못하여 사망에 이르게 되었다.

(2) 의료인 측 주장

사건 당일 피고 병원은 외과전문의인 J가 피고를 대신하여 당직 근무를 하는 등 비상진료체계를 갖춘 상태였다.

(3) 법원 판단

피고 병원의 간호사는 응급실 의사가 환자를 진찰하였다는 취지로 간호기록을 작성하고서도 피고에게 환자의 상태를 보고한 사실, 환자가 피고 병원에 후송된 당시 환자에 대한 의무기록에는 초진소견으로 '범발성 복막염, 췌장두부 손상, 저혈량성 쇼크'가 기록되어 있으나 이를 기록한 의사의 서명이나 이름은 기재되어 있지 않은 사실, CT 촬영 의사진료지시서에서도 환자에 대한 CT 촬영을 지시한 의사의 서명이나 이름은 확인할 수 없는 사실, 피고는 사건 당일 04 : 05경 피고 병원에 도착한 후에도 환자에 대한 의무기록 내지 CT 촬영 의사진료지시서를 작성하거나 환자를 진찰하였을 야간 당직의사를 상대로 환자에 대한 시진, 촉진 등의 이학적 검사에 관한 정보를 확인하지 않은 사실이 인정된다. 사건 당일 피고 병원의 응급실에는 야간 당직의사인 피고가 근무하고 있지 않았을 뿐만 아니라 그를 대신하여 응급치료를 할 수 있는 다른 의사도 근무하고 있지 않았던 것으로 보이기에 피고 병원이 적절한 비상진료체계를 갖추고 있었다고 보기 어렵다.

나. 적절한 응급조치를 받지 못한 과실 여부: 법원 인정

(1) 환자 측 주장

피고는 04 : 15경 응급실에 도착한 후에도 환자에 대한 동맥혈가스분석 및 전해질 자료 등은 검토하지 않은 채 백혈구, 간효소 수치, 아밀라아제/리파아제 수치 등만 확인하여 쇼크방지치료와 응급개복수술 등 적절한 응급치료를 시행하지 않았다.

(2) 의료인 측 주장

피고 병원의 의료진은 환자가 술에 만취하여 진료행위를 방해함에도 환자에게 수액을 공급하는 등 적절한 응급치료를 하였으므로 환자의 사망에 관하여 과실이 없다.

(3) 법원 판단

범발성 복막염에 대해서는 적절한 항생제 투여 등과 함께 즉시 수술적 치료가 이루어져야 함에도 환자에게는 이와 같은 치료가 이루어지지 않았다. 또한 환자와 같은 복부손상 환자에 대한 초기 처치는 손상된 장기의 정확한 진단이 아니라 복강 내 장기의 손상여부를 진단하여 수술 여부를 결정하는 데 있고, 초기 우선순위에 따른 처치, 즉 기도확보, 호흡보조 및 환기, 지혈 및 순환보조 등의 조치를 시행하여야 하며, 활력징후가 불안정한 환자의 경우 초기 검사와 처치는 거의 동시에 이루어져야 했다. 검사를 위하여 치료가 늦어지는 일이 없도록 하여야 했다. 특히 환자는 혈압이 낮게 측정되고 호흡곤란을 호소하는 등 저혈량성 쇼크 상태였는바, 저혈량성 쇼크 또한 초기 진단과 치료가 동시에 이루어져야 하고, 기도확보, 호흡보조 및 환기, 지혈 및 순환보조 등 쇼크에 대한 조치가 최단시간 내에 적절히 이루어지지 못할 경우 사망할 위험이 매우 높았다. 그럼에도 환자가 피고 병원의 응급실에 후송된 당시 당직의사가 근무하고 있지 않는 바람에 환자는 응급개복수술이 필요한지 여부에 대한 진단조차 받지 못하였을 뿐 아니라 피고가 도착하기 전까지 03 : 05경 생리식염수 2,000ml를 투여 받은 외에는 별다른 치료를 받지 못한 채 치료가 지연되었고, 의무기록 및 간호기록상 환자에게 수액공급의 적정성과 조직 관류의 평가를 위하여 중심정맥압 및 소변량 등의 측정을 위한 술기가 시행되었는지 여부도 확인할 수 없다. 또한 외상성 복부손상을 진단하기 위해서는 조영제를 적절히 사용하여 CT 촬영을 하여야 함에도 조영제를 사용하지 않은 채 CT 촬영을 하는 바람에 환자의 복부부위에 대한 CT 촬영결과만으로는 어느 부위가 손상되었는지조차 확인할 수 없었다. 이로 인해 환자는 진단과 치료가 동시에 이루어져야 하는 응급환자임에도 불구하고 응급개복수술이 필요한지 여부, 복부 중 어느 부위가 손상되었는지 여부 등에 대하여 제대로 된 진단을 받지 못한 채 별다른 치료를 받지 못하였고 이로 인하여 사망에 이르게 된 사실이 있다.

3. 손해배상범위 및 책임 제한

가. 손해배상책임 범위

(1) 청구금액: 318,665,276원

(2) 인용금액: 318,665,276원

 ① 재산상 손해: 258,665,276원

  - 일실 수입: 254,717,336원

  - 기왕 치료비: 947,940원

  - 장례비: 3,000,000원

 ② 위자료: 60,000,000원

4. 사건 원인 분석

이 사건에서는 환자가 교통사고로 인하여 복부손상(장파열 및 췌장두부 손상)을 입고 119에 의해 응급실로 후송되었다. 환자는 범발성 복막염, 췌장두부 손상, 저혈량성 쇼크로 진단을 받았고 수축기 혈압 70mmHg, 맥박 68회/분, 호흡 24회/분, 체온 36℃로 혈압이 낮은 상태였다. 그러나 약 1시간 후에야 당직의사가 도착하여 병리검사결과 확인하였고, CT 촬영결과 범발성 복막염으로 진단하여 검사결과와 대학병원으로의 전원 필요성을 설명하였다. 그러나 환자가 호흡곤란을 호소하여 가압식 인공호흡과 심폐소생술을 시행하였으나 회복되지 못하고 결국 사망한 사건이다. 이 사건과 관련된 문제점 및 원인을 분석해본 결과는 다음과 같다.

첫째, 내원 당시 환자에게 범발성 복막염이 의심됨에도 복부 중 어느 부위가 손상이 되었는지 정확한 판단을 위한 검사를 시행하지 않아 응급수술 여부에 대한 판단이 지연되었다.

둘째, 피고 병원이 응급의료기관일 경우 구 응급의료에 관한 법률 제31조의2[2)]에 따른 인력 체계를 유지하지 않았다. 환자의 내원 당시 범발성 복막염, 췌장두부

---

2) 구 응급의료에 관한 법률 제31조의2(응급의료기관의 운영) 응급의료기관은 응급환자에 대하여 24시간 상시 진료할 수 있도록 응급의료기관의 지정기준에 따라 시설, 인력 및 장비 등을 유지하여 운영하여야 한다. 시행 2002. 10. 1. 법률 제6677호, 2002. 3. 25, 일부개정

손상, 저혈량성 쇼크로 진단하기는 하였으나 누가 진단을 한 것인지 기록이 되어있지 않으며 병원 간호사가 당직의사에게 보고를 하였던 점 등을 고려하면 당직의사가 병원에 도착하기 전에 당직의사 외 다른 의사도 근무하고 있지 않은 것으로 판단된다. 하여 환자에 대해 신속하게 적절한 평가 및 치료가 이루어지지 않았다고 생각된다.

또한 구 응급의료에 관한 법률 제32조[3])에 따른 공휴일과 야간 근무를 위한 비상진료체계의 구축이 미흡하였다. 2009. 5. 24. 03시 05 병원 간호사가 보고한 후로부터 1시간 후에야 당직 의사가 병원에 도착하여 환자의 병리검사결과를 확인하였다. 이에 당직응급의료종사자가 병원 내에 근무하고 있지 않았다고 추정되며, 비상진료체계가 유지되고 있지 않았다고 생각된다. 만약 피고 병원이 응급의료기관이 아니라면 의료법 제41조[4])에 의한 당직의료인이 성실히 근무하지 않았다고 생각된다(〈표 20〉 참조).

자문위원은 이 사건의 당직의료인이 근무하지 않은 점과 관련하여 이러한 사례는 흔치 않으므로 일반화시키는 것에는 무리가 있으나 경각심을 불러일으키는 차원에서의 공유는 필요할 것이라고 하였다.

---

3) 구 응급의료에 관한 법률 제32조 (비상진료체계)
　① 응급의료기관은 공휴일과 야간에 당직응급의료종사자를 두고 응급환자에 대하여 상시 진료할 준비체계(이하 "비상진료체계"라 한다)를 갖추어야 한다.
　② 응급의료기관의 장으로부터 비상진료체계의 유지를 위한 근무명령을 받은 응급의료종사자는 이를 성실히 이행하여야 한다.
　③ 비상진료체계에 관하여 필요한 사항은 보건복지가족부령으로 정한다.
　시행 2008. 6. 15. 법률 제8852호, 2008. 2. 29, 일부개정
4) 구 의료법 제41조(당직의료인) 각종 병원 의료진에는 응급환자와 입원환자의 진료 등에 필요한 당직의료인을 두어야 한다.
　시행 2007. 4. 11. 법률 제8366호, 2007. 4. 11., 전부개정

〈표 20〉 원인분석

분석의 수준	질문	조사결과
왜 일어났는가? (사건이 일어났을 때의 과정 또는 활동)	전체 과정에서 그 단계는 무엇인가?	– 검사 및 진단 단계
가장 근접한 요인은 무엇이었는가? (인적 요인, 시스템 요인)	어떤 인적 요인이 결과에 관련 있는가?	• 의료인 측 – 원인 선별을 위한 검사 및 진단 시행 미흡 　(환자의 범발성 복막염에 대한 원인 부위를 　찾기 위한 노력을 하지 않음) – 당직의료인이 의료기관 내에 근무하고 있지 　않음 – 응급의료기관의 비상진료체계를 위한 당직전 　문의였음에도 근무하고 있지 않았음 – 응급실 전담의사 등이 24시간 동안의 진료 　를 위한 근무를 하지 않음
	시스템은 어떻게 결과에 영향을 끼쳤는가?	• 의료기관 내 – 당직 체계 구축 미흡 – (응급의료기관일 경우) 응급실 전담의사, 비 　상진료체계 등 인프라 구축 미흡 • 법·제도 – 당직 및 비상진료체계 구축 미흡

5. 재발 방지 대책

〈그림 23〉 판례 20 원인별 재발방지 사항 제안

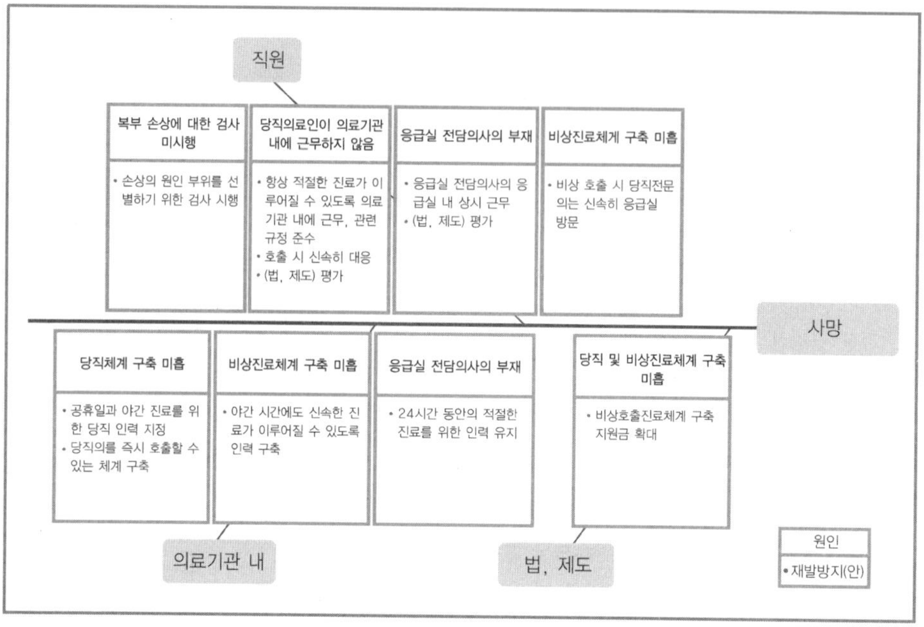

원인별 재발방지 대책은 〈그림 23〉과 같으며, 각 주체별 재발방지 대책은 아래와 같다.

(1) 의료인의 행위에 대한 검토사항

의료인은 환자의 내원 당시 의심되는 손상 및 질환에 대한 원인을 규명하고 원인 부위를 선별하기 위한 검사를 시행하여야 한다.

또한 당직의료인 및 당직응급의료종사자로 지정되었을 경우 공휴일과 야간을 포함한 24시간 동안 항상 적절한 진료가 이루어질 수 있도록 의료기관 내에서 근무를 하여야 하며 성실하게 근무를 하여야 했다. 그리고 비상 호출 시에는 신속하게 대응하여야 한다.

(2) 의료기관의 운영체제에 관한 검토사항

의료기관에서는 공휴일과 야간에도 원활한 진료가 이루어질 수 있도록 당직 인력을 지정하는 등의 근무 체계를 구축하여야 하며, 필요 시 당직의를 즉시 호출할 수 있는 체계를 구축하여 이를 유지하여야 한다. 만약 응급의료기관이라면 응급의료를 행할 수 있도록 응급실 전담의사 등 적절한 진료를 위한 인력을 유지하여야 하며, 비상진료체계를 구축하여야 한다.

(3) 국가·지방자치체 차원의 검토사항

응급의료기관의 비상호출진료체계 구축 및 운영과 관련된 기금을 확대하여 재정적으로 지원하여야 한다. 특히 응급실 전담인력과 관련하여 기준 등을 개정함에 있어 재정 지원이 필수적이며 수가 개선이 이루어져야 한다.[5]

또한 당직의료인 및 당직응급의료종사자의 근무 등에 대한 평가가 적절하게 이루어져야 한다.

---

[5] 응급환자 전용 중환자실과 전문인력을 갖춘 권역응급의료센터, 전국 어디에서나 1시간내 도달가 능하도록 41개까지 확대. 보건복지부 보도자료(2015. 1. 23).

〈권역응급의료센터 지정기준 개정안〉

구분	현행 권역센터 기준	개정된 권역센터 기준
응급의학전문의	응급의학전문의 2－4인	응급의학전문의 5인이상 • 환자 1만명당 1인추가
간호인력	15인 이상	25인 이상 • 환자 5천명당 3인 추가
응급실내 시설	－	응급실 내 중환자구역 10병상(음압격리실 포함)
응급 중환자실	20병상	20병상＋α
전문과목 당직전문의	관련 기준 없음	10개 진료과 당직체계

▌참고문헌 ▌

김준식, 한승백, 신동운, 김훈, 김강호, & 백광제. (2004). 노인환자에서 전정신경염으로 오진 된 후하소뇌동맥경색 1 예. 대한임상노인의학회지, 5(2), 233－238.

최광동, 김지수. (2007). 자발현훈. 대한임상신경생리학회지, 9(1), 1－4

보건복지부. (2013). 안전한 병원간 전원을 위한 응급환자 이송지침. Available at: http://www.mohw.go.kr/front_new/jb/sjb030301vw.jsp?PAR_MENU_ID＝03&MENU_ID＝0320&CONT_SEQ＝294761&page＝1 (Accessed October 10, 2016)

신경철, 이관호, 박혜정, 신창진, 이충기, 정진홍, & 이현우. (1999). 유기인제 중독에 의한 호흡부전. Tuberculosis and Respiratory Diseases, 46(3), 363－371.

결 론

제7장 결 론

응급의료 판결문 20건의 질적 분석 결과, 진단 지연 또는 진단 미비 관련 판례, 부적절한 처치 또는 처치 지연 관련 판례, 경과관찰 관련 판례, 전원 관련 판례, 기타 판례(낙상, 응급실 당직의 부재)로 분류가 가능하였다.

본 저서에서는 사건별 원인 분석과 함께 재발방지 대책을 주체별로 검토하였다. 환자안전의 향상을 위해서는 의료인 개인의 노력뿐만 아니라 기관의 협조, 법·제도 차원에서의 개선과 지원이 필요하다. 개별 판결문 분석을 통해 파악한 기관 및 법·제도 측면의 재발방지 대책을 종합한 주요 내용은 다음과 같다.

기관 차원에서는 환자안전 관리를 위한 정책 및 교육 시행과 환자안전문화 조성, 환자안전 리더십 강화가 필요하다. 환자 입퇴실 시 활력징후 측정, 퇴실안내문 제공 및 주의사항 교육 등 응급진료 프로토콜의 개발 및 시행이 요구된다. 또한 응급의학과와 다른 진료과목의 응급협진체계에 대한 전반적인 검토와 원활한 협진을 위한 정책을 시행하여야 한다.

법·제도 차원에서는 고비용으로 인해 시행이 어려운 검사 등의 수가 개선이 필요하다. 외과적 기도확보술기, 전문외상처치술 등에 대한 교육 시행과 같이 전문외상 인력 육성을 위해 국가 차원의 지원 및 관리가 요구된다. 또한 응급환자 이송과 관련된 매뉴얼 및 체크리스트 보급을 통해 의료인들이 활용할 수 있도록 하여 안전한 전원이 이루어지도록 해야 할 것이며, 캠페인 등을 통해 응급환자 이송에 대한 국민들의 인식을 향상시키는 것이 필요하다. 이러한 정책 및 제도 시행을 통해 응급의료 진료체계가 원활하게 운영되게 하기 위해서는 지속적인 재정적 지원이 이루어져야 한다.

이와 같은 판결문 분석을 통한 원인 분석 및 재발방지 대책 제시는 판결문에 제시된 내용을 토대로 사건을 파악하여야 하기 때문에 한계점이 존재한다. 하지만 환자와 의료인 간의 의견 차이로 인해 의료소송까지 진행된 실제 사건이며, 분쟁의 해결뿐만 아니라 유사 또는 동일한 사건이 재발하지 않도록 하는 것이 중요하기 때문에 분석할 가치가 있다. 또한 이러한 의료소송 판결문을 예방적 관점에서 분석하여 파악한 원인 및 재발방지 대책은 일반인, 예비 의료인, 현직 의료인 등 다양한 대상을 위한 교육 자료 및 예방을 위한 홍보 자료 등을 개발하고 활용하는 데에 근거 자료가 될 수 있다. 또한 제안된 법·제도 차원의 개선방안은 향후 보건의료정책 개발 등에 활용하여 안전한 의료 환경 개선에 기여할 수 있을 것이다.

공저자 약력

김 소 윤

연세대학교 의과대학 의료법윤리학과

연세대학교 의료법윤리학연구원, 예방의학전문의이자 보건학박사이다. 현재 연세대학교 의과대학 의료법윤리학과장을 맡고 있다. 보건복지부 사무관, 기술서기관 등을 거쳐 연세대학교 의과대학에 재직 중이며, 보건대학원 국제보건학과 전공지도교수, 의료법윤리학연구원 부원장, 대한환자안전학회 총무이사 등도 맡고 있다.

이 미 진

아주대학교 의과대학 인문사회의학교실

보건학박사이다. 현재 아주대학교 의과대학 인문사회의학교실에 재직 중이며, 대한환자안전학회 법제이사를 맡고 있다.

유 제 성

연세대학교 의과대학 응급의학교실

응급의학전문의이자 응급의학 박사이다. 연세대학교 의과대학을 졸업 후 연세대학교 세브란스병원에서 인턴, 응급의학 전공의 과정을 마치고, 울산광역시 소방본부 등에서 공중보건의사로 근무 후 현재 연세대학교 의과대학 응급의학교실 및 연세의대 강남세브란스병원 응급의학과에 조교수로 재직 중이다.

이 재 호

울산의대 서울아산병원 응급의학과

응급의학전문의이자 중환자의학세부전문의이다. 서울대학교 의과대학을 졸업하고 울산대학교 의과대학에서 박사학위를 받았다. 서울아산병원에서 전공의, 임상강사를 마치고 현재 서울아산병원 응급의학과 부교수로 재직중이다. 미국 하버드의대 협력병원인 Brigham and Women's Hospital에서 환자안전과 의료정보기술 분야를 연수하였다. 서울아산병원 의생명정보학과 과장, 아산생명과학연구원 연구정보부장, 대한의료정보학회 총무이사, 대한환자안전학회 학술이사로 활동 중이다.

김 인 숙

연세대학교 간호대학

이학박사이며 연세대학교 간호대학 교수이다. 연세대학교 간호대학원 간호관리와 교육 전공지도교수, 연세대학교 의료법윤리학연구원 상임연구원을 맡고 있다.

이　원

연세대학교 의과대학 의료법윤리학과

보건학박사이다. 중앙대학교 간호대학을 졸업한 후 삼성서울병원에서 근무하였으며, 현재 연세대학교 의과대학 의료법윤리학과에서 박사후 과정 및 의료법윤리학연구원에서 연구원으로 근무 중이다.

정 지 연

연세대학교 의료법윤리학연구원

보건학석사이다. 가천대학교 보건행정학과를 졸업 후 연세대학교 의료법윤리학연구원에서 연구원으로 근무하였다.

오 혜 미

연세대학교 의료법윤리학연구원

호서대학교 간호학과를 졸업 후 연세대학교 의료법윤리학협동과정에서 석사과정 중이며, 연세대학교 의료법윤리학연구원에서 근무 중이다.

정 창 록

연세대학교 의과대학 의료법윤리학과

생명의료윤리학 박사이다. 경북대학교 사범대학 윤리교육과를 졸업하고 동 대학원에서 '실질주의 윤리설에 대한 칸트의 비판과 문제점'으로 석사학위를, '피터 싱어의 생명윤리론에 대한 비판적 고찰'로 박사학위를 받았다. 경북대학교, 울산대학교에서 과학기술글쓰기, 철학상담치료, 예술철학, 논리와 비판적 사고, 현대사회와 윤리, 서양윤리학 등을 강의하였고, 한국연구재단 박사후과정에 선정되어 연세대학교 의료법윤리학연구원에서 '포스트게놈 다부처 유전체사업 ELSI'프로젝트에 참여하였다. 현재 연세대학교 의과대학 의료법윤리학과 연구조교수이고 건강보험심사평가원 기관생명윤리위원회 전문위원이다. 가톨릭대학교에서 '과학생명윤리학'을, 연세대학교 약학대학원에서 '생명윤리 및 연구방법론'을 강의하고 있다.

석 희 태

연세대학교 의과대학 의료법윤리학과

법학박사. 민법학 및 의료법학 전공. 현재 연세대 의대 의료법윤리학과 및 동 보건대학원 객원교수. 연세대 법대 및 동 대학원 졸업. 한국방송통신대 중어중문학과 졸업. 경기대학교 법학과 교수로서 법과대학장과 대학원장을 역임하였으며 명예교수가 되었다. Univ. of Wisconsin Madison, UCLA, National Univ. of Singapore, 橫浜國立大學의 방문학자로서 연구를 한 바 있다. 1980년의 "의사의 설명의무와 환자의 자기결정권" 논문을 필두로 의료법학 분야의 과제를 중점적으로 연구 발표해 왔으며, 최근(2016년)에는 "환자의 모를 권리와 의사의 배려의무"를 발표하였다. 대한의료법학회 창립회장 및 제2, 3대 회장으로 활동하였고, 현재 한국의료분쟁조정중재원 조정위원인선위원회 위원장 직을 맡고 있다.

손 명 세

건강보험심사평가원, 연세대학교 의과대학 예방의학교실(휴직중)

예방의학 전문의이자 보건학박사이다. 2016년 현재 건강보험심사평가원(HIRA) 원장으로 재직 중이다. 연세대학교 의대 교수와 보건대학원장을 역임하였고 대한의학회 부회장, 한국보건행정학회장, 세계보건기구(WHO) 집행이사, 아시아태평양공중보건학회(APACHP) 회장, 유네스코 국제생명윤리심의위원회 위원 등으로 활동하며 우리나라 보건의료 시스템의 발전과 해외진출에 노력하고 있다.

환자안전을 위한 의료판례 분석
01 응급의료

초판발행   2016년 9월 30일
중판발행   2017년 11월 1일

공저자   김소윤·이미진·유제성·이재호·김인숙·이 원·
              정지연·오혜미·정창록·석희태·손명세
펴낸이   안종만

편 집   한두희
기획/마케팅   조성호
표지디자인   조아라
제 작   우인도·고철민

펴낸곳   (주) **박영사**
              서울특별시 종로구 새문안로3길 36, 1601
              등록 1959. 3. 11. 제300-1959-1호(倫)

전 화   02)733-6771
f a x   02)736-4818
e-mail   pys@pybook.co.kr
homepage   www.pybook.co.kr
ISBN   979-11-303-2934-5 94360
              979-11-303-2933-8 (세트)

정 가   25,000원